Hans-Peter Kunisch

Schach dem König

HANS-PETER KUNISCH

SCHACH DEM KÖNIG

Friedrich der Große und Albert von Hoditz

Eine ungewöhnliche Freundschaft

dtv

Für Martin Kunisch (1705–1785) aus Große bei Rosswald, von dem ich gerne gewusst hätte, was er von Albert von Hoditz und Friedrich II. gehalten hat.

MIX
Papier | Fördert gute Waldnutzung
FSC® C083411

Satz: Fotosatz Amann, Memmingen
Gesetzt aus der Garamond Premier Pro
Druck und Bindung: CPI GmbH, Leck
Printed in Germany · ISBN 978-3-423-28409-7

INHALT

»Ich werde nach Rosswald kommen, mein lieber Graf, und ich werde Sie bewundern, wie die Königin von Saba die Weisheit von Salomo bewunderte, und vor allem seinen Serail.« (22.7.1770)

1

Achtundsechzig Räume, ein Kriegstreiber und der Friedensgraf. Der preußische König trifft auf einen mährischen Epikureer

Ein Mann mit einer hellblau leuchtenden Kappe auf dem Kopf, ein dunkelgrüner Traktor, ein altes Auto. Eine Stunde lang nichts. Auf einer Ebene glühende Rapsfelder. Dazwischen lässt sich, im Schatten einer kleinen, alten Allee, auf einer schmalen Landstraße gut gehen.

Kein Mensch. Ein bisschen Wind. Dann sanfte Hügel, grüne Wiesen, dichter Wald. Eine abgehängte Gegend, rechts und links einer hundertzwanzig Jahre alten Schmalspurbahn, die alle vier Stunden lärmend den ruhigen Traum der Landschaft durchpflügt: ein Triebwagen, ein Wagen. Gemeinsam mit ein paar Bussen bestreiten sie den öffentlichen Verkehr. Die Dörfer, an deren Rand sie halten, sind beinahe aufgegeben. Ältere Leute, die nicht mehr wegwollen, und ein paar Familien bleiben.

Eine lange, schmale Straße führt zu kleinen grauen Häusern, die um einen großen, staubigen Platz gruppiert sind. Eine Kneipe gibt es, ein schmales Häuschen, auf dem Česká Pošta steht, ein Lebensmittelgeschäft, eine kleine Pension. Als ich zum ersten Mal in der Gegend bin, sind alle geschlossen.

Hier war wohl der Markt. Irgendwann muss Betrieb gewesen sein, Lachen, Düfte, Geschrei. Doch was die grauen Häuschen heute besonders bedauernswert erscheinen lässt, ist ihr Gegenüber auf der anderen Seite des Platzes, schräg nach hinten versetzt: ein Schloss, vanille- bis goldbraun, »kaisergelb« sagte man dazu. Es hat die Form eines prachtvollen, übergroßen Renaissance-Landhauses. Eine Anlage, als könne es Armut nicht geben. Dahinter ein weitläufiger Park.

Aber auch am Schloss, das immer mal wieder umgebaut wurde, wie man auf einem Informationsschild lesen kann, scheint bei genauerem

Hinschauen alles zu bröckeln. Die routiniert präsentierten Öffnungszeiten gelten nicht mehr. Gründe dafür sind nirgends zu erfahren.

Slezské Rudoltice / Rosswald. An einem der abgelegensten Orte Mitteleuropas, abseits aller bekannten Straßen, irgendwo zwischen Kattowitz und Olmütz, an der tschechisch-polnischen Grenze, steht auf einmal ein kleines Versailles.

Wie kam dieser mächtige Stein hierher? Durch die Luft, mit großem Segel? Gab es für Schlösser eigene Wege? Die kleine Bahn hier fuhr damals noch lange nicht. Achtundsechzig Räume sollen es einmal gewesen sein. Nach einem Brand im Dachgeschoss, vor mehr als zweihundert Jahren, sind es heute noch siebenundvierzig. Ein EU-Schild steht neben dem Gemäuer, auch es schon verblichen.

Auf der Informationstafel heißt es, hier seien Friedrich der Große, Voltaire und Kaiser Joseph II. zu Gast gewesen. Wie? Muss man sich Kutschen mit edlen Pferden und großem Gefolge vorstellen? Damen in Reifröcken, schneidige Generäle? Hier? Was haben sie hier gesucht?

*

Wochen später der Blick ins Netz. Irgendwann gibt Herr Kravar, ein Archivar aus Opava, das einmal Troppau hieß, den Hinweis, dass Herr Bernert aus Kassel, der noch in Troppau geboren worden sei, viel von dem Thema verstehe. Herr Bernert ist Mitte achtzig, hellwach, ein Meister im Digitalisieren historischer Texte. Er hat einen Scanner, der Tschechisch lesen kann, und gibt mir die Adresse von Herrn Sondermann, einem Professor in Kyoto, dessen angenehm genaue Aufsätze mir schon begegnet sind. Beide interessieren sich seit Jahren für den Schlossherrn, schicken Kopien und Fotos von Dokumenten, geben Hinweise, beantworten Fragen. Es gibt einige: Wer war dieser Mann: ein mehr oder weniger universal begabter junger Graf, der eine viel ältere Fürstin ehelicht, um später zusammen mit jugendlichen Dorfschönheiten im Sommer als Schäfer zu leben? Ein »Einsiedler«, der opulente Feste für Arme und Reiche organisiert, aber Besucher, die er nicht leiden kann, mit Affenmasken vertreibt? Ein bücherverliebter Aufklärer, ein Frauenliebling, ein Alchimist? Ein Friedensgraf, der sich aus allen militärischen Konflikten der Zeit heraushält und sich trotzdem mit Friedrich dem Großen gut versteht?

Zu Albert Reichsgraf von Hoditz, der 1706 in Rosswald geboren wurde, seine letzten beiden Jahre in Potsdam verlebte und 1778 dort starb, gibt es viele, sich oft widersprechende Geschichten. Und sehr verschiedene Bilder. Das erste Porträt, das mir begegnet, ein Stahlstich eines namenlosen zeitgenössischen Künstlers, zeigt Hoditz mit einer typisch kurzen weißen Perücke aus der Mitte des 18. Jahrhunderts. Im einfachen Ornat eines Adeligen, dem es nicht schlecht zu gehen scheint. Aber viel wichtiger ist der neugierige Blick des genauen Zuhörers. Der Mund, über den der Hauch eines freundlich-spöttischen, schelmisch-besorgten Lächelns zieht.

Ich fahre noch mal nach Rosswald, stehe wieder vor dem verschlossenen Tor, und es wird bis zum dritten Besuch dauern, ehe mir Tomáš Zemba öffnet und vor Ort von der Geschichte des erstaunlichen Reichsgrafen erzählt. Tomáš, ein Mann um die fünfzig, der früher im Ort Polizist war und jetzt den Titel Kastellan trägt, der ihm noch immer nicht viel einbringt, führt mich durch die Säle des Schlosses und den dazugehörigen Park, als wäre er im 18. Jahrhundert dabei gewesen. Wenn man etwas genauer nachfragt, deutet er an, dass er als Kind miterlebt habe, wie das, was hier nach dem Zweiten Weltkrieg übrig blieb, bis in die 1970er Jahre hinein weiter zerstört wurde. Der Kopf sei da schon abgeschlagen gewesen. Der Kopf? Eine wunderbare Statue, er, Tomáš, sei als Kind noch über ihr herumgehüpft. Von Hoditz selbst in Auftrag gegeben, habe ein unbekannter Künstler sie für ihn geschaffen. Er zeigt mir ein altes Foto: Hoditz als Liegender, auf seinem Rasen entspannt-verzückt in die Natur versunken. Ob ich es schon gesehen habe? Eines Tages seien auch die Bruchstücke der Statue verschwunden. Er habe alles versucht, sie wiederzufinden. Vor ein paar Jahren dann habe er begonnen, sich um die Renovierung des Schlosses zu kümmern, das der Gemeinde gehöre. Jetzt habe er ab und zu Hilfe. Er wolle etwas wiedergutmachen.

Und ja: Die zweiundzwanzig Jahre ältere »Femme fatale« des Schlosses, die Prinzessin, habe als lustige Witwe eines ungebärdigen

Onkels von Friedrich für den späteren Schlossherrn von Rosswald, der damals nur ein vom Vater verstoßener Sohn war, alles stehen und liegen lassen und ihn über Nacht in einem Wirtshaus geheiratet. Eine dreifache Mesalliance! Zwischen einer Fürstin und einem einfachen Adeligen, einer älteren Frau und einem jungen Mann, einer Protestantin und einem Katholiken.

Je mehr ich von der Geschichte hörte, desto mehr will ich wissen: von diesem schillernden mährischen Grafen, seinem Schloss und der Kunstrepublik, die er mit seinen Leibeigenen aufzog, von der Beziehung zu seinem Freund, dem noch heute berühmtesten und umstrittensten König, den Preußen und Deutschland hervorgebracht haben.

Über Friedrich, diesen Flötenspieler und Kriegstreiber, glauben viele Bescheid zu wissen: Das bürgerliche 19. Jahrhundert verehrt ihn als Staatsdiener, Realpolitiker und Philosophen. Die Nazis spannen ihn als Durchhaltefeldherrn, der selbst nach erbärmlichsten Niederlagen wieder hochkam, vor ihre schlingernde Kriegskutsche, und noch heute spaltet Friedrich die Menschen in Bewunderer und giftige Kritiker, gilt als intelligent und feinsinnig, zugleich als rücksichtslos, brutal und verschlagen, als vom Vater unterdrückter Pagenliebhaber und opportunistischer Menschenverächter. Oder war er doch auch ein treusorgender Landesvater mit beeindruckend weit gespannten Interessen?

Was verbindet Albert von Hoditz und Friedrich den Großen, diese zwei so unterschiedlichen Männer? Der allseits bekannte Friedrich hat Hoditz, den heute kaum einer mehr kennt, als »einzigartig« verehrt und ihm die Treue gehalten; hat ihn nie, wie die meisten seiner ehemaligen Freunde, in die Wüste geschickt oder in ein Gefängnis gesteckt; hat ihn, als der einst gefeierte Exzentriker Hoditz am Ende bankrott, verhasst und krank war, per luxuriös ausgebautem Oderkahn zu sich nach Potsdam geholt und ihn damit vor der Verfolgung der Gläubiger gerettet.

Warum? Kaum einer konnte es dem ungeduldigen, launischen Preußenkönig auf Dauer recht machen. Selbst Voltaire nicht, dessen Nähe Friedrich anfangs beinahe unterwürfig suchte. Was band den ruhmsüchtigen deutschen Geopolitiker, der ganze Landstriche ins

Unglück stürzte, weil er behauptete, sie seien vor Hunderten von Jahren seinen Vorfahren versprochen worden, an einen habsburgischen Reichsgrafen, der sich schon mit fünfunddreißig Jahren aufs ererbte Schloss zurückzog, um mit Leibeigenen und Bauern Theater zu spielen, sich selbst als »Maler, Bildhauer, Chemiker, Mechaniker, Vergolder, Musiker und Dichter« für die Ausbildung seiner Leute einzusetzen, statt sie auf den Feldern zu verbrauchen?

Das erste Mal besucht der preußische Herrscher den österreichischen Grafen kurz und inkognito, mitten im Siebenjährigen Krieg; für den zweiten, mehrtägigen Besuch arrangiert Hoditz ein legendäres Fest, die beiden spielen eine Partie Schach mit Lebendfiguren und Hoditz führt Friedrich in seinen Serail. Wovon Friedrich in einer langen, den Grafen, sein Fest und seinen Harem feiernden »Epistel« erzählt.

Was konnte der feinsinnige Frauenfeind Friedrich mit den orientalisierten Dorfschönen des Grafen anfangen? Warum wurde das briefähnliche Gedicht in der maßgeblichen deutschen Werkausgabe gekürzt und der Alte Fritz zum zensierten König gemacht?

*

»Im 18. Jahrhundert ....« – das meint vor der Französischen Revolution. Eine auf kaum mehr vorstellbare Weise zur Schau gestellte Distanz zwischen Arm und Reich war die Regel. Die absolutistische Fürstenherrschaft wankte, aber noch hielt sie. Immerhin klingt die Zeit schon einigermaßen erschließbar. Dokumente wurden, wenn sie Fürsten von europäischem Ansehen betrafen, in der Regel aufbewahrt. Doch je mehr man erfährt, desto klarer wird, wie wenig wir wissen. Vor allem von Lebensgeschichten, die sich abseits der Heerstraßen zutrugen, in der Provinz, bei den »kleinen Leuten«. Manche der Menschen, die man da antrifft, haben gerade mal einen Satz hinterlassen oder ein Detail ihres Lebens wird von jemand anders erzählt. Von Martin Kunisch, der sechs Jahre älter wurde als der »alte Fritz«, weiß ich sonst nur, dass er Bauer war, dass er in Haus Nr. 23 geboren wurde, dass Freiherr Wolfgang von Friedenthal sein Taufpate war, und dass er am 14. November 1731 eine Rosalia Schäfer heiratete.

Und was macht man, wenn von den Briefen von Albert von Hoditz an Friedrich die meisten bei einem Brand im Haus des letzten Sekretärs von Hoditz verloren gegangen sind? Auch im Geheimen Staatsarchiv in Berlin-Dahlem sind sie nicht aufzufinden. Ähnlich wie die Briefe Prinz Heinrichs an Bruder Friedrich. Von Friedrichs Briefen hingegen finden sich auch im Falle von Hoditz beinahe alle in Dahlem. Dabei scheint vor allem Hoditz am schriftlichen Austausch interessiert, während Friedrich den Grafen, den er »Philosoph« nennt – in seinen Augen der höchste Adelstitel, den er gerne auch sich selbst zusprach –, immer persönlich sehen wollte, immer wieder Besuche in Potsdam anregt. Hoditz hält sich zurück, bis es nicht mehr anders geht, und doch hört die Beziehung nicht auf. Warum?

Neben dem Spiegel der Briefe des Königs gewinnt das Vexierbild des von ihm umworbenen Grafen durch andere Dokumente an Klarheit. Es gibt Gedichte von Hoditz, einen Essay über den Adel, eine juristische Doktorarbeit, philosophische Merksprüche, Briefe an Verwandte und Förderer, schriftliche Festordnungen, zeitgenössische Berichte von Dritten, einen Katalog seiner Bibliothek, Akten, in denen die skandalöse Ehe auftaucht. Alle Spuren gehören dazu, jeder Splitter Wirklichkeit in alten Handschriften. Mal geben die Quellen, Berichte und Legenden, die sich vom 18. bis ins 20. Jahrhundert um das Leben des »mährischen Epikureers« und seines staatstragenden Freundes ranken, Anlass zu einer Erzählung, die alle verfügbaren Fakten aufnimmt. Und darüber hinaus die Möglichkeit schafft, auch eine Ahnung vom Leben der »unteren Stände« zu vermitteln. Ein andermal ist es sinnvoller, die dürre oder widerspruchsvolle Forschungslage gesondert zu präsentieren, verbrieftes Wissen und Erzählung nebeneinanderzustellen.

Gemeinsam bilden die unterschiedlichen Perspektiven den Versuch, zwei außergewöhnliche Individuen, eine überraschende Freundschaft und, über sie, eine lange vergangene Zeit für heute neu zu verstehen. Kein Bild wurde beibehalten, dem irgendein Dokument widerspräche. Ohne Quellen wären die Erzählungen nichts. Zusammen führen sie uns mehr als zweihundertfünfzig Jahre zurück, in eine oft phantastisch wirkende, wirkliche Welt.

2

»Der große Pan meiner Schäferey«. Mitten im Krieg am Rand – Rosswald im Frühling und Sommer 1758

Im Park, nahe einer alten, brüchigen Mauer. Wieder einmal denkt der große, kräftige Mann, der in ihrem Schatten steht, dass sie ihm so sehr gefällt, dass er sie nicht abreißen lassen kann. Zusammen mit dem wilden Wein, der sie überwuchert, passt sie zu gut zu der bizarren Szene, die er gerade beobachtet. Hinter der mächtigen alten Linde, nur ein paar Meter entfernt, jagt eine Art Ritter eine Nymphe, die sich in einen der Arme des breiten Bachs zu retten versucht, der den Schlosspark über drei, vier Kanäle in langen Bögen durchzieht und sich zu kleinen Seen weitet. Die Nymphe trägt einen leichten, beinahe durchsichtigen Phantasieumhang mit etwas unbeholfenen Chinoiserien. Das Wasser spritzt auf. Es muss noch sehr frisch sein. Albert von Hoditz schüttelt sich. Brigitta ist eines der launischsten, ihm liebsten Dorfmädchen. Sie spielt gut. Sie redet gescheit. Sie soll, zusammen mit Max, dem leicht humpelnden Ritter, einem etwas älteren Dorfburschen, der gerade an einer Wurzel hängen geblieben ist, in einem Sommernachtstraum auftreten, den Hoditz geschrieben hat. Aber ob die Proben noch Sinn machen? Ob es alles, was er hier sieht, im Sommer noch geben wird: ihn selbst, Schloss Rosswald, das man immer öfter »Feensitz« nennt, und Gäste, die weit reisen, um sich sein Leben anzuschauen?

Der Ritter steht in seiner blechernen Rüstung schwer atmend am Ufer des Bachs, das Mädchen schwimmt lachend davon.

Aber so sehr Albert von Hoditz sich anstrengt, nicht an die Welt hinter den Mauern von Park und Schloss zu denken: Es ist ihm nicht wohl dabei. Vorgestern hat er in einem Zimmer des oberen Stockwerks aus dem Fenster geschaut. Plötzlich waren da auf den sanften Hügeln preußische Truppen, schwarz-weiße Fahnen und blaue Uniformen. Auf der Kuppe, die er von seinem Zimmer aus sehen kann, hielten kurz ein paar Reiter. Zwei Minuten nur. Dann war über eine Stunde ruhige Bewegung, Husaren, Fußvolk, Verpflegung zogen vorbei.

Hoditz, dem der weite Umhang, die Hakennase und die dunklen Locken gerade das Aussehen eines Reiterfürsten geben, hat sie mit den Augen verfolgt, ohne sich von der Stelle zu rühren. Im ganzen Schloss veränderte sich nichts. Das Leben summte in seinen gewöhnlichen, ruhigen Tönen. Helle und dunklere Stimmen, alte, quietschende Türen, zwei Katzen. Erst als einige der Preußen, etwa hundert Meter vom Schloss entfernt, sich in seine Richtung bewegten, wurde es stiller. Hatte jemand im unteren Stockwerk etwas gesehen? War eine Dienstmagd vom Dorf herübergekommen und hatte etwas erzählt? Kein Ton war zu hören. Als könnten alle, die jetzt mit ihrem Herrn zusammen still waren, ihr Schicksal gerade noch selbst bestimmen.

Dann zogen die Truppen weiter in Richtung Troppau.

Nur ganz sachte haben sie Rosswald diesmal gestreift, aber es hat gereicht. Albert von Hoditz hat wieder gemerkt: Es ist Krieg, und zwar einer, der viel Blut kostet. Noch weiß niemand, wie lange das Schlachten dauern wird, aber wir sind schon im dritten Jahr.

*

Im Januar hatte Preußen die Gegend um Rosswald besetzt. Nach über zehn Jahren Waffenruhe war das Schloss wieder von einer Welt umgeben, die Hoditz nur noch in kleinen Dosierungen zu sich lassen wollte, nachdem er sie eine Zeit lang sehnsüchtig gesucht hatte. Mit dem Erbe seiner Mutter war er in Italien auf Kavalierstour gewesen, sein Vater, der seine Launen nie ausgehalten hatte, hatte ihn weggeschickt. Hoditz hatte Unsinn getrieben und Geld verschwendet. Der Vater hatte ihm Rosswald verboten, doch Anfang Juli 1741 war er gestorben. Hoditz musste das Schloss übernehmen, mitten im Ersten Schlesischen Krieg.

Schon damals ist Albert klar geworden, dass die idyllischen Hügel und Wälder hier nicht die ganze Geschichte der Gegend erzählen. Ein Ort in *Österreichisch-Schlesien*, direkt an der preußischen Grenze, das roch nach Pulver und Blei, hörte sich an wie Kanonendonner, gespaltene Zungen.

Hoditz hat beschlossen, sich danach zu richten. Er hat durchaus Sympathien für den Aufklärer Friedrich, von dem er schon viel gehört hat, aber er ist Untertan der katholischen Kaiserin. Er muss versuchen, keine Unterschiede sehen zu lassen. Ja, Albert hat preußische wie österreichische Generäle versorgt, von Drašković bis zu Zieten, der im Zweiten Schlesischen Krieg zu ihm kam. Militärs beider Seiten haben bei ihm gegessen, getrunken, gespielt.

Der Theatermann und Reiseschriftsteller Johann Christoph Kaffka – 1754 in Regensburg geboren, 1815 in Riga gestorben – hat Hoditz' notgedrungen geschicktes Agieren in einer politischen Zwickmühle schön auf den Begriff gebracht: Hoditz, schreibt Kaffka, glich »jenem verschlagenen Einsiedler, der der kleinen Insel Lampadouse auf dem mittelländischen Meer den Namen gegeben hat, weil er, wenn ein christliches Schiff landete, das Kreuz, und wenn ein türkisches ankam, den halben Mond auf seine kleine Kapelle steckte, und von beiden geehrt und beschenkt wurde«.

Aber ganz recht hat Kaffka nicht. Hoditz versteckte nichts. Im Park standen Madonnen für Maria Theresia und Pyramiden für Friedrich nebeneinander. Hoditz vertrat eine Utopie der friedlichen Koexistenz, die keiner der beiden Seiten recht gab.

Doch jetzt macht die große Truppenbewegung, die Hoditz vor zwei Tagen beobachtet hat, den Anschein, als sei es dem Preußenkönig, achtzehn Jahre nach seinem ersten Vorstoß gegen die junge österreichische Kaiserin, ernst mit dem Marsch auf Wien. Diese Soldaten hätten über ihn und seine Leute herfallen können, nebenbei, ohne Aufhebens.

Sie sind weitergezogen, hatten keine Zeit. Hoditz hat nur stillgehalten. Auch das ist ihm schwergefallen. Manchmal merkt er, dass es ihn wieder reizt, beim größeren Spiel mitzumachen. Er hat sich überlegt, zu den Soldaten zu reiten. Vielleicht kannte er den befehlenden General noch? Und was war mit dem obersten Kriegsherrn? Sie waren doch verwandt oder waren es wenigstens gewesen. Wenn Sophie noch lebte, wäre alles einfacher. Friedrich war ihr viel berühmterer, viel mächtigerer Neffe.

Aber ob er die Flucht seiner Tante gebilligt hatte, diese Unglücksheirat mit einem einfachen katholischen Grafen bei Nacht und Nebel in einem fränkischen Gasthof? Hoditz wusste wie alle Welt: Auch Friedrich hatte eine Flucht hinter sich. Auch der Kronprinz hatte fliehen wollen, nach London, vor der Brutalität des rabiaten Vaters, mit zwei Freunden. Friedrich habe, so hieß es, schon bei der Einigung um Sophies Witwenrente Ende der 1730er Jahre auf der Seite von Sophie und Hoditz gestanden.

Doch war das mehr als nur ein Gerücht? Auch Friedrich musste die Freiheit lieben. Aber vielleicht nur die eigene? Wahrscheinlich war es besser, jede Einmischung zu vermeiden. Hoditz, der jedes Spektakel genießt, wird dieses abgelegene Schloss und seinen Park zu einem Ort machen, über den von Berlin bis Paris gesprochen wird. Aber es gibt bessere Gelegenheiten aufzufallen, als um sich zu schlagen.

An der Ritterakademie in Liegnitz hat Hoditz Sprachen, Tanzen und Fechten gelernt, aber auch mit neunzehn Jahren als Jurist promoviert: »De jure militari« hat er die »Dissertatio polemico-iuridica« genannt. Militärrecht klingt nach starrer Ordnung, aber das Motto, das er in seinem Vorwort an den Gönner der Akademie versteckt hat, war gegen den Strich gewählt: »Wir wissen ja von den Philosophen, Prinz, dass wir ohne Wissen nicht sein könnten. Kriege braucht die Welt nicht.« Das war, in all den notorischen Höflichkeitsfloskeln der Zeit verborgen, eine unverschämte Forderung nach dem Ende der Gewalt.

Hoditz hat keine Ahnung, wem er die Schonung diesmal zu verdanken hat: unglaublichem Glück, der Eile der Truppe, dem Zufall? Oder Isidor, seinem jüngeren Bruder, der lange wie zu einem Vorbild zu ihm aufgesehen hatte und selbst ein Grenzgänger war; der als habsburgischer Offizier zum Rittmeister der Armee Friedrichs geworden war und schließlich das 6. preußische Husarenregiment geführt hatte?

Aber Isidor war das Kommando schon nach zwei Jahren wieder entzogen worden. Monatelang haben sie ihn im Brünner Spielberg-Kerker angekettet. Hat er wirklich Geld unterschlagen, die dreitausendachthundertvierzehn Taler, die nach seinem Abgang in der Regimentskasse fehlten?

Sieht er jetzt beinahe nichts mehr, weil er dort geblendet wurde? Hat Isidor es nur dem Verlust seines Augenlichts zu verdanken, dass Friedrich ihn wieder laufen ließ? Der Hitzkopf hat nichts erzählt, zu allem geschwiegen. Jetzt ist er selbst beinahe nichts mehr. Manche schreiben sein Leben schon Albert zu, weil es Isidor nicht mehr gibt. Der einst lebenslustige blinde Bruder hört der Weltgeschichte nur noch zu.

*

Der Siebenjährige Krieg ist der erste, der mehrere Kontinente umfasst. Frankreich und England sorgen seit 1755 dafür, dass es auch der erste Weltkrieg wird. Es geht um die Vorherrschaft in Amerika und Indien. Um Handelswege, um Gold und Silber, um Sklaven. Zuerst bringen die Briten Verstärkung nach Übersee, dann die Franzosen. Auf beiden Seiten gebiert der Kolonialismus auch Helfershelfer unter den Kolonisierten: Indianer, die noch nicht beseitigt wurden, lassen sich anstiften oder werden gezwungen mitzumachen. Aber sie bringen ihre eigenen Regeln mit. Entsetzt beobachten Weiße das Skalpieren getöteter Gegner, sprechen in vollendeter Doppelmoral von den »Massakern« der von ihnen für eigene Zwecke eingespannten »Wilden«.

Friedrich der Große mischt sich da nicht ein. Er versucht auszunützen, dass Engländer wie Franzosen in Übersee beschäftigt sind und in Europa Allianzen brauchen. In seiner eigenen Darstellung des Siebenjährigen Kriegs wird er die Gründe für den Kolonialkrieg als »Grenzfragen in Kanada« abtun. Er hat ganz andere Pläne. Der König muss sein kleines, sandiges Land erweitern, um bedeutend zu wirken. Seit er die Regierungsgeschäfte bestimmt, ist das fruchtbare

Schlesien sein erstes Ziel. 1740 ist er, nach dem Tod seines Vaters und des österreichischen Kaisers Karl VI., ein erstes Mal dort eingefallen, und der Sieg im Zweiten Schlesischen Krieg hat ihn in Europa zum Vielbestaunten gemacht.

Auch diesmal will er weiter Richtung Osten. Anfang 1756 bringt die Londoner Westminster-Konvention die Engländer auf seine Seite, was das noch immer viel kleinere Preußen in die Lage versetzt, die auseinanderdriftende Großmacht Österreich-Ungarn erneut herauszufordern.

Auch in der Frage der »Kriegskunst« markiert »The Great War for the Empire«, wie ihn die Engländer nennen, eine Zeitenwende. Die Kampfpraxis der Indianer schockiert die Generäle der englischen und französischen Truppen auch, weil sie militärische Auseinandersetzungen schon länger als Strategiespiel verstehen, ohne sich um die Opfer unter den Soldaten zu kümmern. Mit seiner Schachbrettrationalität hat der Kabinettskrieg den mittelalterlichen Fanatismus der Kreuzzüge und die religiösen Schlachtereien des Dreißigjährigen Kriegs als Modell organisierter Gewalt abgelöst. Die neuen Bündnisse haben kaum etwas mit Erbfeindschaften und Ähnlichem zu tun. Sie werden oft nur nach strategischem oder gar taktischem Augenblicksnutzen gebildet. Friedensverträge werden ebenfalls nur für ein paar Jahre geschlossen. Der sportliche Respekt vor dem Gegner gilt als wichtiger Bestandteil militärischer Fairness. Nicht nur Isidor von Hoditz, auch Generäle dienen im Lauf ihres Lebens mal auf der einen, mal auf der anderen Seite. Die feindlichen Truppen haben den »eigenen« in der Regel nichts angetan, was »gerächt« werden müsste. Auch wenn Friedrich immer wieder davon spricht, für »Preußen« zu kämpfen oder Opfer zu bringen, meint er damit noch nicht die sich abschottende »Nation« des ausgehenden 19. Jahrhunderts. Der »Nationalismus«, der der »romantischen« Entdeckung des »Volkes« folgen wird und seine Gespenster bis ins 21. Jahrhundert schickt, ist noch nicht stilbildend.

Wohlgefällig wird ein Henri de Catt aus Morges am Genfer See, der gerade in Breslau als Begleiter zu Friedrich gestoßen ist und für zweiundzwanzig Jahre sein Vorleser bleiben wird, in Troppau beobachten, wie sich preußische Husaren um verwundete und gefangene österreichische Husaren bemühen, ihnen Branntwein geben, »damit sie wieder zu sich kommen«.

Das angerichtete Grauen reicht vom Hühnerdiebstahl über das Abbrennen der durch einen Feldzug betroffenen Dörfer bis hin zu Vergewaltigungen. Aber darum geht es nicht. Es liegt nicht in der Absicht der Kriegsherren dieser Zeit, ein Land zu zerstören. Auch die gegnerischen Menschen sind kein mit Wahn aufgeladenes Ziel der neuen Schusswaffen. Die blutigen Verletzungen, die sie in den Auseinandersetzungen davontragen, sind so peinliche wie verdrängte, aber in Kauf genommene »Petitessen«. Es geht um Macht, und Zuwachs an Macht bedeutet Zuwachs an Ruhm. Es geht darum, neues Land und neue Untertanen zu erobern, um auch sie für den eigenen Nutzen einzusetzen – sei es als Nahrungs- und Rohstofflieferanten oder als Material für neue Kriege. Das Konzept eines »reinen«, strategischen Kriegs bleibt eine Selbsttäuschung der Kriegsherren, die auch die eigene Bevölkerung täuschen.

Denn was die Auseinandersetzungen im engeren Sinn betrifft, hat sich ein Wandel ins Brutale vollzogen: Das technischere Verständnis von Gewalt trägt nicht zu ihrer Zivilisierung bei. Massenschlachten mit Zehntausenden Soldaten führen zu flächendeckenden Gemetzeln, die Zahl der Opfer steigt. Soldat sein bedeutet immer öfter, keine Chance zu haben. Der individuelle Beitrag ist unerheblich. Einer ist nur wichtig als winziger Teil einer Masse, die im Kampf gegen eine andere Masse verbraucht werden kann. An einem einzigen Tag, dem 18. Juni 1757, fordert die Schlacht bei Kolin, die den gelungenen preußischen Kriegsbeginn vergessen lässt, knapp vierzehntausend Tote und Verwundete, mehr als ein Drittel der zur Verfügung stehenden fünfunddreißigtausend preußischen Soldaten. Noch die siegreichen Österreicher verlieren über achttausend ihrer vierundfünfzigtausend Mann.

*

Wieder stehen Pferde auf der Kuppe über Rosswald. Aber mehr als einen Monat nach der vorbeiziehenden Truppe ist es ein deutlich kleinerer Tross. Ein preußischer Offizier mit nur einem Soldaten. Die Pferde sind gut. Auch wenn sie erschöpft sind, sehen sie kräftig aus, aber jetzt müssen sie ruhen. Der Offizier, der privat unterwegs zu sein scheint, neigt seinen Kopf melancholisch zur Seite. Mit dem ist wohl nicht mehr viel.

Er muss ja auch verrückt sein, denkt Max. Weiß dieser Mann nicht, dass um uns herum Krieg ist und Rosswald auf österreichischem Gebiet liegt? Es ist nicht ungefährlich hier. Das preußische Heer liegt vor Olmütz, wie Max von einem Scherenschleifer gehört hat, der von brennenden Dörfern erzählt hat, durch die er seinen Wagen geschoben habe.

Ob Max dem Offizier den Weg zum Schloss weisen soll? Vielleicht hat er Neuigkeiten zur Belagerung. Aber Max darf sich nicht einmischen. Es ist nicht seine Aufgabe. Mit dem Förster und ein paar anderen Burschen hält er den Wald des Grafen in Ordnung. Mehr darf er nicht. Auch wenn sein Ehrgeiz weiter reicht: Er kann sich nicht einmal zum Krieg melden und eine Uniform anziehen.

In seinen Ritterkostümen fürs Theater kommt sich Max manchmal wie ein Kasper vor. Dann verflucht er den Grafen. Hoditz zahlt für die theatralen Sperenzchen nur einen zusätzlichen Hungerlohn. Als Soldat für Maria Theresia gäbe es mehr! Aber gerade stellt sich auch für Max die Frage: zu welchem Heer denn? Muss Max bei Hoditz ausharren? Bleibt er für immer Österreicher?

Genau genommen ändert sich für Max nirgendwo nichts. In jeder Armee der Zeit gibt es Söldner, und sie bleiben es, bis sie auf dem Feld sterben.

Max Neubert vergisst nie, dass er der Sohn eines Leibeigenen ist. Einer zum »Roboten«, einer fürs Vieh, für die Fron. Er hat nicht viele Rechte im Reich der gottgnädigen Kaiserin. Er weiß, dass er am Ende lieber mit Brigitta Theater spielt, als auf den Feldern zu schuften und Schweine zu hüten. Wenn er doch, wie Cousins aus dem benachbarten Matzdorf, wenigstens ein Freibauernkind wäre: niemandes Herr und niemandes Knecht!

Aber Max wird vielleicht einmal mit dem Grafen unterwegs sein, wie früher der Blümel Fritz, des Grafen persönlicher Hofschranz, sein Diener, sein Koch, »und das seit drei Dezennien«, wie ihm der Blümel erklärt hat. Blümel ist ein klapperdürres, zähes Gestell, das schief auf der Bühne herumsteht und knurrt, wenn sie ihn noch rauflassen, ein alter Faxenmacher, eine komische, ja peinliche Figur. Sollte der Graf wieder losziehen in die Welt, wird sich schon zeigen, wie gut der Blümel noch mitgehen kann, mit seinen krummen Beinen. Da nützt es ihm nichts mehr, dass er sein Kriechen vor allem und jedem in seiner Schrulligkeit gut versteckt.

Er soll sich sogar im Verfassen von Versen üben, aber Max hat noch keinen gehört. Er hat nur bemerkt, dass Blümel ihn ignoriert.

Doch was macht sich Max so viel Gedanken um den armen Kerl? Jetzt ist der neue Regisseur des Grafen sein Freund. Müller ist aus Deutschland und scheint *alles* zu wissen. Glücklicherweise hat er Blümel schon einen »Hanswurst« genannt, dem die Stellung beim Grafen zu Kopf gestiegen sei.

Der Blümel ist immer nur ernst. Er macht keine Scherze. Er ist einer.

Max ist kein Diener. Dazu ist er zu bockig. Er muss etwas anderes finden. So viel ist sicher: wenn der Graf ihn lassen würde, wäre Max weg.

Er könnte mit dem schiefköpfigen preußischen Offizier dort weiterziehen. Er könnte ihn fragen, ob er einen zweiten »Adjutanten« braucht. Aber ist einem Militär zu vertrauen, der nicht weiß, auf welch gefährlichen Wegen er sich befindet? Noch immer bewegen sich die zwei dort drüben nicht. Was sie wohl denken?

Vielleicht kann Max mit Müller auf Reisen? Müller war bei einer Hamburger Schauspieltruppe, die wegen des Kriegs aufgelöst werden musste. Und er hat es geschafft, hierherzukommen.

Aber dann wäre Brigitta weit.

Gestern hat Max sie beinahe geküsst. Weit hinten, am Wald, direkt beim chinesischen Tempel.

Brigitta ist weggelaufen und hat wieder frech gelacht, sonst ist gar nichts geschehen, und Max ist, wie immer, der Dumme geblieben. Sicher schwärmt sie, wie alle Mädchen hier, für den Grafen.

Vor sechs Jahren, nach dem Tod seiner Frau, war Hoditz in Starre verfallen. Eine Weile lang hieß es, er sei gläubig geworden, so sehr, dass man ihn nicht einmal in der prächtigen Schlosskapelle sah, die mehrere Hundert Gläubige fasst. Hoch über den Betenden soll er aus einem kleinen Fensterloch im Gemäuer die Messe über einen Spiegel verfolgt haben. Als wäre er hässlich geworden, ja kein Mensch mehr, ließ er sich nicht mehr blicken.

Davon hat Max nichts mitbekommen, das war vor seiner Zeit.

Aber was soll er jetzt anstellen mit diesem Preußen und seinem Begleiter, der ein großes, breites, blasses Gesicht und riesige Augen hat, aber, wie sein kleiner Herr, Max noch immer nicht gesehen zu haben scheint? Soll er sich um die beiden kümmern?

Sind es Spione? Soll er sie verjagen?

Kommt der Offizier selbst auf die Idee, sich das Schloss anzusehen? Vielleicht sollte Max erzählen, dass der Graf ein gastfreundlicher Mensch ist? Sonst würde er nicht immer all diese Leute zu sich bitten, ihnen Essen offerieren für nichts. Und dann können sie auch noch Musik hören oder Theaterstücke begucken. Alles für nichts.

Aber andererseits sind Krieg und Graf unberechenbar. Wenn einer im Schloss übernachten darf, heißt das wenig. Vielleicht führt der Graf ihn in ein Zimmer, in dem mitten in der Nacht Wasser auf sein Bett spritzt. Am nächsten Morgen verneigt sich der Graf bis zum Boden und lächelt.

Wie soll Max das dem Privatoffizier dort drüben alles erzählen? Max ist nicht auf den Kopf gefallen. Er ist einer, der alles, was ihm begegnet, aufsaugt. Aber er kann ja nicht mit Theaterwörtern zu dem Mann hinübergehen. Er selbst hat nicht viele eigene Sätze.

Er kann sich fast alles merken, was gesagt wird, und wenn er den Wörtern nachsinnt, begreift er sie auch. Aber wenn er etwas sagen will, bleiben sie in seinem Kopf stecken. Sie machen den Mund nicht auf. Sein Leben ist nur kleines Gerede.

Max beneidet seinen neuen Freund, den Müller aus Halberstadt, der erst zwanzig Jahre alt ist und es noch bis zum Leiter des Wiener Hoftheaters am Kärntnerthor bringen wird. Müller kann sprechen, als ob er tänzelt oder marschiert, laut oder leise, mal schnell, mal gemächlich, wie es ihm passt. Nur vor dem Grafen muss auch er kriechen.

»Gnädigster Graf und Herr! Meine Pflicht erfordert es, daß ich Ihnen, Gnädigster Graf und Herr, durch alles, was nur von mir abhängt, meine Dankbarkeit bezeige. Denn was bin ich Ihnen nicht schuldig? Sie haben mich Ihres Schutzes und Ihrer Gnade gewürdiget.«

Das hat der Müller neulich Abend am Feuer der Schäferey hergesagt. So werde er die Aufführung einleiten. Das »Kriechen« sei »aber nicht schlimm«. Das sind »Kurialien«, wie er es genannt hat. »Das spielt keine Rolle. Man muss nur wissen, was sagen. Was ist, ist den Wörtern, die die Menschen darüber machen, einerlei.«

Ohne Krieg hätte Müller nie hergefunden. Er wäre irgendwo in einer Weltstadt herumspaziert.

Aber immerhin spricht er mit jedem, als sei er ein Mensch. Vielleicht, weil er ein Waisenkind ist. Ja, das hat er Max verraten. Nicht mal ein Bürgerlicher also. Aber Müller sagt, er habe Glück gehabt, er habe einen älteren Bruder, der Pfarrer sei und ihm viel beibringen konnte.

»Kurialien!« Fast hätte Max es noch lauter gesagt, aber es liegt ihm nicht gut im Mund. Er ist kein gezierter Lakai. Er würde das auch gar nicht wollen. Höchstens, wenn Brigitta ihn wieder hochnimmt, weil er stumm bleibt, wenn andere sprechen.

Sie ist verwöhnt, weil der Graf sie anglotzt! In den letzten Jahren hat er alle verrückt gemacht. Das Gelübde ewiger »viduitas«, Witwerschaft, hat der Müller gesagt, stehe auf Lateinisch in der Kirche. Wahrscheinlich, damit es in dieser Sprache, die kaum einer der Untertanen des Grafen lesen kann, versteckt bleibt.

Aber schon vor dem Tod der Gräfin hat der Graf herausgefunden, dass er nicht unbedingt heiraten muss. Die Just Anna nicht und die Wohler Theresia, geborene Goluschkin nicht, und eine andere auch nicht. Der Graf hat sie alle zahm hier. Manche sind eitel und alle anderen neidisch. Alle Rosswalder Dorfmädel fühlen sich wie Schauspielerinnen und Sängerinnen. Das Publikum für die Aufführungen kommt bis aus Breslau und Wien. Jeder Heuschreck auf den Wiesen hier sinniert: Will ich Tänzer oder Musiker werden? Nur weil der Graf glaubt, dass jeder ein Künstler sein kann.

*

Zwei Mal war er schon über dem Schloss gestanden.

Zuerst als Teil einer siegreichen Armee auf dem Vormarsch, da hatte er bloß kurz hinuntergeblickt und die Geschichten vor sich gesehen, die er von diesem Schloss gehört hatte, und seinem Pferd dann wieder zügig die Sporen gegeben.

Damals war der Privatoffizier, der sich Baron Kreutz nannte, auch noch deutlich besserer Laune. Er war noch neugierig gewesen auf die Zukunft und stolz auf die unmittelbare Vergangenheit. Nach jämmerlichen Niederlagen hatte die Winterschlacht von Leuthen endlich den ersten großen Erfolg bedeutet. Dabei war die schiefe Schlachtordnung, die vorgetäuschten Schwächen und vermeintlichen Bewegungen des Heereskörpers, nichts Besonderes. Die »Schiefe« hatte noch jeden Feldherrn der Antike, der sie nutzte, zum Sieg geführt: Epaminondas, Alexander, Hannibal, Cäsar. Aber man musste den Mut haben, sie einzusetzen! Nicht immer geradeaus!

Ja, der Sieg von Leuthen war derart deutlich gewesen, dass Baron Kreutz nichts mehr behelligen konnte. Die Aussicht auf den bevorstehenden Kampf um Olmütz, die »uneinnehmbare« Festung, die Maria Theresia ihrer erklärten Favoritin unter den Städten des Reichs gegönnt hatte, hatte ihn euphorisch gestimmt.

Beim zweiten Mal über Rosswald hatte die Geschichte schon anders ausgesehen. Die »Eroberung der weißen Stadt« mit den reich verzierten Brunnen hatte sich mühseliger angelassen als erwartet. Das eigene Lager war gut geschützt: links durch einen Höhenzug, gegenüber diente ein Dorf als Puffer; Sümpfe vorne, die Kavallerie im Rücken.

Aber die Offensive war einfach nicht vorangekommen! Dabei ging es darum, die Schlacht herbeizuführen! Diese Stadt war das Tor zum Kaiserreich! Der Verlust von Olmütz würde Maria Theresias Widerstand brechen, da war sich der Baron sicher. Nur wie? Hoffnung und Mutlosigkeit durchzogen Kreutz in wilden Schüben.

Am Ende konnten wir die Schlacht, musste er jetzt denken, nicht einmal führen und dennoch ging sie verloren! Obwohl Baron Kreutz an Paradoxien seine Freude hatte: Die Absurdität dieser Wahrheit peinigte ihn! Mehr als ein Vor und Zurück, ein Beinahe-Stillstand, der immer länger dauerte und die Moral anfraß, war aus Olmütz nicht geworden. Der österreichische Feldmarschall Daun, ein alter Langweiler und überlegter Stratege, einer der besten Militärführer, die der Baron je erlebt hat, hatte jedes offene Aufeinandertreffen vermieden, aber die preußischen Belagerer mit kleinen nächtlichen Überfällen in Aufregung versetzt und zermürbt, statt sich von ihnen zermürben zu lassen. Zuletzt war Kreutz selbst um die Stadt geritten, aber auch ihm war keine Möglichkeit aufgefallen, die ausgezeichnet versorgte Festung aus der Reserve zu locken. Deprimiert hatte er die Geduld verloren und sich auf einen »Aufklärungsausritt« gestohlen. Dieser hatte ihn wieder näher an Rosswald herangeführt.

Immer hatte er sich gefragt, wie es wohl hinter diesen Mauern aussehen mochte. Er wusste, dass Graf Hoditz dort Feste veranstaltete, die von allen, die sie erlebt hatten, bewundert wurden. Manchen galten sie als Teil des Entwurfs einer neuen Lebensform, die in diesem kleinen Reichsgrafen ihre staunenswerte Verkörperung fand. Ein glanzvolles Leben abseits der Höfe und ihrer Gesellschaft! Ein wahrhaftiger Epikureer, mitten im Krieg?

Kreutz hatte neue Aussichten nötig.

Erst als er wieder über dem Schloss gestanden hatte, hatte er erneut zu zögern begonnen. Doch nach einiger Zeit war der vierschrötige junge Mann, der ihm damals im Weg stand, auf ihn und seinen Begleiter zugekommen und hatte den Schlossherrn gerufen.

Kreutz hatte es genossen, vom Grafen mit nachlässiger Ironie durch den menschenleeren Park geführt zu werden. Doch als er plötzlich bemerkte, dass der Graf ihn erkannte, war ihm unbehaglich zumute geworden. Sollte er sich zu erkennen geben, wie zuerst beabsichtigt? Aber warum hatte er es nicht gleich getan?

Der Graf spielte die Komödie mit Eleganz und löste sie auf, ohne zudringlich zu werden. Sie unterhielten sich einen Abend lang ohne Ziel. Baron Kreutz fühlte sich von einem überlegenen Geist an die Hand genommen, was ihm selten geschah. Am nächsten Morgen hatte er wieder etwas Zuversicht gefasst und war in aller Frühe nach Olmütz zurück.

Vor ein paar Tagen aber hatte er dort bitterlich lernen müssen, dass es noch schlechter gehen kann, als dass nichts passiert. Der *eigene* Nachschub an Munition und Nahrung war ausgeblieben. Es war Daun und seinen Truppen gelungen, den vierzig Kilometer langen preußischen Versorgungstross aufzuhalten und zu zersplittern. Daun hatte auf seine Weise *schief* kämpfen lassen, einen unerwarteten Angriffspunkt gewählt.

Alle Vorräte dahin, die gesamte Kriegskasse, dreitausend wertvolle Wagenladungen und eine Million Taler verloren!

Auf einen Schlag war der Kampf der Belagerer aussichtslos. Auf einmal waren sie es, die sich umstellt fühlen mussten. Plötzlich konnte es für Preußen nur noch darum gehen, den Rückzug so schnell wie möglich hinter sich zu bringen, um den Angriff der Russen auf Berlin zu verhindern. Aber der direkte Weg dorthin, der über Schlesien verlief, war jetzt durch österreichische Truppen versperrt. Preußen musste den Umweg über Böhmen einschlagen – erst recht Feindesland. Auch Kreutz machte sich mit einer Vorhut noch in der Nacht auf. Wieder einmal war er vorneweg geritten, obwohl er keineswegs unabhängig war. Er war nur in einer etwas anderen Position. Er musste nichts. Er war verantwortlich. Baron Kreutz war kein Baron, sondern Friedrich der Große selbst.

*

Eine tiefe Schwermut überkam ihn bei diesem Gedanken. Es nahm kein Ende mit dem Auf und Ab seines Lebens! Jedes Mal, wenn er sich auf einem Höhepunkt glaubte, trat ihm das Schicksal so schmerzhaft ans Bein, dass ihm nicht einmal mehr die heiteren Kreuzsprünge halfen, die er seinen armen Knochen noch immer gelegentlich abverlangte, obwohl er nach einem Tag zu Pferd manchmal kaum mehr gehen konnte.

Alter Mann!

Hungrig nach Ruhm und mit dem Ziel, seine Macht auszuweiten und am Ende in ganz Europa als Vorreiter der Herrschaft der universalen Vernunft zu gelten, hatte Friedrich gleich zum Auftakt seines Königtums den ersten Krieg begonnen. Damals hatte er gehofft, mit einem Blitzschlag die Landschaft heimzuholen, die ihm nach Auffassung aller preußischen Staatenlenker seit der Liegnitzer Erbverbrüderung vor zweihundert Jahren zustand. Auch das Herzogtum Jägerndorf, das direkt an Rosswald grenzte, gehörte zu diesem Gebiet! Mochten die Feinde noch so sehr über den »verjährten« Anspruch Preußens lachen.

Vor sich selbst allerdings hätte Friedrich diese Begründung für den Einfall in Schlesien auch nie vorgebracht. Es war nicht das Recht der Vergangenheit, das ihm wichtig war. Es war nicht mehr als ein schlichter Vorwand. Sein Vater, den er gehasst hatte, hatte ihm Verantwortung vor der Geschichte eingebläut, aber er war jetzt schon siebzehn Jahre tot.

Friedrich hätte leben können, wie er es immer gewollt hatte. Er hätte den Staat vom Tag seiner Krönung an alleine lassen können – lesen, dichten, Gespräche führen, Flöte spielen! Leider aber hatte der Vater Erfolg gehabt: Friedrich hatte die Wichtigkeit eines machtvoll-strengen Herrschers für das bei seinem Antritt höchstens mittelgroße Haus Preußen zu gut verstanden! Er *hatte* sie sich einbläuen lassen! Und selbst die Republik der Freigeister, die er – gegen seinen Vater – manchmal noch immer als höchstes Ziel seines Strebens ansah, verlangte einen stabilen Staat.

Sobald er an die Regierung gekommen war, merkte Friedrich: All diese Gegebenheiten trafen sich auf erstaunliche Weise mit seinem eigenen, gut proportionierten Ehrgeiz, der ihn, wie er wusste, seit je unerträglich machte. Aber er wusste auch: Sein Temperament verpflichtete ihn nicht unbedingt, von der Welt geliebt zu werden. Er musste nur unverwechselbar sein.

Seit dem unseligen ersten Krieg, der ihm Schlesien eingebracht hatte, aber auch die bleibende Feindschaft der jungen, doch erstaunlich widerstandsfähigen Maria Theresia, hatte sich vieles verändert. Nur eine der wesentlichen Konstanten im Staatengefüge der Zeit, das vage Gleichgewicht zwischen den katholischen Kaisern von Österreich, deren lähmende Verkrustung die junge Kaiserin beseitigen sollte, und den immer ehrgeizigeren preußischen Königen und ihren Verbündeten, hatte sich erhalten. Friedrichs erster Angriff hatte nicht die rasche Entscheidung gebracht, die er sich erhofft hatte. Er war nur zum Ausgangspunkt eines sich vertiefenden Zerwürfnisses geworden, der Auftakt zu einem Morden, wie es kein *philosophe* auf dem Thron, als den sich Friedrich noch immer gern sah, wollen konnte. Kolin hatte ihn in bittere Verzweiflung gestürzt. Er hatte auf einmal wieder begriffen, wie viele Mächte auf die Schwäche des gerne großen Preußen warteten. Mit Scham erinnerte er sich an den Jammer, den Wilhelmine danach von ihm lesen musste.

Liebste Schwester (…) mich treffen so viele Schläge, daß ich wie betäubt bin. Die Franzosen haben Friesland besetzt und werden die Weser überschreiten. Sie haben die Schweden aufgestachelt, mir den Krieg zu erklären. (…) Die Russen belagern Memel (…). Seit meinem letzten Brief häuft sich bei mir Unglück auf Unglück. Es ist, als wolle das Schicksal all seine Wut und all seinen Zorn auf meinen armen Staat entladen. (…) Hätte ich meiner Neigung folgen wollen, ich hätte sogleich nach der unglücklichen Schlacht, die ich verloren habe, ein Ende gemacht. (…) Was kann ich da noch ausrichten? Der Feinde sind zuviel. Gelänge es mir auch, zwei Heere zu schlagen, das dritte würde mich erdrücken.

Immer wieder hat Friedrich daran gedacht, sich davonzustehlen. »Das Leben wurde uns von der Natur als eine Wohltat gegeben; sobald es das nicht mehr ist, hört der Vertrag auf, und es steht jedermann frei, seinem Mißgeschick ein Ende zu machen. (…) Du allein fesselst mich noch an die Welt (…). Falls Du den gleichen Entschluss fasst wie ich, so werden wir zusammen unser Unglück und unser Missgeschick beenden.«

Wilhelmine hatte ihm den Geschwister-Liebestod verweigert und ihn noch einmal aus seinem Seelental geholt: »Um Gottes willen, beruhige Dich, lieber Bruder! Deine militärische Lage ist verzweifelt. Aber es besteht Aussicht auf Frieden (...) man hat mir versichert, Frankreich sei mit der Kaiserin schon halb zerfallen.«

Aber von Frieden war jetzt, mehr als ein halbes Jahr später, noch immer keine Rede, das elende Kriegsschicksal ging nach wie vor alles andere als einen geraden Weg. Hatte es nach dem Rossbacher November-Sieg gegen die Franzosen noch geheißen, der König von Preußen habe sich endgültig in die erste Reihe der Herrscher Europas gedrängt und selbst jede zweite *französische* Frau berge sein Bildnis in ihren Kissen, war wieder alles anders gekommen. Wieder schien sein Leben nahe am Abgrund.

Was für ein blödes Vogelgezwitscher in idyllischer Landschaft! Was für ein Spott! Friedrich hatte Olmütz verloren und ritt auf Trübau zu, nicht auf Rosswald! Der Weg dorthin war von Österreichern versperrt! Er würde es womöglich nie wiedersehen. Er hatte davon geträumt, den Grafen auf dem Rückweg von der Eroberung weiterer Ländereien besuchen zu können, vielleicht sogar als neuer Herrscher über Wien, als Kaiser aller Deutschen, der einem seiner schillerndsten neuen Untertanen huldvoll die Gunst hätte erweisen und sich über dessen unter den eigenen Schutz zu stellende Welt hätte informieren können. Er hatte gedacht, er könne auftreten wie ein großer Mann, wie Ritter Lancelot, von dem ihm Duhan, sein Erzieher, erzählt hatte. Als französischer Held in preußischer Gestalt! Wie ein Befreier der im alten österreichischen Tanz Befangenen, wie der beste aller Ritter, der die selbstvergessenen Untertanen Maria Theresias aus ihrem verlorenen Wald erlöste, wo sie ihren schiefen katholischen Weisen lauschen und sich so hemmungs- wie hoffnungslos im Kreise drehen mussten.

Das preußische Reich, zu dem Rosswald nie hatte gehören dürfen, würde, das hatte er schon früh gewusst, größer wiederauferstehen.

Friedrich I., sein eitler Großvater, hatte sich die Königskrone selbst auf den Kopf gesetzt und damit das simple Kurfürstentum hinter sich gelassen. Sein Enkel war ausgezogen, ein glücklicheres Königreich zu gestalten. Vielleicht konnte er auch Hoditz dafür gewinnen.

Vor seinem ersten Besuch hatte Friedrich General Balbi einen Brief an ihn schreiben lassen, Balbi, den Friedrich zum Kommandeur des preußischen Ingenieurskorps gemacht hatte, Balbi, aus altem Genueser Adel, war selbst schon bei Hoditz gewesen. Auch er hatte Wunderdinge von der schillernden Gelehrsamkeit des Mannes, seinen hübschen bäuerlichen Schauspielerinnen, von den brillanten Musikern seiner Kapelle erzählt, dabei aber auch immer wieder bedenklich mit dem Kopf gewackelt. Als wolle er sich nicht festlegen, was er von »diesem Experiment« halten sollte. Aber so viel hatte Friedrich gelernt: *das Geschwätz der Leute zählt nichts*. Gerade das von Balbi! Das wusste er jetzt! Balbi war einer der Verantwortlichen für die Niederlage von Olmütz! Trotzig hatte er an seinen verfehlten Plänen festgehalten! Viel zu sichtbar hatte er die Laufgräben angelegt!

Der Graf hatte dem König eine enthusiastische Antwort zukommen lassen, auf den 23. Mai 1758 datiert: »Nach sehnsüchtigen siebzehn Jahren hatte ich das Glück, Sie zum ersten Mal zu sehen, als Sie in Roswald vorbeikamen, aber die Aussicht auf Ruhm führte Sie zu schnell zum *veni vidi vici*, um meine Sehnsucht ganz zu befriedigen. Tausend große Taten, deren Ruhm bis in meine Einsamkeit drang, hatten mich bereits den Helden des Jahrhunderts in Ihnen erkennen lassen. Ich wünschte mir, den Menschenfreund zu sehen, der von seinen Untertanen so sehr gepriesen wird.«

Frech hatte Hoditz in sein überschwängliches Lob Passagen gemischt, die man als Kritik lesen konnte. Etwa, wenn er schrieb, so wie Friedrich »tatsächlich der Mars der Erde« sei, für ihn werde er »auf immer der große Pan meiner Schäferey« sein.

Als ob Rosswald die Kraft und den Willen hätte, Friedrich, den Kriegsgott, in einen Hüter des Friedens zu verwandeln! Selbstverständlich, musste sich Friedrich denken, hatte der Brief einen zweiten

Sinn, vielleicht war es der hauptsächliche: Hoditz bat darum, nicht in den Krieg miteinbezogen zu werden. Er habe leider kein Geld.

Hatte der Graf die Millionen, die man ihm nachsagte, wirklich alle verprasst? Oder versuchte er, Friedrich zu täuschen? Sophie, Hoditz' Frau, Friedrichs verrückte Tante, hatte auch nie Geld gehabt, sie hatte nur Rechnungen und Bettelbriefe nach Preußen geschickt.

Am 30. Mai hatte Friedrich dem Grafen persönlich geantwortet und edelmütig versichert: »Graf von Hoditz, Ihr Brief vom 23. dieses Monats hat mich mit großer Befriedigung erfüllt, und ich weiß Sie voll der Gefühle mir gegenüber, die Sie darin betonen. Sie können von meinem guten Willen überzeugt sein, Ihnen meine Protektion zu gewähren, soweit dies die vorhandenen Umstände zulassen.«

Ein Brief, der die Form wahrte, ein distanziertes Schreiben, in dem sich Friedrich keine Blöße gegeben hatte. Aber das war am 30. Mai auch noch einfach, war er doch damals in ausgezeichneter Position gewesen. Gerade eben hatte er de Catt noch erzählen können, er rechne mit der Kapitulation der Verteidiger von Olmütz innerhalb von wenigen Tagen, »ohne einen Schwertstreich«. Danach hatte er nicht mehr geschrieben.

Wie hätte er Hoditz *jetzt* entgegentreten können? Beinahe konnte er von Glück reden, dass er die Hügel um Trübau vor sich sah, nicht eine Heerschar von Gräbern. Nach seinem erbärmlichen Rückzieher fühlte sich Friedrich wieder einmal wie einer, der wissentlich eine zu hohe Position eingenommen hatte und jetzt umso schlimmer zerstört am Boden lag. Wie eine unwürdige Leiche, die zu Recht von ihren Gegnern verlacht und bespuckt wurde.

Wie eh und je spürte er, dass ihm die Menschen, die er verachtete, nicht gleichgültig waren. Dass bei ihm wie immer alles mit allem verknüpft war, nicht zuletzt die eigene Selbstachtung mit dem Ansehen, das er bei irgendwelchen Unwürdigen genoss.

Und so fühlte er eben wirklich: dass der ganze Entwurf seines Lebens, auf den er stolz war, wieder einmal gefährdet schien. Ja, es war ihm, als sei er diesmal endgültig gescheitert. Wieder dachte er über den Grund seiner Unbeständigkeit, über seine mangelnde Zuversicht nach. Warum wirkte er in einem Moment stahlhart, im nächsten wie ein zerfetztes Blatt im Wind?

Sollte er aus diesem vermaledeiten Trübau, das da nur noch ein paar Hundert Meter vor ihm lag und das de Catt ihm als mährisches Athen und Ähnliches hatte schönreden wollen, wieder hinauskommen und irgendwann noch einmal den Hang über Rosswald hinunterreiten können, wird er versuchen, alle peinlichen Niederlagen seines Lebens zu vergessen. Der Schutz, den er Hoditz anbieten kann, wird wieder etwas wert sein!

Es ist zum Verzweifeln! Warum ist er so dünn besaitet, dass solche Dinge ihm größte Mühe bereiten? Mit sechsundvierzig Jahren ist Friedrich im 18. Jahrhundert schon weit über die Mitte seines Lebens hinaus und einer der mächtigsten Männer Europas. Er weiß das. Aber noch immer sieht er sich alle paar Tage am Rand einer schreckenerregenden Schlucht. Was dieses Mal auch einen banalen Hintergrund hat, den kaum einer der Männer, die mit ihm reiten, ahnt. Friedrich kann nicht mehr verdrängen, dass der preußische Staatsschatz erschöpft ist, dass schon vor dem Auftakt dieses Feldzugs klar war, dass der Krieg neue Einnahmen bringen musste.

Friedrich will nicht mehr von Mitchell, dem Gesandten des Britischen Königsreichs, und den Unterstützungszahlungen, die Mitchell für Friedrich organisiert, abhängig sein. Mitchell ist ein gebildeter Mann, der mit Montesquieu, einem der besten französischen Aufklärungsphilosophen, befreundet ist, aber auch ein übler Geizhals! Friedrich hasst, dass Mitchell, den er schätzen *muss*, immer mitreitet. Es ist, als kontrollierten ihn die Engländer über diesen reisenden schottischen Inspektor. Sagen Sie uns, lieber Mitchell, ist der König unser Geld wert? Friedrich schnaubt verächtlich. Was diesen Feldzug angeht, ist ihm die Flucht nach vorne gründlich missraten. Er kann nur beten, dass den Russen kein zweiter übler »Husarenstreich« gelingt. Er muss sie von Berlin fernhalten! Erst im vergangenen Oktober haben sie ihn zum lächerlichsten Geschöpf der Erde gemacht und einen ganzen Tag lang die russische Fahne über Berlin gehisst.

Als Unterlegener wollte er bei Hoditz, der nur ein Graf ist, aber vielleicht auch ein *philosophe*, wie Friedrich ihn sich wünscht, nicht vorstellig werden. Womöglich war er für den Grafen jetzt nur noch der ungeliebte, angezählte Besatzer, der verschwinden musste.

Aber nur in Rosswald kann er herausfinden, wer dieser mährische Sonderling ist, ob ihm in seinem »schlesischen Versailles« eine Existenz gelingt, wie Friedrich sie selbst gerne geführt hätte.

Es hat auch bei Friedrich Ansätze zum Selbst-Leben gegeben, durchaus. Auch er hat davon geträumt, Privates und Politik zusammenzuführen. Nach dem Tod seines Vaters und dem eigenen Regierungsantritt war Friedrich mit Francesco Algarotti, den er zuvor eilig zum Grafen gemacht hatte, in gemeinsamer Kutsche auf Huldigungsreise nach Königsberg gefahren. Wie mit einer offiziellen Geliebten. Elisabeth-Christine, die Zwangsfrau, an die ihn sein Vater verkuppelt hatte, hatte er endlich in Berlin und Schönhausen abstellen können. Sollten sie doch reden! Friedrich war jetzt König!

Damals, vor achtzehn Jahren, hatte es so ausgesehen, als könne er den Aufbruch seines Staats mit seiner eigenen zweiten Geburt verbinden.

Aber all das war lange vergangen. Der Venezianer Algarotti war vor fünf Jahren endgültig nach Italien zurück. Aus gesundheitlichen Gründen! Algarotti war immer noch gleich alt wie Friedrich, aber er schien an allen Krankheiten dieser Welt zu leiden! Beinahe wie Fredersdorff!

Friedrich musste aufpassen, dass ihm nicht die Tränen kamen. Fredersdorff, sein Mann für alles und die Finanzen! Auch an ihm hatte Friedrich gehangen. Für keinen hatte er sich so eingesetzt! Für die richtige medizinische Behandlung! Er hatte Fredersdorff sogar erlaubt zu heiraten, auf dass er eine Pflegerin bei sich habe. Aber der kränkliche lange Kerl war dennoch gestorben, im Januar, keine fünfzig Jahre alt! Friedrich hatte die Nachricht im Breslauer Winterlager erreicht. Hilflos hatte er sie sich angehört. Vorher schon war seine Mutter gestorben, kurz nach der verteufelten Schlacht von Kolin.

»Ein neuer Kummer, der uns niederdrückt! Wir haben keine Mutter mehr«, hatte er am 5. Juli 1757 an Wilhelmine geschrieben, »dieser Verlust setzt meinem Schmerz die Krone auf. Ich muss handeln und habe kaum Zeit, meinen Tränen freien Lauf zu lassen.«

Als Algarotti noch gesund war, hatte er große Reden geführt, hatte Friedrich von seinem komplizierten Liebesdreieck mit Lady Montagu und Lord Hervey erzählt, von Gemälden, Musik, Physik und Petersburg. Er schien die ganze Welt zu kennen. Zusammen hatten sie Maupertuis zugehört, den Friedrich zum Berliner Akademiepräsidenten gemacht hatte, hatten dessen Theorie gelauscht, dass das biologische Geschlecht keine naturgegebene Tatsache sei, sondern eine Rolle, die jeder, mal länger, mal kürzer wahrnimmt oder wenigstens wahrnehmen könnte – je nach Geschmack, Laune oder ästhetischer Präferenz.

Die Welt schien in Bewegung und für Friedrich nichts unmöglich.

Aber es war alles anders geworden. Mit dem eitlen Algarotti hatte er sich immer wieder zerstritten und versöhnt, jetzt war er weg. Maupertuis war 1753 zum ersten Mal verschwunden, obwohl Friedrich ihn noch gegen Voltaire, den hinterlistigen Hund, verteidigt hatte. Jetzt lebte Maupertuis, undankbar auch er, in Basel. Er war, wie man hörte, krank.

So viele waren schon davongeschlichen! Friedrich musste neue Menschen kennenlernen, neue Geister! Und dieser Hoditz war wohl kein Gelehrter, auch kein Literat, aber vielleicht war er mehr: einer, der sein eigenes Leben führt. Der Gipfel der Wissenschaft!

Friedrich wusste, dass Hoditz wegen seiner verschwenderischen »sybaritischen Genusssucht«, die ihn sein vermutetes Millionenerbe verprassen ließ, in der Kritik stand. Er hatte den Ruf eines Weiberhelden, nicht wenige nannten ihn »Narr«.

Aber Friedrich war doch selbst jener »Sybarit«, der Hoditz nachgesagt wurde. Friedrich erinnerte sich an seine Jugend und an die für ihn beinahe tödliche Feindschaft des Vaters. Dabei hatte er doch nur anders leben wollen.

Nein, keiner konnte vom Hörensagen urteilen, ohne sich lächerlich zu machen. Friedrich musste sich die Existenz des Grafen genauer ansehen. Sonst blieb alles, was er in dieser Angelegenheit sagte, Rhetorik, die er genoss, aber verachtete. Und Friedrich hoffte ja, dass er sich in Hoditz nicht täuschte, dass der Reichsgraf seinen Ahnungen wenigstens nahekommen würde.

Der König musste lachen: Wie weit war er schon heruntergekommen in seinen Ansprüchen! Irgendein dahergelaufener Anverwandter war seine schönste Hoffnung!

3

Inkognito – ein offensichtliches Geheimnis. Und über ein paar Schwierigkeiten mit Quellen und Legenden aus dem 18. Jahrhundert

»Inkognito«? Das Wort für den legendären ersten Besuch Friedrichs des Großen bei Albert von Hoditz ist, in etwas anderer Färbung, noch heute bekannt. Es bezeichnet in der Regel, dass sich jemand, ohne sich zu erkennen zu geben, zwischen anderen bewegt. Klassisch etwa ein Herrscher, der herausfinden will, was sein Volk »wirklich« denkt, und der sich verkleidet auf die Straße begibt, um die Stimmung zu erkunden.

Doch das allein trifft die Praxis adeligen und fürstlichen Reisens, wie sie im 18. Jahrhundert verbreitet war, nicht. Sie entwickelte sich, wie Volker Barth in seiner Studie *Inkognito* gezeigt hat, zu einem überraschend umfangreichen höfischen Zeremoniell, das wenig über die Geheimhaltung der betroffenen Reisen Auskunft gab.

Zar Peter der Große machte sich 1697 »inkognito« nach Westeuropa auf, als »unbekannter Zimmermann«. Das wird, dank Lortzings komischer Oper *Zar und Zimmermann*, noch heute als »Volksnähe« des im eigenen Land brutalen Herrschers gesehen. Dabei waren schon die Ziele der Expedition komplex. Bekannt ist Peters Interesse am Schiffsbau im Hinblick auf den Ausbau der eigenen Flotte, aber er warb auch für ein Bündnis gegen das mächtige Osmanische Reich, interessierte sich für die Verteidigungsmaßnahmen der Schweden in Riga.

Bei alledem wusste die Öffentlichkeit, trotz Inkognito, genau, dass der Zar unterwegs war. Zimmermann »Pjotr Alexejewitsch« reiste im massiven Tross der über dreihundertköpfigen »Großen Gesandtschaft«, die damaligen Zeitungen meldeten seine Ankunft an den einzelnen Orten und was er dort unternehmen wollte, oft schon vorab.

Etwas weniger auffällig, aber doch europaweit bekannt und am regelmäßigsten hat das Zeremoniell wohl Maria Theresias Sohn Kaiser Joseph II. verwendet. Aber auch hier war die Route des »Grafen von Falckenstein« oft kein Geheimnis. Selbst das berühmte Treffen Josephs mit Friedrich dem Großen im schlesischen Neiße, auf dessen Bedeutung wir noch kommen, weil Albert von Hoditz als Zaungast mit dabei war, verlief offiziell »inkognito«.

Beim Fürsten-Inkognito ging es nämlich üblicherweise nicht um Schutz vor Paparazzi, politischen Gegnern und Ähnliches, wie man heute assoziiert, sondern um ein Reisen, das die im 18. Jahrhundert noch außerordentlich wichtige Frage, wer wann wen wo und wie begrüßen und besuchen durfte oder musste, unterlief. Im Vorfeld der Inkognito-Reisen und -Treffen unterhielt man sich trotzdem oft genau über die Modalitäten der Begegnungen, aber die Rangunterschiede, etwa zwischen Kaiser und König, spielten eine kleinere Rolle, ein gelasseneres Reisen war möglich. »Das Inkognito« war ein kompliziertes Zeremoniell der Vereinfachung.

Parallel dazu scheint es aber auch ein Indiz dafür zu sein, dass immer mehr Herrscher gegen Ende des Ancien Régime ahnten, dass das Volk die enorme soziale Distanz zwischen »einfachen Leuten« und Fürsten nicht mehr lange tolerieren würde. So versuchten sie, diese gelegentlich zu überbrücken. Natürlich nicht, um auf ihre Machtstellung zu verzichten, sondern eher, um sie anzupassen und möglichst lange zu erhalten.

Verglichen mit anderen Fürsten nahm Friedrich den Begriff »all incognito« wohl am deutlichsten beim Wort. Oft bevorzugte er ein kaum beobachtetes Inkognito mit wenigen Begleitern. So auf der Reise in die Niederlande von 1755, auf der er sich wie ein gut situierter Tourist verhielt und als »Kapellmeister des Königs von Polen« ausgab, wie Henri de Catt erzählt, der Friedrich dort kennenlernte. Ohne die rituelle Praxis des Inkognito hätte die erste Nähe zwischen dem Fürsten und dem allein reisenden Schweizer Adeligen kaum entstehen können.

Zu Friedrichs erster Begegnung mit Hoditz gibt es eine ausführliche Schilderung, die verschiedene Schwierigkeiten des Prozederes sichtbar macht, den außergewöhnlichen Charakter von Hoditz und die Art der Beziehung zwischen den beiden andeutet.

Friedrich »begab sich zu ihm, incognito, nur von einem einzelnen Diener begleitet«, schreibt Dieudonné Thiébault in seinem zweibändigen Werk *Mes souvenirs de vingt ans de séjour à Berlin*, in dem er Hoditz mehrere Seiten widmet. Es wurde 1805 in Paris veröffentlicht, 1826 erschien es auf Deutsch.

[Hoditz] stellte fest, dass seinen Gast alles interessierte, was die Prinzessin betraf, und beschloss, dass er ihm ihr Grabmal zeigen sollte. Ein Angebot, das mit Vergnügen angenommen wurde. (...) Auf dem Rückweg aber sah der Offizier (Friedrich, inkognito), über die Brücke gehend, in einer Feuerschrift, die sich im Wasser spiegelte, folgende Worte: »Es lebe Friedrich der Große!« Von diesem Moment an war er in Gedanken versunken, verlegen und sorgenvoll. Er musste vermuten, dass er erkannt worden war, auf österreichischem Boden, bei einem Österreicher, und da er von feindlichen Truppen umzingelt oder verfolgt war, konnte er sich Unvorsicht vorwerfen. Aber, wer hätte ihm verzeihen können, wenn nicht der Graf? (...) »Mein Herr (...) Sie scheinen mir beunruhigt zu sein. Ich respektiere den Ursprung dieser Unruhe und Ihr Geheimnis. Es wäre nun nur natürlich zu glauben, dass ich auf irgendeine Weise am Grund dieser Unruhe beteiligt sei, aber wenn dem so wäre, wäre das für mich ein wirklicher Kummer und eine Beleidigung, die ich nicht verdiene. Haben Sie die Güte, mir zuzuhören: Ich bin als Untertan des Hauses Österreich geboren, aber ich diene ihm schon lange nicht mehr. Ich verletze kein Gesetz meines Landes, aber ich mische mich in keine politischen Geschichten. Da bin ich so kosmopolitisch wie es ein Ehrenmann nur sein kann und alle ehrlichen Menschen sind meine Landsleute. Mein Herr: Sie sind Preuße, Sie verteidigen Ihr Land, in Ordnung! Ich ehre Sie dafür. Es ist Krieg zwischen Ihrem Land und dem, dem mich der Zufall verbunden hat. Was schließen wir daraus? Erfüllen Sie Ihre Pflichten und ich verfolge meinen Plan. Ansonsten fördern wir den Frieden. Ich bin müde geworden, zwischen dem preußischen König und der Kaiserin zu unterscheiden. (...) Mein Wissen beschränkt sich in dieser Hinsicht auf

zwei Dinge: Friedrich ist einer der Größten, den die Menschheit hervorgebracht hat. Maria Theresia, deren Vater ich gedient habe, ist eine außergewöhnliche Frau und eine große Herrscherin. So weit, so gut. Ich werde beider Diener empfangen, wenn sie bei mir Halt machen wollen. (...) Wenn Sie mir weh tun und mir gegenüber ungerecht sein wollen, dann reisen Sie jetzt ab und ich werde Ihnen die Führer zur Verfügung stellen, die Sie brauchen. Aber wenn Sie sich weiter richtig verhalten wollen, fühlen Sie sich wie zu Hause oder, wenn Sie wollen, wie bei einem Ehrenmann, und gewinnen Sie eine tiefere Fröhlichkeit zurück (...).« Der edle, direkte, loyale, kraftvolle Ton mit dem der Graf all das sagte, beruhigte seinen Gast (...) er fand seine Heiterkeit wieder, und der Rest des Abends verlief in angenehmster Weise.

So weit Thiébault. Das Fehlen jeder Unterwürfigkeit bei gleichzeitigem Respekt macht Hoditz' Verhalten außergewöhnlich, und Friedrich scheint es zu akzeptieren. Schon bei der ersten Begegnung ist eine Haltung gegenseitiger Augenhöhe gesetzt, die vom Inkognito mit ermöglicht wird. Auch René du Bois, ein hugenottischer Berliner des neunzehnten Jahrhunderts, beschreibt das Treffen in einer Kurzform, die die Feinheiten des Prozederes aber ebenfalls sichtbar macht: »Der Graf erkannte den König sofort und gab ihm zu erkennen, dass er, obwohl ein treuer Untertan seiner Majestät, der Kaiserin, die Gastfreundschaft hochhalte.«

Hoditz war nicht im Vorhinein informiert, aber er war, um innerhalb des Rituals überhaupt als Partner auftreten zu können, darauf *angewiesen* zu erkennen – durfte oder wollte sein Erkennen aber nur andeutungsweise sichtbar werden lassen.

Was Thiébaults Schilderung des ersten Treffens der beiden mit Hoditz' Brief vom 23. Mai 1758 verbindet, ist die für einen Provinz-Adeligen Mitte des 18. Jahrhunderts nicht unbedingt typische Friedensbotschaft.

Doch stimmen diese Schilderungen des ersten Treffens zwischen Friedrich und Hoditz? Thiébault, der 1733 in La Roche, einem kleinen Ort an der französischen Mosel, geboren wurde und 1765 auf Vermittlung des Enzyklopädisten d'Alembert nach Berlin kam, war dort vor allem mit dem Lektorat und Korrektorat der französischen Schriften Friedrichs betraut und lebte beinahe zwanzig Jahre lang in Preußen. Was nichts daran ändert, dass er Friedrich erst lange nach dem Siebenjährigen Krieg kennenlernte, also kein auch nur mehr oder weniger direkter Rosswalder Augen- oder Ohrenzeuge sein konnte. Überdies gelten Thiébaults Berichte generell als blumig ausgeschmückt.

Gleichzeitig war er aber auch einer jener Angehörigen des Hofes, die Hoditz aus seinen späten Potsdamer Jahren gut kannten: worauf er, in Abgrenzung zu Jacques-Antoine-Hippolyte Guibert – der Rosswald von einem Kurzbesuch her schilderte, nicht aber das Treffen dort – großen Wert legt. Hoditz selbst habe ihm »alle Einzelheiten seines Lebens« mitgeteilt. Er werde »genauer sein« als Guibert, und sein »Bild« von Hoditz »vollständiger und abgerundeter«.

Tatsächlich verleiht die gute Bekanntschaft Thiébaults mit Hoditz vor allem dem beeindruckenden Charakterbild des Grafen Glaubwürdigkeit.

*

Trotzdem bleibt die erste Inkognito-Begegnung zwischen Friedrich und Hoditz ein schönes Beispiel für die Schwierigkeiten, denen man in der Recherche zum 18. Jahrhundert begegnen kann. Die Geschichtswissenschaften sind, was diese Zeit angeht, noch weit von der Datenschwemme des 21. Jahrhunderts entfernt.

Immer wieder stößt man auch im Fall von Hoditz auf Widersprüche, selbst bei Quellen und Berichten, die sich als »aus erster Hand« verkaufen. Henri de Catt etwa erzählt in seinen *Memoiren*, die lange als ungeschönter Blick in Friedrichs Leben galten, dass Friedrich ihm beim Vorbeireiten an Rosswald Ende April 1758 ausführlich von Hoditz und seiner Welt erzählt habe: »Wenn wir in Roßwalde gerastet hätten, so hätten Sie ein seltsames Dorf kennengelernt, Graf Hoditz, der dortige Grundherr, hat dieses Dorf zu einem reizenden Aufenthalt gemacht. Er lebt hier mit etwa zwanzig hübschen Bauermädchen und ebensoviel jungen Bauern, welche er angelernt hat, kleine Opern aufzuführen, Konzerte zu geben und die Fremden zu unterhalten, die hierherkommen, um diesen angenehmen Ort zu sehen.« So weit, so gut. Doch dann folgt eine seltsame Passage: »Der Graf ist eifersüchtig auf diese Mädchen, deren einige sehr hübsch und ziemlich gut erzogen sind und die in mehr als einem Sinne in seinem Dienste stehen, und er läßt sie mit erstaunlicher Sorgfalt und voll Unruhe überwachen« und »wenn sie dem Besuche des Grafen Blicke zuwerfen, die zu neugierig sind (...) werden sie eingesperrt bei Wasser und Brot«.

Die unangenehme Schilderung der für viele im 18. und 19. Jahrhundert auffälligsten Attraktion des Rosswalder Lebens überrascht. Friedrich selbst hat den »Serail«, wie wir sehen werden, in seiner ersten Epistel auf Hoditz ganz anders und beeindruckt beschrieben. Aber auch de Catts zweiter Absatz widerspricht dem ersten deutlich: »Wenn man sich eine Anschauung des Lebens jener alten arkadischen Hirten verschaffen will, so hat man in Roßwalde die beste Gelegenheit dazu. Der Graf hat es sich zur Aufgabe gemacht, jene schönen Romane zu verwirklichen und es ist ihm nicht übel gelungen. (...) Der Graf ist ein Ehrenmann; zwar liebt er die Tafelfreuden und alle Arten Vergnügungen; aber sein Herz ist ehrenhaft, und er ist mir außerordentlich zugetan. Wir stehen miteinander im Briefwechsel soweit es die Umstände erlauben und ihm daraus keine Unannehmlichkeiten erwachsen können.«

Der unterschiedliche Ton der beiden Abschnitte legt nahe, dass sie nicht zur selben Zeit verfasst wurden. Und vor allem: beide Geschichten können zum genannten Zeitpunkt noch gar nicht erzählt worden sein. Gerade die lässige Vertraulichkeit der Schilderungen macht klar, wie fingiert die zweiteilige Erzählung de Catts ist, da Friedrich zu dieser Zeit noch keinen persönlichen Eindruck von Rosswald gehabt haben kann. Der Briefwechsel zwischen Friedrich und Hoditz, der beider Bekanntschaft und dauerhafte Freundschaft vorbereitet, beginnt erst am 23. Mai 1758, einen Monat nach dem ersten Vorbeireiten Friedrichs.

Ausgerechnet die *Memoiren* de Catts also erweisen sich als auf sehr unsicherem Grund gebaut. Obwohl die Ereignisse in der Regel präzisen Daten zugeordnet sind, kann schon die Zuordnung oft nicht stimmen.

Anders liegt der Fall beim heute allenfalls in der Fachwissenschaft bekannten *Tagebuch* de Catts, das er wohl tatsächlich beinahe täglich geführt hat. Es erzählt oft andere Geschichten als die *Memoiren*. Hier liest man knappe Erinnerungen dessen, was wirklich geschehen ist. Wichtig ist das in unserem Fall etwa für den Zeitpunkt des ersten Besuchs bei Hoditz. Während in den *Memoiren* der Tagesplan Anfang Juli 1758 mit Erzählungen gut bestückt ist, heißt es im *Tagebuch* oft lapidar »wurde nicht befohlen«. Das bedeutet im Sprachgebrauch de Catts, dass an diesen Tagen keine Begegnungen stattgefunden haben. Im *Tagebuch* dagegen öffnet sich ab dem 2. Juli morgens, nach dem Abbruch der Belagerung, ein kurzer Zeitraum, in dem Friedrich nach Rosswald geritten sein könnte und von da aus nach Litomyšl, sechzig Kilometer westlich von Olmütz, wo er die Truppen und de Catt am 6. Juli abends wieder gesehen hätte. Das entspräche auch der Zeitangabe bei Thiébault: »Als Friedrich sich entschlossen hatte, die Belagerung von Olmütz aufzugeben (...) setzte er sich an die Spitze eines der Korps, das, da es die mährischen Berge überqueren musste, den meisten Risiken ausgesetzt schien. Aber auf der Höhe von Rosswald konnte er der Versuchung nicht widerstehen, sich das Gut anzusehen und den Grafen Hoditz kennenzulernen (...).«

Noch einmal verzwickter wird die Geschichte, wenn man den »Militärischen Bericht« über den Siebenjährigen Krieg konsultiert. Hier werden im Allgemeinen keine Geschichten erzählt, die nicht geschehen sind. Aber der Raum, den Friedrich für einen Besuch bei Hoditz hatte, wird, mit Verweis auf die »Eile« der Verlagerung der Truppen, schmaler. Und keine der vier Heeresgruppen wählte den Weg über Nordmähren. Friedrich hätte sich also in einer sehr schwierigen politisch-militärischen Situation tatsächlich mit nur einem Begleiter von der Truppe entfernen müssen, um nach Rosswald zu reiten. Das ist kaum vorstellbar. Das bestätigen auch von Sodensterns Aufzeichnungen *Zum Säculargedächtnis von 1758*, die alle historischen Quellen berücksichtigen. Stattdessen wird oft vermutet, dass sich der

König schon *während* der Belagerung von Olmütz, die sich über zwei Monate hinzog, nach Rosswald aufgemacht habe, wahrscheinlich im Juni 1758.

Auch wenn hier nach de Catts *Tagebuch* ebenfalls wenig Zeit für einen Ritt über zweimal hundert Kilometer vorhanden war – selbst für sehr trainierte Pferde eine lange Strecke –, bleibt das die wahrscheinlichste Variante. Ende April wäre eine kurze Absentierung des Königs ohne viel Zeitaufwand möglich gewesen. Allerdings hätte dann de Catt, der genau diesen Feldzug mitgemacht hat und Friedrich häufig sah, dem König kaum offenkundig falsche Geschichten über Hoditz in den Mund gelegt. Ein Inkognito-Besuch wäre für ihn, der Friedrich selbst inkognito kennengelernt hat, ein ausgezeichnetes Thema gewesen.

Leider ist auch der Brief von Balbi an Hoditz, in dem der Besuch vorbereitet wurde, verschollen, ebenso wie Balbis Erzählungen über sein Leben mit Friedrich. Von Friedrich für gut befunden, aber mit Bitte auf spätere Veröffentlichung versehen, sind sie im Nachlass der Witwe Balbis nie aufgetaucht.

Eine schöne, nun wirklich erfundene Geschichte, die das Mythen generierende Potenzial von Rosswald veranschaulicht, erzählt die berühmte George Sand in ihrem Roman *Die Gräfin von Rudolstadt*. Auch sie erwähnt die Gefahr, in der Friedrich bei seinem Inkognito-Besuch war. Ihre »Frau von Rudolstadt« berichtet sogar, sie habe einen Mordversuch auf den König verhindert. Bei Hoditz angestellt, habe »ein böhmischer Riese«, der »seine Frau und sein Kind verloren« habe, den König erkannt und töten wollen. Glücklicherweise habe er sich »bereden« lassen, »die Flinte aus den Händen zu nehmen«. Was Friedrich, verborgen in einem benachbarten Pavillon, heimlich mitanhörte.

4

Wer ist dieser Hoditz? Berichte von der mährischen Grenze – wilde Zügellosigkeit, Feste, Gärten und sokratische Abendmahle. Maria Theresia und Tiresias

Die ersten öffentlichen Berichte über das dem Rest der Welt oft sonderbare Leben des Grafen Albert von Hoditz kommen Anfang des Jahres 1744 aus »Zeitungen von der mährischen Grenze« in die Welt, wie Karl Heinrich Siegfried Rödenbeck, Buchhalter, Tabakhändler und Amateurhistoriker, in seinem berühmten *Tagebuch oder Geschichtskalender aus Friedrichs des Großen Regentenleben* bemerkt. Sie handeln von »Faßnachtslustbarkeiten«, die so viel Zulauf ernten »wie in irgendeiner großen Stadt«. Wöchentlich wird ein Ball gehalten, »wobei alle Masken beiderlei Geschlechts erscheinen dürfen (…). Um elf Uhr speiset der Adel. Die bürgerlichen Personen aber werden in dem großen Saale aufs Beste bewirthet. Letzteren ist auch freigelassen, in das Appartement des Adels zu gehen, um den vorgestellten Jahrmarkt und die spielenden Wasser zu sehen. (…) Etliche hundert vornehme Personen aus Böhmen, Mähren, Schlesien und Polen sollen zu den Festveranstaltungen gekommen sein.« »Geiz«, so heißt es, halte Hoditz für »die schlimmste Sünde der Menschheit«.

Der schillernde Ruf des Grafen beginnt also mit ungewöhnlicher »Gleichmacherei«, die Adelige und Bürger vor der Französischen Revolution zusammenführt – trotz »gewisser Schranken« beim Tanzen und fehlender Maskenpflicht für Adelige. Am Gründonnerstag »erhielten auch alle Armen und Bettler, welche nach Roswald kamen, einen Freitisch mit Suppe, Fisch, 1 Laib Brot und 1 Maß Bier (…). Abends wurde im Theater eine große Traueroper aufgeführt, zu der alle Armen freien Zutritt hatten.«

Wann genau Albert begonnen hat, das drei Jahre zuvor übernommene Schloss zu renovieren, das Innere des schlicht-gediegenen Renaissancebaus in Rokoko zu verwandeln, den Park spektakulär neu zu gestalten, ist unbekannt. Aber die »spielenden Wasser«, die 1744 im Innenraum zu sehen sind, deuten an, dass die Umwandlung des Schlosses rasch vor sich ging.

*

Das erste große Fest mit Theaterereignis, das etwas näher rekonstruierbar ist, fand zum Namenstag von Hoditz' Gattin im Jahr 1748 statt. Sein Libretto *Die vergötterte Sophia* deutet die Opulenz der Aufführung an. Stumme Figuren waren »26 Cupidine, 3 Gratien, 70 Nÿmphen, 10 Jäger, 60 Bachanten und Bachantinnen, 12 Wasser=Götter und 4 Cÿclopen«. Auch die höheren Bediensteten des Schlosses waren beschäftigt: »Die Musik ist von Herrn Anton Gruska, Gräfl. Hoditzischen Director der Musik. Das Theatrum, und die Wasserspringe, seÿnd vom Herrn Georg Teiner, Gräfl. Bauministern, die Machinen von Herrn Hanns Georg Schnabel, Gräfl. Ingenieur verfertigt.«

Inhaltlich geht es spielerisch-festlich um die Erhebung Sophias zur Göttin, ihre »Vergötterung« in einem »Tempel der Venus«. Im ersten Aufzug treten »Priester, und Priesterinnen« auf, »welche ein Ballet tanzen, und opfern wollen«. Im zweiten Aufzug sieht man »Jupiter und Juno, auf einem Triumpf-Wagen mit Adlern, Venus auf dergleichen, von Schwanen und Nÿmphen gezogen«. Der von Schwänen und Nymphen gezogene »Wagen« deutet auf den schlosseigenen Bach. Wasserspiele werden eines der auffälligsten Zeichen von Hoditz' Herrschaft bleiben. Die Zahl der Brunnen, Fontänen und »Spritzmaschinen« in Park und Schloss schwankt, je nach Quelle, zwischen sechshundert und siebentausend.

Noch einige Stufen prächtiger und schriller als der Lobpreis auf Gattin Sophie lässt sich vier Jahre später, am 15. Oktober 1752, das Fest zum Namenstag von Maria Theresia an. Tenor ist der Jubel über die großartige Herrscherin, aber er passt nicht so recht zur gutmütigstrengen katholischen Landesmutter, als die sie sich gerne sah. Vom Katholizismus und seinem Gott ist im überlieferten »Spielplan« des Theater-Events jedenfalls keine Rede.

Hoditz konzentriert sich vielmehr auf einen »Tempel des thebanischen halb=Gottes Tiresias«. Dabei geht er von einem skurrilen Einfall aus: Er nimmt den »Namenstag« für einmal wörtlich und doch assoziativ. Da liegen Theresia und Tiresisas, die Kaiserin und der blinde Seher aus der antiken Mythologie, natürlich nahe beieinander. Aber die Wahl von »Tiresias« hat weitere Assoziationsketten zur Folge. Maria Theresia wird als antike Göttin Pallas vorgestellt: »halb in Mannes- und halb in Weibes-Kleidern«, um »die Gleichheit mit dem halb=Gott Tiresias (welcher nach der Mythologischen Lehre bald Mann bald Weib gewesen seyn soll) beyzubehalten«.

Der wechsel- oder auch transgeschlechtlichen Beschaffenheit ihres »heidnischen« Namensverwandten wegen wird die gut katholische Kaiserin also in eine Art Zwittergestalt verwandelt. Ein frecher Scherz, ja eine Majestätsbeleidigung, die Hoditz' üppige subversive Phantasie zeigt, die aber auch eine kränkende politische Spitze enthält. Maria Theresia, älteste Tochter des sohnlosen Kaisers Karls VI., konnte ja nur aufgrund der Akzeptanz der »Pragmatischen Sanktion« durch die anderen deutschen Länder den männlichen Thronfolger ersetzen und regierende Kaiserin werden. Keine Sorge, bescheinigt ihr hier ihr dreister Untertan Hoditz augenzwinkernd: Du bist ja Mann wie Frau.

In der theatralisch-sakralen Gesangshandlung, die als klassischer Wechsel von Arie und Rezitativ gestaltet ist, wird das Thema der Zwiegeschlechtlichkeit von Teiresias und Theresia fortgeführt: »Dein schönes Blut / Dein auserlesener Leib / Dein hoher Geist / Dein Helden-Muth«. Er beweist, »Dass Du auf einmal beydes sey'st / Dahero soll nichts unseren Vorsatz stöhren / Dich Theresien / In Tiresias zu ehren«.

Die Begründung zeigt, dass Hoditz seine quasi-dadaistische Provokation genau einzuschätzen weiß. Und er verstärkt sie noch: »Hier ist ein heiliges und Ehrfurcht volles Haus. / Und die Verstellung find't hier keine Statt (...).« Dabei ist das gesamte Libretto der Festveranstaltung genau das, was es hier verneint: eine »Verstellung«. Ob Maria Theresia von der unverfrorenen Huldigung ihres Untertanen erfahren hat, ist leider nicht bekannt.

*

In den ergänzenden Erläuterungen des spöttischen Kniefalls vor der Herrscherin findet sich auch eine der seltenen Beschreibungen des Schlossparks und seiner Gärten. Fasan- und Tiergärten gibt es. Am Ende der unteren Allee befinden sich rechts verschiedene »verzierte Schäfferhütten / nebst einem Theatro zur lincken« und zwischen »grossen und verjährten Erlen« ein »altes Baad« an einem »sich durch die Gegend schlingenden Bach«. Dazu ein Kaninchengarten, ein weiterer »Thier=Garten«, und in der Mitte derselben ist ein »sehr hoch=springendes | Wasser angebracht«.

Auffällig ist die typisch barocke Präsenz der Kultur im Garten, der zu einer der Bühnen des Menschen, seiner Anstrengungen, seiner Vorlieben, seines Glaubens wird. Doch es muss in Rosswald auch ruhigere, naturbelassenere Partien gegeben haben. Aus den Akten des Konkursverwalters nach dem Ende des verschwenderischen Hoditz lassen sich weitere Merkmale erschließen: Westlich des Schlosses lag ein englischer Garten von etwa sechs Hektar, auf denen mehr als fünfundfünfzig Arten von Nadel- und Laubbäumen gepflanzt waren. Ähnlich wie Friedrich legte Hoditz auch großen Wert auf exotische Bäume und Pflanzen. Bei der Bestandsaufnahme waren es dreihundertneunzig Zitronen- und Orangenbäume, einhundertneunundzwanzig Ananas, Dutzende verschiedene Aloe-Arten, zehn Zypressen, fünf Olivenbäume, mehrere Mandelbäume und Hunderte anderer Waldbäume, teils Geschenke Friedrichs an Hoditz.

*

Die ausführlichste zeitgenössische Berichterstattung zu den Festen von Rosswald ist keinem besonderen Tag zuordenbar. Ein regelmäßiger Gast, der Breslauer Arzt und selbsternannte Universalist Balthasar

Ludwig Tralles (1708–1797), entwirft in seiner pathetisch-poetischen Schilderung unter dem schönen Titel *Schattenriß der Annehmlichkeiten von Roswalde* eine phantastisch anmutende, hundertzweiundneunzig Seiten lange Skizze von Schloss und Schlosslandschaft und hat viele nachfolgende Autoren beeinflusst. Der »Marmor-Stall« etwa, den Tralles beschreibt, taucht in späteren Schilderungen immer wieder auf, aber keines der Beschreibungsduplikate reicht an das Original heran:

Unter einer vergoldeten von mancherley schönen Farben strahlenden Wölbung an mit frischen Blumen gezierten Wänden, die Babylonischen Teppichen gleichen, stehen künstlich gearbeitete Sitze mit weichen Polstern bedeckt, so, daß die feinsten, zärtlichsten und empfindlichsten Schönen sonder Eckel, ohne Verminderung ihres Appetits, ganz bequem in diesem Stall Tafel halten könten (...) Aber eine so zierliche Wohnung verdienen auch Kühe, die mit einem fleischigen Körper, breiten Rücken, einer glatten, gefleckten Haut, weichen, gekämmten Haaren, lieblich gekrümmten Hörnern, einer krausen, lockigen Stirn und grossen Augen prangen.

Auch Tralles' opulente Schilderung von Rosswalder Ereignissen, die 1774, mehr als zwanzig Jahre nach dem Fest für Maria Theresia, auf Lateinisch erschien, zeigt Albert von Hoditz als exzentrischen Landschafts- und Lebensgestalter, als Vorläufer des heute berühmteren Fürsten von Pückler-Muskau, als Artisten des Unerwarteten, der es darauf anlegt zu verblüffen. Tralles, der sich sein Leben lang rühmte, Friedrich den Großen 1757 medizinisch beraten zu haben, ein eigenes Buch darüber schrieb und als Arzt unter anderem Spezialist für die Wirkungen des Moschus war, übersetzte Hoditz' Gestaltungsphantasien in eine eigentümliche Zauberparadies-Sprache. Etwa wenn er den »Milchkeller« des Schlosses schildert:

Es lockt dieser zu sich, nicht als ein Keller, sondern als ein unterirdisches Gemach, wo an mit schönen Farben geschmückten Wänden in zierlichen Gefässen von Thon, die den Samischen beykommen und mit schicklichen Deckeln versehen sind, die Milch aufbewahrt und vor Gerinnen und Säure geschützt wird, indem sie mit bewundernswürdiger Kunst eine solche Lage und Stellung erhalten, daß sie auf Wasser schwimmen, welches durch verborgene Gänge immer frisch und neu zuströmt und von der folgenden Säule fortgestossen, ohne Verzug sogleich ersetzt wird.

Solche und ähnliche Extravaganzen mögen es gewesen sein, die die Gartenhistorikerin Marie Luise Gothein (1863–1931) dazu brachten, Hoditz' Park zu Beginn des 20. Jahrhunderts entschlossen zu verteufeln: »Wilde Zügellosigkeit des Geschmackes, und eine verschwenderische Neigung, jeden Gedanken auszuführen (…). Neben einem chinesischen Garten und Tempel lag das Heilige Grab, auf christliche Einsiedeleien folgten indische Pagoden, hier ein künstliches Bergwerk, dort eine Zwergenstadt mit königlichem Palast, Kirche usw.«

Man muss wissen, dass die wilde Schilderung und das eindeutige Urteil hier ohne jede Ansicht des Verurteilten auskommen. Gothein hat keine Ecke des Gartens, dessen Struktur schon gegen Ende des 18. Jahrhunderts vollkommen zerstört war, je gesehen. Was sich hinter ihrer Beschreibung verbirgt, deutet sich im folgenden Satz an: »Was Graf Hoditz hier nach der Seite sinnloser Zusammenhäufung unzusammengehöriger Szenen verbrach, sündigte nach einer anderen Seite ein damals vielberühmter Garten in Hohenheim (…).« Für Hohenheim, das, ab 1774 angelegt, Rosswald historisch folgte, hat der Zeitgenosse Schiller eine schöne Formel gefunden: »Es ist mit Geist beseelte und durch Kunst exaltierte Natur (…).«

Wichtig war der Zeit auch in den Gärten ein bislang unbekannter Internationalismus, der zum Vergleich der Kulturen, zur Relativieurung des Nationalen aufforderte. Alle gültigen Dogmen wurden einem spöttisch-provokativen Haltbarkeitstest ausgesetzt. Der Prince de Ligne (1735–1814), ein Feldherr und gebildeter Kosmopolit aus den österreichischen Niederlanden, der 1795 ein Buch über Gartenkunst herausgab, ließ im eigenen Garten eine Moschee anlegen, deren Minarette als Taubenschläge benutzt wurden. In Hoditz' Park spritzte aus den Wunden einer Christusfigur frisches Brunnenwasser.

Die Ausgestaltung der Gärten mit Symbolen und Antisymbolen

verschiedener Herkunft bedeutete dabei keine Abwertung der Natur. Tralles, der die gartenarchitektonischen Sonderlösungen von Hoditz feiert, formuliert in seinem *Schattenriss* 1776 auch eine aus heutiger Sicht erstaunliche, beinahe expressionistische Stadtkritik:

Aber weit günstiger auch ist der jugendlichen Erziehung das Land- als das Stadtleben. In der Stadt ist die Luft wegen so vieler beygemischten Ausdünstungen dick, schwer und unrein. Man wohnt im Bezirk der Mauern, wie im Schmuz eines Gefängnisses, und führt ein sitzendes Leben; folglich wird aus Mangel der willkührlichen Bewegung das Blut zähe und verderbt. Ein unsinniger bürgerlicher oder dem Adel übel nachäffender Wohlstand bringt Empfindlichkeit, Weichlichkeit, Trägheit, Schwachheit und Mattigkeit in den Körper hervor.

Auch der junge schlesische Literaturgeschichtsschreiber Johann David Wolf war in Rosswald. In seinem *Threnarium Roswaldense* schildert er einen Gang, der dem Umriss des Schlosses folgte und dessen Kapelle mit dem Park verband, in dem er ein »paradisanisches« Meer aus Vögeln, Blumen, seltenen Gewächsen, »Cypreßen, Myrrthen, Waßersprüngen, sinnreichen Grabschriften, und Poesien« sah. Zum Fest lasse Hoditz den »Parnass« erleuchten und den Vesuv Feuer speien, führe seine Gäste dann ins Schloss, »zu einem socratischen Abendmahl, unter der entzückendsten Musick«.

Parnass und Vesuv zeigen an, dass Rosswald und sein Park auch eine Vorform des berühmten Parks von Wörlitz war, den Fürst Franz von Anhalt-Dessau erst 1794 anlegen ließ. Was Hoditz gestalterisch anstrebte, deutet Wolf in einem dem Grafen zugeschriebenen Ausspruch an: »Sie, mein Geliebtester! Ich werde Sie zwischen Gräber und Ruinen führen. Dort wird Ihr Herz, wie ich hoffe, empfinden, was es noch nicht empfunden hat. (...) Schönheiten, Empfindungen himmlischer Wollust, in den Werken des Schöpfers, harmonische Verbindungen der Kunst und der Natur, Ideen der Dankbarkeit, der Liebe und Treue (...).«

Wichtig ist der Gedanke der Mischung, der »Verbindungen der Kunst und der Natur«, aber auch die überraschende platonische Formulierung von den »Ideen der Dankbarkeit, der Liebe und Treue«. Gärten dienen der Bildung der Menschen.

*

Wolfs Parallelisierung von Hoditz mit dem betont »einfachen« Sokrates ist kein Zufall. Wie Friedrich liebt Hoditz gesellige Zusammenkünfte von »philosophes« aller Art. Aber die Anmutung der Treffen ist eine andere. Das Wichtigste an den Gesprächsrunden von Rosswald ist ihre Verschiedenheit: Einer, der »beynahe ganz Europa durchreist, und vielleicht bis nach Indien selbst gekommen ist«, schildert die Sitten und Gewohnheiten der Länder, »die Verschiedenheit des Gottesdienstes und der Religionen, die fremden Sprachen und Dialekte«. Eine zweite Gruppe bilden die »zu Hause Gebliebenen«, die »von der Fruchtbarkeit und der Unfruchtbarkeit der Aecker, von dem Preis des Getraides, von der Theuerung, von der Schändlichkeit des Wuchers« erzählen können. Ein anderer »handelt philosophische Wahrheiten und Spitzfindigkeiten ab, spricht von mathematischen Instrumenten (...) lobt oder tadelt die Regierung«.

Hoditz' Gäste bilden, vom Gutsbesitzer bis zum Indienfahrer, idealerweise die Welt ab. Die vermeintliche Ziellosigkeit der Gesprächsrunden ist ihre Basis. Ursula Pia Jauch hat in ihrem Buch *Friedrichs Tafelrunde & Kants Tischgesellschaft* die Kreise um Friedrich und Kant ironisch analysiert und vor allem den Ruhm von Friedrichs berühmter Männergesellschaft mit scharfem Witz harpuniert. Was unterscheidet Hoditz' ländliche Gesellschaften von jenen in Königsberg beziehungsweise Potsdam? Was Potsdam angeht, offenbar der Ton. Friedrich suchte sich die hervorragendsten Geister seiner Zeit, um von ihnen zu lernen, von ihnen unterhalten zu werden, aber offensichtlich auch, um sie zu demütigen.

Kant hingegen ist ein anderer Fall. Erst als er sich mit über sechzig Jahren zum ersten Mal ein eigenes Haus leisten kann, sucht er nicht mehr die Königsberger Gasthöfe auf, beginnt seine berühmte »Tischgesellschaft«. Sie war, wie jene von Hoditz, nicht mit geistsprühenden Berühmtheiten besetzt, eher mit heimlichen Abweichlern des

Königsberger Bürgertums. Etwa dem Stadtpräsidenten Theodor Gottlieb von Hippel, der bei Kant studiert hatte und mit *Über die bürgerliche Verbesserung der Weiber* einen frühen frauenrechtlichen Essay verfasste, aber als Justizpräsident eine Kindsmörderin verurteilen musste – und dieselbe Frau als kritischer Journalist verteidigte. Oder dessen Freund Johann George Scheffner, ebenfalls preußischer »Kriegsrat«. Scheffner verfasste mit *Ernst und Minette* einen für die deutschsprachige Literatur überraschend expliziten erotischen Roman »mit zehn lüsternen Kupfertafeln«, in denen der 15-jährige Ernst und die 14-jährige Minette ihre Lust entdecken. Wichtig bei Kant ist auch die von Friedrich abweichende Gesprächskultur, die Kritik nicht abwehrte, sondern aufnahm.

Über die Namen der privateren Gäste Rosswalds ist nur in Ausnahmefällen etwas bekannt. Das hat sicher mit der Abgeschiedenheit des Orts, aber auch mit der offensichtlichen Offenheit der dortigen Adelsgesellschaft zu tun, die, mehr als üblich, um Ärzte, Kaufleute, Wissenschaftler erweitert wurde.

Friedrichs höfische Tafelrunden wie Kants bürgerliche Tischgesellschaften sind reine Männer-Zirkel, mit mehr oder weniger homoerotischem Unterton. In Rosswald hingegen wird der Kreis durch adeligen Damenbesuch beziehungsweise Dorfmädchen und -frauen, die zu Schauspielerinnen und Sängerinnen ausgebildet wurden, zu einem männlich dominierten, betont heterosexuellen Fest, das den ersten Anlass zu den Geschichten um Hoditz' »Serail« geboten haben dürfte.

Tralles ist bei seiner Schilderung auffällig vorsichtig:

Woher aber so viel hübsche Mädchen, diese Unsträflichkeit der Sitten bey solchen Vorzügen? woher diese gefällige und liebenswerthe Bescheidenheit? (...) Fast alle haben arme Landleute zu Vätern (...) Den andern Vater, ihren Ernährer, Lehrmeister und Aufmunterer stellte der edelmüthige und gnädige Graf selbst vor, er verpflegte die in sein Haus aufgenommenen oft elternlosen, gemeinen und verlaßnen Kinder, er ließ sie auf seine Kosten von Lehrern, die er bezahlte, unterweisen, und unter seiner beständigen Aufsicht bilden.

Eine pädagogische Provinz als Idylle unter der Leitung des »andern Vaters« dürfte es so kaum gegeben haben, und ob die besuchenden Damen als gleichberechtigte Gesprächspartnerinnen zugelassen waren, ist nicht bekannt. Aber begabten Dorfmädchen war die Ausbildung zur Theaterschauspielerin oder Sängerin möglich und begabte Schauspielerinnen und Sängerinnen wurden geschätzt und ausgestattet. So etwa die schon erwähnte Theresia Wohler, geborene Goluschkin, ein »gewöhnliches Dorfmädchen« aus dem Haus Nr. 14, die schon 1752 starb, ein Jahr nach ihrem Mann. Der Lokalhistoriker Eduard Richter schreibt Mitte des 19. Jahrhunderts, dass der Graf für sie »ein großes Stück Geld« verwendet habe. »Er hatte sie in Allem unterrichten und im feinen Umgang ausbilden lassen. Sie war von ebenso einnehmender Gestalt als von bildungsfähigem Gemüthe. Sie war es, die er gern in Landestracht sah, und desswegen für eine reiche Garderobe zum Auftreten bei Festen sorgte.«

Auf dem Roswälder Theaterboden spielte die »schöne Resi« außer bei Bauernfesten nur die Rollen von Göttinnen, Heroinnen.

5

Der Werdegang eines Zauberers. Leibniz, Osiris und Isis. Auf den Spuren von Büchern. Das »Mémorial d'un mondain«

Friedrichs frühe Jugend, seine Ausbildung durch das Kindermädchen Marthe de Roucoulle und den Erzieher Jacques Égide Duhan de Jandun (1685–1746), der ihn, gegen den Willen des Vaters, nicht nur mit der Sprache und den Umgangsformen der französischen Kultur bekannt machte, sondern auch mit ihrer Literatur und jener der Antike, ist in groben Umrissen bekannt. Doch wie sehen die ersten Jahre eines Reichsgrafen in Mähren aus, der später als Sonderling, Zauberer, Verführer, Narr und Ähnliches wahrgenommen wird, weil er jede Lebensform, die die damalige Zeit zur Verfügung stellt, auf die eine oder andere Weise sprengt und so die Aufmerksamkeit Friedrichs wie des gebildeten Europas auf sich zieht?

Anfangs verläuft der Weg von Albert von Hoditz nach außen hin traditionell. Bezeichnend ist, wie viel Wert im mächtigen Renaissance-Schloss Rosswald auf eine vielseitige Bildung gelegt wird. Für seine fünf Söhne, von denen zwei Geistliche werden, engagiert Karl von Hoditz (1673–1731) eine Schar von Hauslehrern wie Johann Roschker von Wartenberg oder Jacob de Soisons, den »Präceptor« für mathematische und naturwissenschaftliche Fächer sowie französische Sprache und so weiter »Hofkavaliere« für feinen Umgang, Reiten, Fechten, Exerzieren und Jagd sind Max Heinrich de Fockelmann, Johann Wenzel Freiherr von Zaruba, Hauptmann Anton von Harma und Anton Leopold Conti Freiherr von Mayenfeld, teils mit den Grafen von Hoditz verwandt oder verschwägert. Die Erzieherinnen Charlotte de Camparan und Marie de Ampasagk kümmern sich um die einzige Tochter.

So erzählt es der schon kurz erwähnte Lokalhistoriker Eduard Richter, ein pensionierter Militärarzt, der, noch als er kaum mehr gehen kann, unablässig in der Region unterwegs ist, um die Menschen und Archive zu besuchen, bevor Wissen verloren geht. Der auch für Recherchen zu Hoditz wichtige Richter hat Tausende von Seiten hinterlassen, die von Gernot Rotter, Helmut Bernert und Zdeněk Kravar digitalisiert und herausgegeben wurden (auf der Website der Bibliothek des Schlesischen Landesmuseums Opava).

*

Die Hauslehrer von Rosswald haben schöne Namen, aber sonst kaum Nachhall in den Geschichtsbüchern hinterlassen. Eine Spur zum Werdegang des jungen Grafen und späteren Schlossherrn bietet aber auch die Bibliothek des Schlosses, obwohl es auf den ersten Blick nicht so aussieht. Im Raum erhalten sind nur die vier zweigeteilten Fenster Richtung Osten – ganz nach den Prinzipien Vitruvs, der die Morgensonne und ihr im vorelektrischen Zeitalter wichtiges Leselicht gegen die bücherfeindliche Feuchtigkeit setzte. Zwei Eingänge des Saals waren mit Stuckportalen verziert. Sieben geschnitzte Eichenregale nahmen Bücher auf. Über den Regalen befanden sich ovale Stuckreliefs mit Porträts bedeutender Wissenschaftler. Neben Gottfried Wilhelm Leibniz, den Hoditz, der sich ebenfalls auf kein Wissensgebiet festlegen lassen wollte, am meisten schätzte, waren Juristen und Rechtsphilosophen gut vertreten, so Leibniz' Lehrer Jakob Thomasius und sein Sohn Christian, der die Leipziger Gesellschaft brüskierte, indem er seine Vorlesungsankündigungen auf Deutsch verfasste und Bigamie als durch das Naturrecht erlaubt darstellte.

Gegenüber der Gruppe privater Säulenheiliger befand sich eine betont »interkulturell« ausgestattete freie Mythen-Wand: mit Gemälden chinesischer und indischer Gottheiten, mit Hieroglyphen und einer Statue des ägyptischen Gottes Osiris, des Herrschers der Unterwelt, der eine Lotusblume als Symbol der Sonne in der Hand trug, aber auch von Isis, seiner Frau. Beide hielten ein Sistrum – eine Rahmenrassel, mit der sie orgiastische Tänze begleiteten.

Die Bibliothek soll der einzige Innenraum gewesen sein, in dem Hoditz seine Verehrung für Friedrich zeigte. Aber er versuchte auch hier, diplomatisch zu bleiben. Aus späterer Zeit ist überliefert, dass sich über einer der Türen Friedrichs Porträt befand, mit der Aufschrift »Fridericus Magnus, Rex Borussiae«. Über der anderen hing ein Porträt von Joseph II. mit der Aufschrift »Josephus II. Caesar«. Auf dem Gewölbe aber, das den Bibliothekssaal teilte, prangte ein Porträt von Hoditz selbst, mit der hübsch ironischen Aufschrift »Albertus Comes ab Hoditz, Friderici Maximi Sacerdos« (Albert Graf von Hoditz, Oberpriester Friedrichs II.).

Wie opulent barock Hoditz den Raum gestaltet hat, kann man teilweise noch an den dokumentarischen Schwarz-Weiß-Fotografien sehen, die der Kunsthistoriker Edmund Braun (1870–1957) Mitte der 1930er Jahre von allen wichtigen Sälen des Schlosses gemacht hat. Der französische Bibliothekswissenschaftler André Masson hat Brauns Fotografien für seinen umfassend recherchierten Standardbildband *Le décor des bibliothèques du Moyen Âge à la Révolution* verwendet und bezeichnet die Hoditz'sche Bibliothek, »nach der Bibliothek von Sanssouci in Potsdam«, als »schönste« des »Hoch-Rokoko«. Edmund Braun ist es auch, dem das einzige Bild der noch unzerstörten, eingangs erwähnten Statue des auf dem Rasen liegenden Hoditz zu verdanken ist.

Doch wo sind die Bücher, mit denen Albert von Hoditz lebte, heute? Irgendwann müssen es um die sechstausend gewesen sein. Geben sie Hinweise auf die intellektuelle Biographie des Grafen?

Nach dem Tod des Schlossherrn war auch in der Bibliothek eine Bestandsaufnahme fällig, durchgeführt von Hoditz' letztem Oberamtmann Johann Faulhaber jr. Dann wurden die Bücher verkauft und in kaum mehr überblickbarer Weise zerstreut. Immerhin: Ein großer Teil kam in den Besitz des Mannes von Hoditz' Nichte Barbara, Graf Ignaz Dominik von Chorinsky, der sie den ansehnlichen Beständen der eigenen Bibliothek einverleibte. Dort blieben sie lange gut verwahrt, bis die Käufer des Chorinsky-Schlosses, die Grafen Sprinzenstein, sie in den 1920er Jahren an diverse deutsche Händler verkauften.

Eine Spur führt zum Hamburger Auktionshaus Fritz Dörling und dessen Katalog vom 2. Dezember 1932. Er weist 567 Titel auf. Besonders hervorgehoben werden alchimistische Manuskripte aus dem 16. bis 18. Jahrhundert. Sie seien »aus dem Besitz des Grafen Karl Joseph von Hoditz auf Rosswalde, der ein eifriger Anhänger der Alchimie war und wohl selbst auch Versuche machte, wie aus den Mscr. hervorgeht. Er war der Vater des 1706 geborenen Albrecht von Hoditz, der durch die märchenhaft luxuriöse Ausgestaltung seines Sitzes Rosswalde zu einer Weltberühmtheit geworden war.«

Die Sammlung alchimistischer Schriften wurde tatsächlich von Hoditz' Vater und dessen »Amanuensis« (»Handlanger«, Sekretär) Johann Mücke angelegt. Andererseits besorgte der vielreisende Albert von Hoditz schon in seiner Jugend in Prag, Regensburg, Wien und an anderen Orten Bücher für seinen Vater.

Der umfassendste Hinweis auf den breiten Interessenkreis der Familie findet sich in den Olmützer Beständen des erzbischöflichen Archivs von Kroměříž/ Kremsier: ein handgeschriebener Katalog mit etwa dreitausend Titeln. Wer ihn erstellt hat, ist unklar. Der »wissenschaftliche Katalog« Mückes, von dem öfter die Rede ist, ist es sicher nicht. Denn es sind noch nach dessen Tod 1770 erschienene Werke aufgenommen. Möglich wäre, dass das Verzeichnis die Bestandsaufnahme von Faulhaber dokumentiert. Allerdings wird kein Grund für die Entstehung des »catalogus librorum bibliothecae domini comitis Alberti de Hoditz« genannt.

Auf den ersten Blick scheint der Katalog auch kaum brauchbar. Eine nicht immer einfach zu lesende Hand, die unsystematisch notiert und in allen Fällen bloß Kurztitel angibt, hat ihn erstellt. Oft wird nicht mehr als der Titel selbst, meist nur ein Teil davon genannt, viel seltener der Verfasser, nie der Erscheinungsort, das Erscheinungsjahr oder der Verlag, obwohl all das schon damals in den Büchern vermerkt ist. Selbst für Zeitgenossen des 18. Jahrhunderts dürfte der Katalog nur beschränkt verständlich gewesen sein.

Doch im 21. Jahrhundert ergibt sich ein anderes, weit produktiveres Bild. Schon bei einigen lesbaren Wörtern lohnt sich die Eingabe der Kurztitel in die Suchmaschinen des Internet. Viele Bücher lassen sich erstaunlich leicht identifizieren, sind inzwischen digitalisiert, was in unzählige Autoren- und Buchgeschichten führt.

*

Natürlich gab es unter den mehreren Tausend Bänden der Bibliothek von Rosswald auch Werkausgaben, von Ovid bis Machiavelli, oft in Französisch, teils nur einzelne Bände, bei Rousseau etwa »tome 2«, bei Vergil die *Aeneis*. Auch das Standardwerk über die *Architettura di Andrea Palladio*, das in Sanssouci neben dem Bett des Königs lag, war vorhanden. Albert von Hoditz konnte eine Menge von dem finden, was auch Friedrich beschäftigte. Doch was mindestens so stark auffällt, sind die weitgespannten sonstigen Interessen, die die Bücher der Bibliothek von Rosswald dokumentieren.

Neben Palladio findet sich da auch ein Buch des niederländischen Kupferstechers Hendrik Hondius (1597–1651) über Befestigungen, *Fortifications*. Das Buch ist 1624 in Den Haag erschienen. Stammt es aus dem Besitz von Hoditz' Ururgroßvater Georg Maximilian, der das Schloss 1630 von den uradeligen Grafen von Dietrichstein erworben hatte? Oder ist es erst von Albert von Hoditz beschafft worden? Etwa, um nach dem Ersten Schlesischen Krieg zu prüfen, wie eine Festungsanlage um das Schloss aussehen könnte?

Vor einem vermutlich noch früheren (Aus-)Bauhintergrund müssen auch Philibert Delormes *Nouvelles inventions pour bien bastir et à petit fraiz* in die Hoditz'sche Bibliothek gekommen sein. Der Lyonnais Delorme (um 1510–1590) gibt 1562 praktische Ratschläge, wie man gut und preisgünstig bauen kann, wann gefällt werden sollte, erzählt dabei, dass man Holz aus dem Osten, Süden oder Norden nehmen soll, weil es, aufgrund der Wetter- und Nicht-Wetterseiten, in besserem Zustand sein müsste als das westliche.

Eine Menge Reiseberichte fallen auf, etwa *Relation Du Voyage de Perse et des Indes orientales* des Niederländers Jeremias van Vliet, der von 1602 bis 1663 lebte und in seinem Buch kurz vor seinem Tod von Erfahrungen als Kaufmann in Niederländisch-Ostindien erzählt.

Ein im deutschen Sprachraum bekannterer Autor steckt hinter den *Amusements des eaux de Spa* von 1734. Es handelt sich um Erzählungen aus dem luxuriösen Badevergnügen von Karl Ludwig Poellnitz, bekannt als kindlicher Spielgefährte von Friedrichs Vater. Nach dessen Tod wurde Poellnitz zum Höfling des Sohnes. Seinen größten Erfolg aber erzielte er schon 1734 mit *La saxe galante*, einer Art Schlüssellochreportage über den Dresdner Hof Augusts des Starken. Poellnitz starb mit dreiundachtzig Jahren und hinterließ jede Menge Gläubiger – die Einzigen, die seinen Hinschied betrauerten, wie Friedrich nach Poellnitz' Tod spöttisch an Voltaire schrieb.

Interessant auch, dass *Robinson Crusoe* von 1719 in die Hoditz'sche Bibliothek kam. So wie Defoes *Geschichte des Teufels* von 1726. Literatur und Sachbücher ergänzen sich. Auch die vielen alchimistischen Manuskripte des Vaters fallen auf. Wobei die Angaben von Dörling in diesem Fall genauer sind. Die Nr. 116 des Katalogs waren beispielsweise: »Drei starke Sammelbände von je ca. 1000 S enthaltend Manuscripte von ca. 1700–1740: Alchimistische Recepte, Laboratoriumsberichte, sehr viele Haus- und medizinische Mittel, auch einige abgeschlossene Arbeiten wie: Pisani, Nonplusultra veritatis. (Abschrift.) – Joh. Ptr. de Aschen (ein teutscher Böhm). Der Catholiken Ascher Mittwoch oder ...... ›lapis philosophorum‹. – Speculum Philalethium ex mercurialibus conflatum Substantis ......« Sechzig Reichsmark erwartete das Antiquariat für dieses Konvolut.

Bei Reiss & Sohn in Königstein im Taunus gab es 2018 »*Alchymia manuscripta*. Fünf umfangreiche Bände aus den Bibliotheken Hoditz, Chorinsky und Tränker« – zusammen für zehntausend Euro zu haben. Dass Albert alchimistische Bücher gelesen hat, ist anzunehmen. Auch soll er selbst Versuche durchgeführt und Heilmittel entwickelt haben. Legendär sind die sogenannten Hoditz-Tropfen, die in der preußischen Armee verwendet wurden.

*

Ein Buch der Bibliothek soll hier etwas ausführlicher gewürdigt werden. Es ist ein auffälliger Schnittpunkt zwischen Friedrich und Hoditz, der es dem preußischen König geschenkt hat. 1774 als *Mémorial d'un mondain* erschienen, heißt es in der deutschen Übersetzung von 1775 *Tagebuch eines Weltmanns*, von Autor und Machart her ist es besonders eigensinnig. Man darf vermuten, dass Schenker Hoditz dem beschenkten Leser Friedrich einiges zutraute, ihn für entwicklungsfähig hielt.

Der Autor, Maximilian Graf Lamberg, 1729 in Brünn geboren, 1792 in Kremsier gestorben, war, wie Hoditz, ein selbst im extravaganten 18. Jahrhundert auffälliger Herr. Er sprach neben Französisch Englisch und Italienisch, kannte sich in Mathematik und Naturwissenschaften aus, war Mitglied gelehrter Akademien und Gesellschaften von Breslau bis Zürich und Rom, korrespondierte mit renommierten, teils zu Friedrichs Tafelrunde gehörigen Philosophen und Intellektuellen wie d'Alembert und Algarotti, David Hume und La Mettrie, Voltaire und, mehr als fünfunddreißig Jahre lang, mit Casanova.

Obwohl Lamberg, aus unglücklichen Erbschaftskonstellationen heraus, oft wenig Geld hatte, schaffte er es, den Eindruck vollkommener Gelassenheit zu erzeugen. Constantin von Wurzbach schlägt in seinem Lebenswerk, dem *Biographischen Lexikon des Kaiserthums Oesterreich*, Mitte des 19. Jahrhunderts angenehm sanft über die Stränge, wenn er den Grafen näher charakterisiert: »Überall willkommen, als Gast gern gesehen, und wenn er geschieden, schwer vermißt, zog er von einem Schlosse zum andern, blieb überall so lange es ihm gefiel, oder privatisirte zu Landshut in Bayern, zu Wien und zu Brünn. (...) Er schrieb auch, aber rein um seines Vergnügens willen und gab sich in seinen Schriften ganz wie er selbst war, daher geht auch ein origineller Zug durch alle Arbeiten.«

Das beginnt schon bei der äußeren Gestalt seines Hauptwerks *Mémorial*. Dazu noch einmal der halb belustigte, halb strenge, aber die Besonderheit des Werks erfassende Wurzbach:

Das Papier, auf dem es gedruckt, ist möglichst schlecht, die Lettern selbst für die damalige Zeit altväterisch, die ökonomische Einrichtung des Druckes sozusagen höchst uncomfortabel, da keine Abtheilung in Capitel stattfindet, und der Leser daher vergebens bei der Lectüre nach einem Ruhepunct sucht. In dem Context des Buches ist weder (wie bei einer Reisebeschreibung gewöhnlich) die chronologische Reihenfolge der Erlebnisse beobachtet, noch sonst eine logische Eintheilung ersichtlich. Das sollte wohl genial sein, wie die kurze Vorrede andeutet, die ihrer Wunderlichkeit wegen (…).

Auf den ersten Blick ist das *Mémorial* vor allem die Beschreibung einer italienischen Reise, die Lamberg zwischen 1769 und 1771 unternahm, knapp zwanzig Jahre vor Goethe, mehr als vierzig Jahre nach Hoditz. Erstes berichtenswertes Ziel ist allerdings Korsika, im 18. Jahrhundert mitten in den Umwälzungen der Zeit: 1756 hatte es seine Unabhängigkeit ausgerufen und sich die erste demokratische Verfassung im Zeichen der Aufklärung gegeben, lange vor den USA und Frankreich.

Als Lamberg eintrifft, haben die Franzosen die Insel gerade zurückerobert. Der Gouverneur der italienischen Küstenstadt Livorno hat ihn, wie der Ich-Erzähler mitteilt, vor der Reise gewarnt: »Ein Schiff, sagt er, ist im Grunde genommen nichts als ein Sarg, dem man voreilig entgegen geht.« Während der Überfahrt fängt sich Lamberg tatsächlich eine »rötliche Entzündung« ein, erzählt, dass er beinahe gestorben wäre, und beginnt seine Inseltour dementsprechend mit einem an Hoditz erinnernden grotesken Humor als Musterung von Gräbern und Friedhöfen. Dabei findet Lamberg das einsame Grab einer Frau, die auf ihrem Gedenkstein selbst eine verzweifelte romantische Nachricht »eingeritzt« hat:

Reisender aus dem Norden, wer auch immer du bist, ich möchte, dass du Wilhelm Löwenstern, festgehalten in Stralsund, wissen lässt, dass du das Grab seiner Frau, einst seine Sklavin in Tunis, gesehen hast. Der Sohn ist noch immer ein Sklave, sein Vater soll kommen, ihm zu helfen. Wenn er den Stein hebt, der auf dieser Asche liegt, wird er seine glückliche Euphrasia finden, und wenn der Wind sie verstreut, werden seine Tränen sie mäßigen … Erweise dich der Gunst würdig, dass ich dich frage oder du bist kein Mensch. Juli 1698.

Wohl durch das etwas missverständliche Italienisch der Inschrift (»che tu hai veduto la tomba della sposa sua schiava a Tunisi chi fi Libero e chi mori«) wurde die Legende geboren, dass Lamberg im *Tagebuch eines Weltmanns* auch aus Tunis selbst erzähle – was nicht stimmt. Naheliegender sind die Berichte aus dem Leben der korsischen Landbevölkerung, die der einzelgängerische Adelige mit giftiger Kritik am geflohenen demokratischen Regierungschef Pasquale de Paoli verbindet, der sich nicht um sein Volk gekümmert habe.

Nie geht es Lamberg um postkartenmäßige oder nachrichtenähnliche Reiseschilderungen. Er erzählt, in der Vorrede mit seinem Namen spielend, nach eigener Auskunft in »Fetzen«: »j'écris par lambeaux«. Das heißt in diesem Fall: anekdotisch, teils unverbunden, aber konzentriert, mit Blick für Ausnahmen. Statt »in der Fremde« Gesetzmäßigkeiten festzustellen und Parallelen zu heimischen Ereignissen zu arrangieren, betreibt er eine Feier des individuellen, besonderen Ereignisses, der eigenen Wahrnehmung.

*

Friedrich hat das Buch durch Albert von Hoditz zuerst im französischen Original kennengelernt, für das sich der König am 6. Januar 1775 bedankt. Doch das ist nur die erste der Beziehungen, die es spielerisch zwischen Hoditz, Friedrich und Lamberg herstellt. Interessant an der deutschen Ausgabe, die noch 1775 erschien, ist, dass ihr ein Brief Lambergs an Friedrich vorausgeht, in dem sich Lamberg für eine Passage rechtfertigt, die auch im Text der französischen Ausgabe enthalten ist. Sie steht kurz vor einer Erwähnung von Friedrich selbst. Lamberg lässt den »Bey von Algier« beim englischen Konsul anfragen, ob er wisse, »wer dieser König sei, den die Franzosen als (…) einen hitzigen Kopf – bösen Nachbarn – der eine europäische Königin ihrer Staaten beraubt hätte, schilderten«.

Der Bey will das wissen, weil vier Schiffe unter preußischer Flagge auf dem Weg nach Indien in Algier Zwischenhalt machen wollen. Der englische Konsul antwortet, es sei »ein großer König«, er nenne sich »Fridericus Bonus Rex«. An sich nichts Besonderes, doch der Bey von Algier erschrickt. Er wittert, wie Lamberg schreibt, Gefahr im unerwarteten »länglichen Strich an dem ›r‹ von ›Borus‹ (Borussorum, der Preußen)«, hält »Bonus« für einen Schreibfehler oder gar für eine Gewaltdrohung per langem Messer – und bewilligt eiligst die Landung.

Eine hübsche, doppeldeutig spitze Passage. Der Bey von Algier kennt das Wort »bonus« offenbar nicht – oder vielleicht nur nicht im Zusammenhang mit (preußischen) Königen?

Friedrich kann so etwas nicht anders lesen denn als verwinkelte Provokation. Im »Vorbrief« zur deutschen Ausgabe beeilt sich Lamberg dementsprechend, die Stelle zu vereindeutigen, sie sei »sehr gewagt«, aber sie zeige doch auch »die blinde Ehrfurcht, welche selbst die Barbaren Ihnen schuldig sind«, das müsse doch in der Welt bekannt gemacht werden. Natürlich ist auch dies blanke Ironie. Denn statt Ehrfurcht ist es schlicht Furcht, die den Bey bewegt hat, den preußischen Schiffen die Landung zu erlauben.

Doch wie ist es zu der auf den 15. Dezember 1774 datierten »brieflichen« Entschuldigung gekommen? In der deutschen Ausgabe bildet ein Besuch in Rosswald den mehrseitigen Abschluss des Buchs. Naheliegend ist, dass Lamberg im Lauf des Jahres bei Hoditz war, die französische Ausgabe dabeihatte und sie dem Grafen übergab. Hoditz könnte über die Stelle mit dem angsteinflößenden »n« gelacht haben, das Buch Friedrich aber *dennoch* oder *erst recht* und mit etwas Lust an der Intrige zu Weihnachten oder dem neuen Jahr geschickt haben.

Doch wie schildert Lamberg daraufhin den siebzehn Jahre Älteren? Lamberg kam spät, als Hoditz gesundheitlich schon schwer angegriffen war. Die Situation war nicht einfach:

Seine Schäferfeste, seine Opfer waren prächtig, aber heutzutag' stellt er keine mehr an, aus eben der wichtigen Ursache, warum wir, sie und ich, nicht wie Philosophen, sondern als Waldbrüder leben – er ist kurz an Geld, sehr alt, und es leid, nichts als einfältige Maulaffen in seinem Hause zu sehen. Friedrich allein ist der Mann, der denkt und sein wahrhafter Freund. Auch streut er nur ihm allein Weyrauch.

Auch diese Stelle, im französischen Original nicht enthalten, ist natürlich eine Nachricht an Friedrich, der Lamberg die Unvereinbarkeit von »Borus« mit »Bonus« vergeben soll. Interessant auch der Unterschied zwischen »Philosophen« und »Waldbrüdern«. Ob bei Thoreau und Whitman oder bei Heidegger und anderen: Der Philosoph ist später nicht selten ein die Einfachheit liebender Waldbruder. Für das 18. Jahrhundert hingegen, für Friedrich den Großen, war ein Philosoph, von der französischen Tradition der »philosophes« her, lange ein weltgewandter Intellektueller, also einer wie Casanova oder Max von Lamberg, die auf beinahe jedem Parkett brillierten.

Dass ausgerechnet der »Mondain« Lamberg sich nun selbst als »Waldbruder« wie Hoditz bezeichnet, ist natürlich ein Scherz, aber auch Signal einer Zeitenwende. Datiert ist das Vorwort in »Landshut«, was zur (Selbst-)Stilisierung beigetragen haben mag, mit der aber auch der Rückzug aus dem geschäftigen Bereitschaftszwang der fortschrittsaffinen Aufklärung aufgewertet wird. Mit der Ausbreitung der »Gesellschaft« im 18. Jahrhundert, sei sie nun höfisch oder bürgerlich, intensiviert sich die Skepsis ihr gegenüber. Eine Art avantgardistischer waldiger Vorhof der Romantik wird sichtbar.

Lamberg schildert den älteren Hoditz, den er in der Folge nur noch distanziert als »dieser Herr« bezeichnet, was zu Lambergs oft ironischem Erzählen passt, kurz nach der Waldbruder-Passage als erfolgreichen, lebenspraktischen, eigenständigen Mann: »Dieser nemliche Herr unterhält eine Schaubühne, auf der seine Untertanen spielen, die er selbst in den schönen Künsten unterrichtet« und, etwas anders fokussiert: »Dieser Herr hat sich den öffentlichen Geschäften entzogen und genießt auf seinen Gütern des Glücks, dessen man an Höfen nicht habhaft werden kann; des Friedens, der Ruhe und der Gesellschaft seiner Freunde. Er beschäftigt sich allda, ganz in der Stille, mit ländlichen Arbeiten, macht seine Vasallen glücklich und ist es selbst.«

Als Sinnbild der Unabhängigkeit des Waldbruders erzählt Lamberg, ein hoher Offizier habe Hoditz vom gescheiterten Friedenskongress von Focşani berichten wollen, der den damals hochexplosiven

Konflikt zwischen Russland und dem Osmanischen Reich regeln sollte. Doch Hoditz konnte sich nicht einmal für die Kenntnisnahme des Konflikts erwärmen. Er habe gerade andere Interessen: »Man meldet mir, die Kühe, die ich aus Böhmen begehrt habe, seyen jetzt unterwegs, sie seyen schön und ich würde damit zufrieden seyn.«

*

Doch wie hat Friedrich das französische Buch, die deutsche Übersetzung, ihr spezielles Vorwort wahrgenommen?

Friedrichs einziger erhaltener Brief an Lamberg ist zehn Jahre nach den geschilderten Ereignissen datiert. Der für das 18. Jahrhundert nun wirklich alte Fritz, zweiundsiebzig Jahre jung, schreibt am 26. Februar 1784 an ihn. Der Brief ist freundlich und deutet nicht auf ein Zerwürfnis hin, eher darauf, dass auch in dieser Kommunikation einiges verloren gegangen ist.

Wieder ist Literatur mit im Spiel: Lamberg schickt Friedrich ein Buch, und zwar ausgerechnet von einem Autor, der dem preußischen König Ärger bereitet hat. Es sind neue Stücke von Cornelius Hermann von Ayrenhoff (1733–1819), einem Wiener Hauptmann und Theaterautor.

Friedrichs berühmtes polemisches Statement in *De la Littérature allemande / Von deutscher Literatur* (1780), das ausgerechnet den nach heutigem Urteil mittelmäßig-konventionellen Ayrenhoff über die damals aufstrebende deutsche Literatur stellte – etwa Goethes *Götz von Berlichingen*, diese »verabscheuungswürdige Imitation schlechter englischer Stücke« voller »geschmackloser Plattitüden«, wie Friedrich schreibt, der mit den »schlechten englischen Stücken« Shakespeare meint –, war von vielen böse kritisiert worden und ist am selbsternannten Philosophen- und Literatenkönig hängen geblieben. In seinem Brief an Lamberg geht Friedrich nicht auf die neuen Stücke Ayrenhoffs ein, findet sie aber so »gut« wie Ayrenhoffs Essays vor zwei Jahren und meint: »Solche Originale machen dem deutschen Parnass Ehre.« Wieder einmal gibt sich der Alte Fritz von der öffentlichen Meinung gänzlich unbeeindruckt.

Hoditz, der Ayrenhoff kannte, konnte sich zum Streitfall nicht mehr äußern. Er war 1778, zwei Jahre zuvor, gestorben. Kann gut sein, dass der Friedrich-Freund diesem beigestanden hätte. Die frühe Inszenierung von Lessings *Miss Sara Sampson* in Rosswald deutet eher auf die liberale Seite, die Bibliothek des Einzelgängers ging jedoch weit über die Eckpunkte der Diskussion hinaus. Sie blieb uneinheitlich, eklektizistisch mit ungewöhnlichen Schwerpunkten. Was aber sicher auch mit der Tradition der Rosswalder Schlossbibliothek als Familienbibliothek zusammenhängt, in der sich verschiedene Charaktere ausleben konnten, sich die Interessen mischten. Friedrich soll beinahe der Einzige gewesen sein, der seine Bibliothek betreten durfte. Sie war auf seinen privaten, seit seiner Jugend ähnlich bleibenden Geschmack zugeschnitten. Antike Philosophie in französischen Übersetzungen und französische Literatur, davon allein über hundert Titel Voltaires, formten und begrenzten seinen Horizont, den Hoditz mit Lambergs Buch erweiterte.

6

»Aber a propos was ist galant und ein galanter Mensch?« Der Weg nach Liegnitz und zum Lac de l'indifférence – oder: was ist eine »Ritterakademie« und was hat Albert von Hoditz dort getan?

Denkt man sich Bildung auch als Mittel zur Domestizierung der Jugend, nützen all die Bücher, die Carl von Hoditz für Rosswald beschaffen ließ, all die Hauslehrer, die er engagierte, vorerst nur bedingt. Sein zweiter Sohn Albert hat ein sprudelndes Temperament, schlägt über die Stränge. 1721 schickt der Vater den 15-Jährigen schließlich auf eine »Lateinschule« ins einhundertsiebzig Kilometer entfernte Breslau. Es scheint, dass man dort mit ihm umgehen konnte. Der nächste Schritt des ungebärdigen Jungen geht in Richtung »Ritterakademie« in Liegnitz, an der er einiges leistet.

Das publikumswirksame Andocken an eine schon damals im Verschwinden begriffene mythische Elite verschaffte den Ritterakademien, die im deutschen Sprachraum vom ausgehenden 16. bis zur ersten Hälfte des 18. Jahrhunderts entstanden, Prestige. Aber der Name täuschte über die Ziele der neuen Institutionen hinweg. Sie sollten den adeligen Studenten neben Fecht- und Reitkunst und anderen standesspezifischen Bildungsfeldern neues, gesellschaftstaugliches Wissen und moderne Sprachen vermitteln, damit sie es mit dem aufstrebenden Bürgertum des 18. Jahrhunderts, das die Universitäten bevölkerte, aufnehmen konnten. Daneben war die Reflektion auf die eigene, in Veränderung begriffene Position in der Gesellschaft Thema. Diese doppelte, auf einen pragmatisch zukunftsorientierten, aber auch traditionsbewussten Adel zugeschnittene Kombination, die keine Universität anbot, war vor allem zur Ausbildung künftiger Ständevertreter, Diplomaten, Militärs und Fürstendiener gedacht. Nach französischem und italienischem Vorbild wurde 1594 das Tübinger »Collegium illustre« als erste deutsche Ritterakademie gegründet, die »Schlesische Ritterakademie« in Liegnitz kam erst 1708 dazu. Der katholische Adel der Region schickte seine Söhne noch lange auf konfessionell orientierte Hochschulen nach Italien und Frankreich.

Auffällig und bezeichnend für den nicht rein militärischen, hohen Rang, den ihre Gründungsväter der Liegnitzer Akademie verschaffen wollten, ist ihr prominenter Ort am Rande der damaligen Innenstadt: das mächtige »Josephinum«, dessen neues, von Joseph Emanuel Fischer von Erlach, dem Wiener Hofarchitekten, entworfenes, monumentales Palais allerdings erst nach dem Abgang von Albert von Hoditz bezogen werden konnte. Aber schon die Tatsache, dass August Bohse, der jahrzehntelang aktive Gründungsdirektor der Ritterakademie, eine bekannte Figur der zeitgenössischen deutschen Literatur war, deutet auf die Ambitionen der Institution hin. Bohse hatte sich als Papst der »Galanten Literatur« in Deutschland etabliert.

Bis heute leidet deren Ansehen daran, dass sie, im Rahmen der beginnenden bürgerlichen Literaturgeschichtsschreibung, die das »Bürgerliche Trauerspiel« bevorzugte, gern generell abgewertet wurde. Erst in letzter Zeit wird die in sich vielseitige »Galante Literatur« als Motor des Kulturtransfers zwischen Frankreich und Deutschland anerkannt.

Gerade Bohse profiliert sich als Übersetzer von so einflussreichen Romanen wie Fénelons *Telemach* oder den *Maximen* La Rochefoucaulds. Er sorgt, oft unter dem Pseudonym »Talander« – das nicht zur Verschleierung der Identität des Autors, sondern wie ein Markenzeichen funktionierte –, aber auch in seinen eigenen, »exotischen«, »asiatischen« Unterhaltungsromanen für Interkulturalität. Nach der oft moralisierenden Literatur des Hochbarock ist »Unterhaltungsliteratur« kein Schimpfwort mehr. Wichtig ist, dass sie klug gemacht ist. Als eines der Vorbilder gilt Mademoiselle de Scudéry, die mit Romanen wie *Clélie* (10 Bände, erschienen 1654–1660) und der darin enthaltenen »Carte du Tendre« – einer imaginären Landkarte, die den Umrissen Frankreichs nachgebildet ist – Wege zu Erfolg und

Misserfolg in der Liebe aufzeigt. Wer Pech hat und auf dem kürzesten Weg der gegenseitigen Neigung scheitert, muss Umwege suchen, wenn er nicht im »Lac de l'indifférence«, dem See der Gleichgültigkeit, der Angebeteten enden will.

Dank der europaweiten Verbreitung der französischen Sprache kam das Wort »galant« auch in Deutschland schnell in Mode. Mit Christian Thomasius nimmt einer von Hoditz' Säulenheiligen prominent an der Diskussion teil. Seine Antrittsvorlesung in Halle von 1688 spottet aber auch schon über das Überbordende in der kulturellen Übernahme:

Aber a propos was ist galant und ein galanter Mensch? Dieses dürffte uns in Wahrheit mehr zuthun machen als alles vorige, zumahl da dieses Wort bey uns Teutschen so gemein und so sehr gemißbrauchet worden, daß es von Hund und Katzen, von Pantoffeln, von Tisch und Bäncken, von Feder und Dinten, und ich weiß endlich nicht, ob nicht auch von Aepffel und Birn zum öftern gesagt wird.

Ist das »Galante« eine »verborgene natürlich Eigenschaft« von Menschen oder in erster Linie Form? Thomasius meint, es sei »etwas gemischtes (...) aus dem je ne sçay quoy, aus der guten Art, etwas zu thun, aus der Manier zu leben, so am Hofe gebräuchlich ist, auß Verstand, Gelehrsamkeit, einem guten Judicio, Hoflichkeit und Freudigkeit zusammen gesetzet werde«.

Oft unterschätzt ist der nach den Zerstörungen des Dreißgjährigen Krieges friedliebend-pazifistische Ansatz, der dem »galanten Leben« zugrunde liegt. Christian Felix Weiße etwa macht das in seinem nach dem Vorbild des Horaz formulierten Auftakt zu einer Auswahl seiner *Lieder* deutlich:

Ich singe nicht der deutschen Adler Kriege,
Den Stolz der Könige, der Weltbezwinger Siege.
Nicht jenes Meer von Blut und Tod
Erwürgter Europäer roth! (...)
Ich will entzückt mein Mädchen singen,

Der schwarzen Augen Macht, die jedes Herz bezwingen,
Die Brust von Lieb und Treu beseelt, / Die mir noch keinen Wunsch verhehlt.

Aber auch im Rahmen der Kriegführung wurde die »conduite galante« immer wichtiger, eine Art »Fairplay« wurde etabliert. Es galt, Freiheit und Gelassenheit zu demonstrieren. Der Geschmack war wichtiger als die Regeln. Ein flexibles System der Anerkennung sollte gelten, vor allem auch zwischen den Geschlechtern.

So trafen sich in der Ritterakademie des 18. Jahrhunderts unterschiedliche Zeitströmungen, was auch im Ineinander von militärischer, praktischer und gesellschaftlicher Bildung im Lehrprogramm zum Ausdruck kommt. Ein ungefährer Tagesablauf findet sich bei Norbert Conrads in der Festschrift *300 Jahre Ritterakademie in Liegnitz/Legnica*. Zwei Lehrpläne, Auditorien, wurden angeboten, »ein stärker wissenschaftlich ausgerichtetes und ein die adligen Übungen betonendes«. Vom Reitunterricht von 6 bis 9 Uhr morgens, über »Rechtskunde, praktische Geometrie, Militär- und Zivilbaukunst, Mechanik und Belagerungstechnik (Pyrobolik)« ging es im 1. Auditorium, das Hoditz vermutlich besuchte, nach dem Mittagessen weiter zum »Unterricht in französischer und italienischer Sprache, Kirchenrecht und Disputationsübungen (Dialektik)«.

Unterrichtssprache war Deutsch. Für juristische Themen wurden Lateinkenntnisse vorausgesetzt. Aber man konnte seine Arbeiten auch in Französisch und Italienisch verfassen.

Die drei erhaltenen Texte von Hoditz passen ins breite Spektrum: *Les dommages de l'amour*, eine Festrede zum Namenstag der schlesischen Landesheiligen Hedwig, ist auf Französisch gedruckt. Die *Gedanken über den Adel* sind auf Deutsch überliefert, während Hoditz' Dissertation lateinisch veröffentlicht ist.

*

Les dommages de l'amour, das 1724 veröffentlichte erste Werk des 18-jährigen Studenten, zeigt sprühenden Witz. Es geht um die

»Schäden der Liebe«. Schon die Widmung an den Landeshauptmann und Schlesischen Oberamtmann Johann Anton von Schaffgotsch (1675–1742), den höchsten Verwaltungsbeamten Schlesiens, hat ihre Reize:

Wenn jemals ein Werk einen Beschützer brauchte, dann ist es diese Abhandlung, die – von den Schäden der Liebe handelnd – den Hass der halben Menschheit hervorrufen wird. Eure Exzellenz ist der Einzige, der sie von deren Beleidigungen absichern kann, denn als steter außerordentlich weiser Liebhaber haben Sie sich durch Ihre rechtmäßigen Lieben [»vos amours légitimes«] nur Ruhm erworben, und Sie haben ausreichend sehen lassen, dass Liebe ohne Weisheit immer schädlich ist. Ich bitte Sie daher demütig, mir Ihren Schutz nicht zu verweigern, damit wir diese fatale Leidenschaft endlich überwinden. Ich hoffe, die Großmut Eurer Exzellenz wird mir diese Gnade gewähren, obwohl ich sie mir noch nicht verdient habe.

Konnte Hoditz beim vermutlich während des Festakts anwesenden, damals neunundvierzig Jahre alten Honoratior aus einem der alten Adelsgeschlechter Schlesiens Humor vermuten? Waren die beiden Familien bekannt? Hat Schaffgotsch daran gedacht, den Abdruck des Texts zu verhindern, ihn zu korrigieren? Immerhin maßt sich da ein junger Mann im Rahmen einer feierlichen Höflichkeitsadresse an, das Liebesleben seines mächtigen, prominenten, in zweiter Ehe verheirateten, mit vierzehn legitimen Nachkommen gesegneten Schutzherrn zu beurteilen; wohlwollend zwar, aber im barocken Herrschaftsverständnis ist schon dieses Wohlwollen des dreißig Jahre Jüngeren eine freche Anmaßung, die besonders spitz gewürzt ist: Was bedeutet denn »Sie haben ausreichend sehen lassen, dass Liebe ohne Weisheit immer schädlich ist« (»assez fait voir, que sans la sagesse, l'amour est toujours nuisible«). Wie zeigt man das? Gab es neben den legitimen Lieben andere?

Nicht klar ist, ob das Thema des Vortrags eine Aufgabe für alle Studenten war und der beste Text ausgewählt wurde, oder ob zuerst (und warum) der Student ausgewählt wurde, der ihn halten sollte. Je nachdem könnte sich das »obwohl ich sie mir noch nicht verdient habe«

schlicht darauf beziehen, dass Hoditz seine Rede gerade erst begonnen hat und noch niemand weiß, ob sie zur Zufriedenheit von Schaffgotsch enden wird. Aber möglich ist auch, dass Hoditz selbstbewusst ironisch auf ein eigenes Liebesvergehen verweist. Der Vortrag selbst erweckt jedenfalls den Eindruck einiger Erfahrung, nicht nur angelesener. Er bewegt sich dabei von der Sicht auf die ganze Welt hin zu Paarbeziehungen.

Gleich zu Beginn formuliert der 18-Jährige vor beinahe dreihundert Jahren einen Gedanken, der sich liest, als komme er aus den Träumen der Gegenwart: »Die Vereinigung aller Geschöpfe, oder besser gesagt, die Bewahrung von allem, was es auf der Welt gibt, ist nur eine bewundernswerte Wirkung dessen, was man Liebe nennt. Sie ist die Quelle von allem, was edel und erhaben ist (...).«

Die Erhaltung der Erde gedacht also als Ausdruck einer Liebe, die im Grunde eine Naturnotwendigkeit ist. Daher ist sie nicht ganz »frei«, auch »nicht wirklich Liebe«, aber, eine rhetorisch elegante Wende: Es *ist* »eine Liebe, ein je ne sais quoi, das der Liebe ähnelt«.

Bald geht es zu spezielleren Liebesformen. Ironisch wirkt der junge Hoditz, wenn er die »bürgerliche Liebe zur Sicherheit« zum Thema macht, die den Bau von Stadtmauern befördert habe. Aber er spricht auch von der Liebe der Menschen, »die gerne auf der anderen Seite des Meeres leben würden« und darum Schiffe erfunden hätten.

Der Kern des Vortrags ist allerdings die Schädlichkeit der Liebe zwischen Mann und Frau, schon vom Titel her wohl eine Mischung aus Anpassung und Provokation. Immerhin ist die galante Liebe doch das zentrale Erzählthema von Ritterakademie-Direktor Bohse. Da wirkt der erste Satz von Hoditz wie ein Paukenschlag: »Ich kann kühn behaupten, dass Liebe immer schädlich ist.« Das hat, so Hoditz, eine Menge Gründe. Etwa weil »das liebende Herz nicht dort ist, wo es sich befindet, sondern dort, wo es liebt«. Und man sich deswegen selbst verliert. Nicht von ungefähr sei lateinisch »amans« mit »amens« verwandt – so wie der Liebhaber mit dem »Verrückten«, der den Geist verloren habe. Die Liebe verhindere auch, ein guter Soldat zu werden, der Allgemeinheit zu nützen. Immer wieder flicht Hoditz einen grellen Scherz ein, etwa, wenn er meint, der Schaden betreffe sogar Staatsmänner wie den türkischen Herrscher Soliman, der sich in eine »Irene« verliebt habe und wohl noch immer keinen klaren Kopf hätte, wenn er nicht den ihren abgeschlagen hätte.

In der Liebe Maß zu halten, heiße es, sei der Ausweg. Aber wenn die Verrücktheiten der Liebe einmal begonnen hätten, sei sie nicht mehr aufzuhalten. Wichtig sei daher, weise zu werden, bevor man liebe – um sich nicht der Liebe zu unterwerfen. »Wenn sich die Liebe nähert, muss man sie vertreiben, und um sie zu vertreiben, gibt es nur einen wahren Weg: sich dem zu widmen, wovor sich ein Liebender am meisten fürchtet, nämlich Studium, Arbeit, Ermüdendem. So baut man eine uneinnehmbare Festung, um vor den Angriffen der Liebe Zuflucht zu suchen.«

Ein souverän-scherzhaftes, satirisches Ende eines brillanten kleinen Vortrags.

*

Im Vergleich zu den *Dommages de l'amour* wissen wir über Anlass und Entstehungszeit der *Gedanken über den Adel* nur wenig. Sehr wahrscheinlich sind sie ebenfalls im Umkreis der Ritterakademie entstanden. Erhalten haben sie sich in der 450 Seiten umfassenden Handschriftensammlung mit Texten von und zu Albert von Hoditz, die der Tuchhändler und Regionalhistoriker Felix Jaschke (1756–1831) zusammengestellt hat. Lange galt die Sammlung als verschollen, erst 2021 wurde sie wiederentdeckt. Heute ist sie in der Bibliothek des Slezské Zemské Muzeum in Opava einzusehen. Ursprünglich fasst das Konvolut vermutlich Abschriften und Aufzeichnungen des Rosswalder Schlossballett- und Opernchoreographen F. (manchmal auch Joseph) Czapke zusammen, gerüchteweise Hoditz' unehelicher Sohn. Da der gewissenhafte Kompilator Jaschke – der, im Vergleich zu Zeitgenossen, dafür bekannt war, an Vorlagen nichts zu verändern – keine Angaben zur Herkunft der Texte macht, ist eine knappe Bemerkung, die Hoditz zum Auftakt der *Gedanken über den Adel* gibt, der wichtigste Hinweis auf die Datierung: »Da ich nun wegen meiner noch wenig Jahren mir zu reden nicht wohl getrauen (...).«

Die darauffolgende abgewogene Darstellung erweist die vorsichtige Formulierung als frühreife Koketterie und zeigt, dass der Ruf eines studienunwilligen jungen Wilden, der Hoditz bis heute verfolgt, nicht ganz der Wahrheit entsprechen kann. In einer noch im holprigen, unregulierten Deutsch der 1720er Jahre brillant wirkenden Abhandlung verknüpft Hoditz, beinahe klassisch dialektisch, traditionelle mit eigenwilligen Argumenten im Dienst einer originellen These. Was dabei entsteht, ist die außergewöhnliche Selbstvergewisserung eines jungen Adeligen, der, mehr als sechzig Jahre vor der Französischen Revolution, keiner radikalen Veränderung der Gesellschaft das Wort redet, aber die meisten Argumente aufnimmt, die schließlich zu ihr führen werden.

Um den sich gegenwärtig in großer »Verschiedenheit« darbietenden Adel in seiner »Einheit« erkennen zu können, müsse er, so der junge Hoditz, an die »Wurzeln« der Existenz des Adels gehen, an seinen historischen Beginn. Gegenwärtig werde dieser im Zusammenhang mit dem Bürgerrecht der Städte gesehen, »seu jure civili«, was auf das römische Recht als Inspirator hinweise. Das sei aber nur insofern richtig, als die ersten Gesetze zwar aus der Bürgerschaft kämen, aber nicht alle Bürger die Gesetze gemeinsam entwickelt hätten. Verantwortlich seien, stellvertretend für die anderen, nur einige, nämlich »die vornehmsten, und Klügsten eines gemeinen Wesen«. So müsse man eher davon sprechen, dass Adelige das Bürgerrecht geschaffen hätten beziehungsweise alter Adel den neuen ernannt habe.

Doch die idealistische Ableitung des Adels aus den »Besten des Volkes« befreit denselben bei Hoditz nicht von Verpflichtungen, sie soll ihn anspornen. »Adel« beruht in dieser Konzeption nicht auf Grundbesitz, sondern auf Leistung: »man hat diejenigen die Edelsten genennet, die am Tapfersten alle Gefahr und Anfälle geringschützend die Blühe ihres gemeinen Wesen zu erhalten, aber zu vermehren wußten.«

Woher aber kommt das »Edle« dieser Leute? Hier wird der junge

Hoditz zum ersten und einzigen Male religiös, indem er vom »Fall Adams« spricht, der die »Wurzel des Adels«, »nämlich die Seele (...) verschüttet« habe. Eine ebenso klare wie überraschende Setzung. Und aus der Seele sprössen die je nach Nation verschiedenen »Neigungen«. Die Griechen der Antike »neigten mehr zu denen Wissenschaften, als zu den Waffen«. Bei den Germanen, die Hoditz »Deutsche« nennt, sei es umgekehrt. Idealbild aber sind für ihn »die Römer«, die beide Neigungen pflegten. Und dafür finde er »kein anderen Ursach, als die Freÿheit desselben Reichs, welche ohne Ansehen der Geburtsstellen, auch Fremdlinge unter sich haben angenommen«. Durch die »Gemeinschaft« mit den Fremden hätten sie gelernt und ihre »Erkanntnüß« weitergebildet.

Schon der junge Hoditz formuliert hier eine Maxime der produktiven Offenheit gegenüber den Menschen anderer Herkunft, »dem Anderen«. Als Beispiel führt er den letzten römischen König Lucius Tarquinius Priscus an, der von 616 bis 579 v. Chr. regierte. Sein Vater Demaratos hatte sich in Rom angesiedelt, weil er, als in Korinth Geborener, im etruskischen Tarquinia nie den Status eines Alteingesessenen erhalten hätte, obwohl er, laut Tacitus, die Schrift zu den Etruskern gebracht habe und mit einer Etruskerin verheiratet gewesen sei.

Anfänglich, so Hoditz, habe der Adel »in nichts anders als in einer äußerlichen Seelenswirkung bestanden, welche den gemeinen Pöfel aus innerlicher Neigung ohne *Sÿmpathie* zu einer absonderlichen Ehrerbiethigkeit bewogen«.

Dass der Herrschende durch pure Präsenz beim »Pöfel« den Eindruck erweckt, der Richtige zu sein, ist für beide beneidenswert. Doch je näher der Adel dem 18. Jahrhundert kam, desto schwieriger wurde es offenbar, diesen Eindruck zu bewahren. Ein Grund mag sein, so Hoditz, dass die Nachkommen des Adels qua Geburt privilegiert waren, anders als ihre Vorfahren, die wegen ihrer »Tugenden« auffielen. Mit Menschen als Herrschern, die ihre Höherstellung nicht mehr verdienen mussten, »wurde dieses schöne Reich« zuerst aus einer »unbeschränkten Monarchie« in eine »Hirarchie verwandelt«, eine der Veränderungen, die »völlige Zerrüttung nach sich zu ziehen pflegen«.

Auch hier legt Hoditz eine Idealvorstellung von Monarchie zugrunde. Aber sie verleitet ihn nicht dazu, die »Zerrüttung« zu übersehen, und er findet eine weitere, spitz und stilsicher scherzende Formulierung dafür: »ja es kam darauf, daß dasjenige was von rechtswegen in der Person zu sehen seÿn sollte, in einen Papier oder Pergament mußte gelesen werden«.

Papier statt Persönlichkeit, das kann nicht funktionieren. Adelige dürften sich nicht auf ihren »Stammbaum« berufen, »sondern es ist von Nöthen, daß ein jeder den Adel in seiner eigenen Person erhalte«. Ansonsten drohe der Niedergang. Als Ganzes genommen lesen sich die *Gedanken über den Adel* wie ein Aufruf zur Besinnung, den fortgeschrittenen Zerfall dabei fein analysierend.

Doch wer annimmt, dass die über einige dialektische Stufen erfolgende Argumentation damit schon an ihrem Ende sei, irrt ebenfalls. Der junge Hoditz reißt die Standesgrenzen nicht ganz ein, sondern beharrt auf der doppelten Codierung des Adels, die er von vornherein verfolgt hat: »Wie nun keiner allein wegen Edelgebohren« adelig sei, so »ist auch heutiges Tages keiner allein wegen der Tugend (...) zu den edlen Adel zu rechnen.«

Zum reinen »Adel« der Humanität, der konsequenten Loslösung des Wortes von seiner Tradition, kann sich Hoditz also nicht entschließen. »Tugend und Stand«, beides gehört für ihn zusammen, um ein »edler Adeliger« zu sein. Es sei allerdings sehr zu wünschen, »daß ein wahrer Edler seinen Stand oder äußerliche Würde sammt allen was daraus folget (...) wegen des innerlichen als des wahren Adels« behaupten könne.

Das Schlusswort überlässt Hoditz Père Grégoire, einem reformwilligen politischen Theoretiker um 1600, dessen *De republica* ganz antimachiavellistisch die Religion von politischen Einflüssen freizuhalten versucht. Grégoire meint, von Hoditz mit großem Schwung gefolgt: *Nobilitas virtute claret vitio sepelitur;* »es geben die Tugenden dem Adel den Glanz, die Laster das Grab.«

Und zum Schluss der kleinen, aber intensiven, von Anfang bis Ende genau durchdachten Denkschrift des jungen Mannes folgt ein selbstbewusster Auftritt, ein Beharren auf der eigenen Individualität im Rahmen einer konventionellen Adresse: »… und lasse hierüber einen jeden das Nachdenken so freÿ, als ich mir selbsten die Freÿheit genommen Meine Gedanken Zu eröfnen.«

*

Seine akademische Abschlussarbeit an der Ritterakademie hat Albert von Hoditz im Bereich des Militärrechts verfasst. Er war neunzehn Jahre alt, als sie 1725 in Liegnitz gedruckt wurde, betreut wurde sie vom aus dem italienischen Udine stammenden, in Padua promovierten Juristen Darius Doretti, der an der Ritterakademie ursprünglich kanonisches Recht unterrichtete, daneben hatte er Lehraufträge für Italienisch und Dialektik.

Wie die Themenauswahl geschah, ist nicht bekannt. Aber im Gegensatz zu *Les dommages de l'amour* und den *Gedanken über den Adel* ist der Ansatz pragmatisch, deutlich weniger innovativ. Es sieht so aus, als sei die Dissertation einem klar vorgegebenen Muster gefolgt. So ist der Hauptteil von »De iure militari«, der hundertsechzigseitigen Doktorarbeit mit dem geheimnisvollen Untertitel-Unikat »dissertatio polemico-iuridica«, eine mehr oder minder systematische Abhandlung zu verschiedenen Aspekten des Soldatendaseins, die durch ein Dutzend Fragen grob strukturiert ist: Wann nennen wir einen Soldaten Soldat? Wer wird Soldat? Wer kann kein Soldat sein? Wer kann zum Militärdienst verpflichtet werden? Was müssen Soldaten tun? Was ist Soldaten verboten? Wie müssen Soldaten gegen den Feind vorgehen? Welche Privilegien genießen Soldaten? Welche Belohnungen können Soldaten erreichen? Wie wird mit Straftätern unter Soldaten verfahren? Unter welchen Umständen hört einer auf, Soldat zu sein?

Das alles ist im Detail griffig und genau argumentiert, mit Zitaten aus deutschen, lateinischen und italienischen (rechts-)philosophischen Schriften, jedes Für und Wider wird ausgeleuchtet. Aber für Hoditz' Grundhaltung zu Krieg und Militär sind die sechs eindringlichen Seiten Vorwort, »Praefatio«, wichtiger. Es richtet sich diesmal an einen der Schirmherren der Ritterakademie, Prinz Adam Franz von Schwartzenberg, und zeigt, was mit »polemico-iuridica« gemeint ist: Hoditz geht ins programmatisch Grundsätzliche, aber »das Polemische« liegt nicht an seinem Ziel, eine Meinung um jeden Preis durchzusetzen, sondern ein Denkfeld zu eröffnen, das zwei einander gegenüberstehende Grundsatzpositionen zum Ausdruck bringt. Hoditz bringt sie idealtypisch konfrontativ in Stellung, um ihr Verhältnis zueinander zu diskutieren.

So spricht der junge Wissenschaftler von Freunden »friedlicher Freuden«, aber auch von jenen, die sich »an den Waffen des Krieges erfreuen, nicht nur an Artilleriebooten, sondern auch an blutbefleckten Gegenständen und Hügeln voller Massaker«.

Es gibt, so Hoditz in einem zweiten Anlauf, zwei Grundtypen: »diejenigen, die ihr Glück auf friedlichen Wegen suchen, durch Gerechtigkeit, harmonische Verfassungen«. Andere aber, und manchmal sind es dieselben, gehen »durch Niederlagen und Wunden, durch Hass, durch Tode, durch Ruhm und Triumphe«. Von diesen fundamentalen Gegensatzpaaren ausgehend, will sich der junge Hoditz nicht entscheiden, was besser ist, ja, er »entscheidet (...) sich, unentschieden zu lassen, ob die Gesetze statt der Waffen für die Republik notwendig sind«.

Das klingt elegant und gleichzeitig ausweichend. Aber weder als Politiker noch als Dissertant kann man sich in dieser Frage aus der Verantwortung stehlen. Soll es Gesetze geben oder eben keine, Kriege oder eben nicht? Und auch wenn man glaubt, sich für einen Mittelweg entscheiden zu müssen, bedarf es der Argumentation. Auf den nächsten Seiten liefert Hoditz ein Beispiel, das die Quintessenz der Dissertation zusammenfasst: »Um den inneren Frieden der wichtigsten Republiken zu wahren, müssen Waffen bereit sein. Auch um die Verletzungen von Ausländern abzuwehren. (...) In Friedenszeiten aber sind die Gesetze die Stütze der Imperien. Wenn die Kriege toben, ist es der Schutz der Waffen.«

Dahinter steht ein heute auf einmal wieder aktuell klingender, radikaler Pragmatismus, ein situationistisches Verständnis politischer Mittel. Es gibt in der Frage »Waffen oder Gesetze?« keine absolut richtige Entscheidung. Die Frage, so Hoditz, sei falsch gestellt. Beides muss vorhanden sein – und die Wahl, ob Waffen oder Gesetze, ob kriegerische Auseinandersetzung oder demokratische Regeln, hängt von den Umständen, der politischen Situation ab. Was man in der vereinfachten Gegenüberstellung allerdings vermissen kann, sind Gesetze, die auch im Fall eines Krieges gelten.

Das heißt jedoch nicht, dass Hoditz den Schrecken des Krieges gegenüber indifferent ist. Auch hier nimmt er klar Position für den Frieden, wenn er sagt: »Wir gehen einig mit den Philosophen, Prinz. Von ihnen haben wir gelernt, dass wir nicht ohne Wissen sein könnten; die Welt braucht keine Kriege.« Das kann man, in Richtung des Prinzen gesprochen, eine klare Ansage nennen.

*

Es gibt einige Hinweise darauf, dass Hoditz' an die Ritterakademie anschließende Kavalierstour durch Südeuropa für die Entwicklung seiner Lebensform wichtig war, ob sie nun ein paar Monate oder zwei Jahre dauerte, wie verschiedene Angaben lauten. Gemeint sind nicht nur die Gondeln, die auf den Teichen Rosswalds kreuzten, oder der lange vor Wörlitz im Park von Rosswald platzierte feuerspeiende Vulkan, von dem zum ersten Mal in den 1750er Jahren erzählt wird, sondern schwerer messbare Dinge wie ein Hang zur Theatralität des Lebens oder die Gestaltung von Parks, die ihn dort beeindruckt haben sollen. Umso erstaunlicher ist, dass es abgesehen von vagen Hinweisen kaum Berichte von der langen Reise gibt, die irgendwann nach dem Abschluss in Liegnitz begann und die Hoditz zumindest teilweise gemeinsam mit seinem jüngeren Bruder Isidor unternommen hat. Mehr als die Route, in der nur wesentliche Etappen genannt sind, von Mailand über Rom bis nach Neapel, findet sich auch bei Eduard Richter nicht.

Es dauerte bis in die 1930er Jahre, bis ein anderer, nicht verwandter Richter, nämlich Johannes (1889–1941), mit *Der Wundergraf* einen blumig malenden, heute nur noch bedingt lesbaren, aber auch erfindungsreich-amüsanten Hoditz-Roman schrieb, in dem er Hoditz' Aufenthalt in Italien während seiner Kavaliersreise zu einem der wichtigsten Motive seines Lebens werden lässt.

Über Spanien, das zu einem holzschnittartigen Erlebnis des Südens und der Bekanntschaft mit Afrika wird – »Märchenabende am Ufer des Tajo, Fremdes, kaum zu Begreifendes in Sevilla und Cadiz, ein Land, dem Afrika seinen Stempel aufgedrückt hat, für ewige Zeiten –« und Südfrankreich, wo Hoditz die erste Erfahrung klassischer Baukunst macht, zieht es ihn nach Italien, »die Hoffnung, die Nîmes erweckt hat, will eine Erfüllung werden«. Auf dem Brenner spricht ihn ein junger Italiener an, ob er mit ihm fahren könne? Und natürlich ist es niemand anderes als »Carlo Goldoni«, der von da an zu Hoditz' Wegweiser wird und ihn in die ästhetische Umbruchszeit einführt, in der sich in Italien aus dem Stegreifspiel die Commedia dell'Arte entwickelt. Die beiden Reisegenossen sehen Theaterstücke, Hoditz wird in Liebesgeschichten verwickelt und so weiter. Tatsächlich ist Goldoni (1707–1793) ein Beinahe-Altersgenosse von Hoditz, aber in seinen Lebenserinnerungen *Mémoires pour servir à l'histoire de sa vie et à celle de son théâtre* findet sich keine Spur des um ein Jahr Älteren. Auch andere Quellen sucht man vergebens.

Das »Problem« mit Richters Roman *Der Wundergraf* ist, dass er sich nicht einfach als »frei erfunden« abqualifizieren lässt. Bringt er doch auch Erlebnisse und Namen ein, die nicht allgemein bekannt sind, aber in Hoditz' Leben eine Rolle gespielt haben. Mit einer winzigen Bemerkung verweist er zudem auf den Mann, dem er sein Hintergrundwissen verdanke. Richter schreibt, der Roman fuße auf »ausgedehnten Forschungen« eines »Major a. D. von Zglinicki«.

Schon das klingt erfunden, aber im Geheimen Staatsarchiv in Berlin-Dahlem findet sich der Name »Zglinicki« tatsächlich in der Lektüreliste einiger Akten zu Hoditz. Die Berliner Schauspielerin Simone von Zglinicki meint, es müsse sich um Friedrich Pruß von Zglinicki handeln, eine »besondere Figur dieser Familie«: 1895 in Berlin geboren und 1986 dort verstorben, aus ursprünglich polnischem Adel stammend. Erst war Zglinicki Page am Hof Kaiser Wilhelms II., dann Kadett in Berlin-Lichterfelde, im Ersten Weltkrieg persönlicher

Adjutant Hindenburgs, später Künstler, Schriftsteller und Illustrator. Kinderbücher hat er illustriert, aber zuvor auch *HJ im Dienst*, die offizielle »Ausbildungsvorschrift zur Ertüchtigung der deutschen Jugend«, mit einem Vorwort von Baldur von Schirach (1935). Einen knapp 1000-seitigen Text- und Bildband zur Geschichte des Films hat er verfasst: *Der Weg des Films* (1956), dann *Sex im Bild* (1967) und, kurz vor seinem Tod, ein Werk über die Kulturgeschichte der Geburt in Bildern (1983). Warum und wie der Wissenstransfer zu Richter in Gang kam, ist unbekannt. Aber auch er blieb mit den Wendungen des Zeitgeists in Kontakt. Bekannt geworden ist er in den 1920er Jahren mit futuristischen Romanen: *Der Kanal*, *Turmstadt*, *T 1000* und *Ozeania 3000 P. S.* Mit ihnen gilt er als einer der wichtigsten fantastischen Autoren der Weimarer Republik. Aber Richter erkannte auch die Vorzüge der Gegenwart und wurde Mitglied des »NS-Clubs von 1929«, 1931 gar Vorsitzender des Verbands deutscher Erzähler, im Oktober 1933 unterschrieb er das »Gelöbnis treuester Gefolgschaft für Adolf Hitler«, und über den »Reichsverband Deutscher Schriftsteller« brachte er es bis zum »stellvertretenden Reichsführer«, musste die Funktion allerdings im März 1935 wegen Nichtmitgliedschaft in der NSDAP aufgeben. Antisemitismusfrei sind seine Werke aber nicht, schon vor 1933. In *Ozeania 3000 P. S.* von 1928 spielt er mit dem Motiv des »ewigen Juden«. Auch im *Wundergraf* gibt es einen »klassischen« Pferdehändler, der gern mit Hoditz gute Geschäfte machen würde und von diesem als »Schacherer« verachtet wird. Interessant ist jedoch das Verhältnis zwischen Friedrich und Hoditz. Auch bei Richter steht Hoditz für Pazifismus und Rosswald für die Suche nach Arkadien. Er scheint sich opportunistisch angepasst zu haben, womöglich ohne ein »gläubiger« Nazi gewesen zu sein.

*

Nach der Rückkehr aus Italien hat Hoditz wohl einige Zeit überwiegend in Prag gelebt, unterstützt von einem der bekanntesten österreichischen Diplomaten der Zeit: Aloys Thomas Raimund Graf Harrach, erst Vizekönig von Neapel, dann Mitglied der »Geheimen

Staatskonferenz«, in der die Politik des Kaiserreichs gemacht wird. Harrach ist es wohl auch, der Hoditz in der Prager Villa seines eigenen Sohnes Friedrich August unterbringt. Es ist die Zeit, in der Albert für den Vater alchimistische Bücher kauft. Aber offensichtlich tut er nicht nur das. Der Vater verliert die Geduld mit dem »Schuldenmacher«, stellt seine Unterstützung ein.

Wobei Karl Joseph von Hoditz selbst ein Hitzkopf gewesen sein muss, der sich mit Nachbarn und Untergebenen anlegte, wie Milan Myška in seiner Biographie *Hrabě Hodic a Jeho Svět* nachweist. Auf dem Höhepunkt der Auseinandersetzungen verbietet der Vater Albert das Betreten von Rosswald. Aus den wenigen erhaltenen Nachrichten dieser Zeit ergibt sich das Bild eines unruhigen Lebens, auch weil Albert nicht nach Hause zurückkehren kann.

Ob sein Vater oder Harrach am Ende dazu beigetragen haben, dass Albert schließlich für einige Jahre als »Kammerherr« oder auch »Kammerdiener« am glänzenden Hof des Melancholikers Karl VI., des Vaters von Maria Theresia, fungieren konnte? Nach außen hin ist das eine von Hoditz' besten Zeiten. Als gut aussehender, gescheiter, nach der Kavaliersreise auch weltgewandter Mann hat er Glück bei Frauen. Zeichenhaft steht bei Johannes Richter, dass selbst die junge Maria Theresia beeindruckt war, weil Hoditz sie bei seiner ersten Ankunft am Hof nicht erkannte und sie wie ein gewöhnliches »Reserl« behandelte. Aber darauf hätte er wohl in seinem Theresia-/Tiresias-Libretto Bezug genommen.

Spektakulärer ist die Szene, die nicht nur von Johannes Richter erzählt wird: ein Zusammenstoß zweier Kutschen in Wien. Eine kommt aus dem ungarischen Bad Trenčín Teplice, in dem der einzige Passagier Carl Joseph von Hoditz regelmäßig seine Gicht behandeln ließ. In einer Straße der Wiener Innenstadt wird seine Kutsche von einer größeren an- und umgefahren. »Als sich der angewiderte und schläfrige Graf aus den Trümmern seines kaputten Wagens grub, stellte er fest, dass sein Sohn Albert Josef, der die andere Kutsche selbst gelenkt hatte, die Ursache des Unfalls gewesen war. Albert Josef zeigte Anzeichen von Rausch und Überschwang. Anstatt sich zu entschuldigen, machte er sich über seinen Vater lustig und beleidigte ihn. Dieser Vorfall«, schreibt Milan Myška schön, »verschärfte die Vater-Sohn-Beziehung.« Andere meinen, es sei der endgültige Bruch gewesen. Nicht einmal Vermittlungsversuche des Kaisers sollen geholfen haben.

Doch auch in solchen Angelegenheiten ist, wie der weitere Verlauf der Geschichte zeigt, nichts endgültig. Was mit der verwitweten Markgräfin von Brandenburg-Bayreuth, ehemals Prinzessin Sophie von Sachsen-Weißenfels und zukünftigen Gräfin von Hoditz zu tun hat.

7

Sophie von Sachsen-Weißenfels – Messalina, Lais oder fromm? Die Liebe zu einer Prinzessin und Skandalfrau des 18. Jahrhunderts. Ein Hut und die Heirat der Punker

Wie genau der immerhin achtundzwanzig Jahre alte Absolvent der Liegnitzer Ritterakademie, Ex-Kavalierstourist und Ex-Kammerherr Albert von Hoditz darauf kam, sich am 23. September 1733 an der Universität Altdorf einzuschreiben, ist nicht bekannt, aber es könnte gut sein, dass Hoditz Altdorf wählte, weil der größte deutsche Gelehrte des Barocks seine Studien ausgerechnet in der fränkischen Provinz abgeschlossen hat. Gottfried Wilhelm Leibniz, später Hoditz' Haupt-Säulenheiliger, der in Jena und Leipzig Recht, Mathematik und Philosophie studiert hatte, galt dort mit zwanzig Jahren als zu jung für die Promotion und wich nach Altdorf aus, wo sich seit 1622 die Universität der Reichsstadt Nürnberg befand.

Im Winter 1733/34 besucht Hoditz von Altdorf aus die Ritterakademie im vierzig Kilometer entfernten Erlangen. Im dortigen Schlossgarten soll er, im Spiel mit Studienkollegen, seinen Hut hochgeworfen haben, der durch das Fenster der Fürstin flog. Sie hörte, der Werfer sei jung und frech, und meinte: soll er hochkommen, wenn er den Hut wieder will.

*

Stand, Religion und Alter – alles sprach gegen eine Verbindung oder auch nur Liaison der fünfzigjährigen protestantischen Fürstin und Witwe mit dem zweiundzwanzig Jahre jüngeren katholischen k.k. Reichsgrafensohn. Über ihre erste Ehe mit Georg Wilhelm von Brandenburg-Bayreuth war Sophie von Sachsen-Weißenfels – von Geburt her selbst Prinzessin – eine Verwandte der preußischen Königsfamilie und damit Tante Friedrichs des Großen geworden. Bis heute bildet sie eine der offensichtlichsten Verbindungen zwischen Hoditz und Friedrich. Schon die Vorstufen der multiplen Mesalliance erregten Aufsehen. Hoditz musste wohl an seine *Dommages de l'amour* denken, hatte er doch darin selbst die Meinung seiner Zeit formuliert: »Eine Person von hohem Rang sollte sich niemals dazu herablassen, jemanden von niedriger Geburt zu lieben. Wenn es eine Prinzessin ist, die sich in einen Untertanen verliebt, macht sie einen Fehltritt, indem sie ihn zu einer Würde erhebt, die er nie verdient hat.« Die »Ungleichheit der Liebenden« verursache unvermeidlich Schäden.

Nun war Hoditz kein Untertan von Sophie, aber das ungewöhnliche Paar verhält sich, glaubt man den in diesem Fall überzeugenden Quellen der Zeit, im Stil provokativer Punker. Wie in schlimmsten Phantasien der Sittenwächter inszenieren die beiden ihre Liebe als Skandalon. Vor allem Hoditz scheint sich nicht zurückgehalten zu haben. Am 7. Januar 1734 berichten zwei Justizräte aus Erlangen, wo Sophie nach dem Tod ihres Mannes ihren Witwensitz bezogen hat, nach Bayreuth: »Es hat seit einigen Tagen ein böhmischer junger Graff von Hoditz sich allhier aufgehalten, das fürstl. Wittum fast täglich frequentiret, auch der Fra. Markgräff. hochfürstl. Durchl. mehrerteils in die Kirche mit begleitet während des Gottesdienstes aber (...) eine ungeziemende Aufführung bezeiget und dadurch bey der Gemeinde großes Ärgernis erwecket.«

Man wollte ihn schon verprügeln. Im Mai 1734 gibt es neue Beschwerden. Verschiedene Bürger wurden vernommen. »Dabei kristallisierte sich«, fasst Christina Hofmann-Randall in ihrem biographischen Aufsatz zu Sophie zusammen, »folgendes Geschehen heraus: Bei einer Gelegenheit hatte Hoditz (...) am Namenstag der Markgräfin nach der Gratulation des Predigers ›überlaut‹ Amen gerufen und sich gegen den herrschafftlichen Stand gewendet. Während einer Betstunde habe er die Augen verdreht und die Zunge herausgestreckt und außerdem versucht, ein Fenster zu öffnen, was die Markgräfin durch Ausstrecken des Arms verhindern konnte. Außerdem habe er durch Flirten, lautes Sprechen und Spöttereien über die Religion während des Gottesdienstes Ärgernis erregt.«

Sophie macht im Wesentlichen mit, hört nicht auf Ermahnungen. In der Nacht vom 13. auf den 14. Juli 1734 verschwindet sie mit dem Unruhestifter in der Sommernacht, in der sie, nach Sophies vorheriger Konversion, in einem der umliegenden Dörfer heiraten, vermählt von zwei katholischen Geistlichen. Eine Kopie des Vertrags, die von einem Sohn des letzten Hoditz'schen Schreibers Adam Springer an das Geheime Preußische Staatsarchiv verkauft wurde, kann dort eingesehen werden (Signatur BPH, Rep 43 III N 21a). Der Skandal ist perfekt – und rechtsgültig.

*

Die beiden Frischvermählten fliehen dementsprechend nicht, sondern kehren zurück und leben ein Jahr lang gemeinsam im Schloss. Trotz dringender Bitten des Markgrafen und von Sophies Bruder, die ihr die Rückkehr ermöglichen und den »Ausrutscher« vergessen lassen wollen, lässt sie die Ehe nicht annullieren. »Sie wolle«, soll sie gesagt haben, »mit ihrem geliebten Grafen lieber trockenes Brot essen und nichts als Wasser trinken, als über die ganze Welt zu herrschen.«

Die das erzählt, ist keine Geringere als Wilhelmine von Preußen, die Lieblingsschwester Friedrichs II., die, als der fromme, aber, was Sophie angeht, einigermaßen duldsame Markgraf 1735 stirbt, als Ehefrau seines Sohnes in Bayreuth mit an die Macht kommt.

Und keine andere als die scharfzüngige Komponistin Wilhelmine wird in ihren Memoiren dazu beitragen, dass Hoditz' Frau für die Nachwelt drastisch in Verruf bleibt. In Auszügen 1810 auf Deutsch erschienen und 1848, fast hundert Jahre nach Wilhelmines Tod, im vollständigen französischen Original entdeckt, waren die *Mémoires* ausdrücklich nicht für die Öffentlichkeit gedacht. Aber das kann auch eine Schutzbehauptung der Autorin gewesen sein – für den Fall, dass das Manuskript etwa Angehörigen des darin ebenfalls stark angegriffenen Berliner Hofs in die Hände fallen sollte. Wilhelmines pointierter Stil vermittelt jedenfalls einen unverhohlen auf die Aufmerksamkeit des Publikums zielenden Eindruck. Und er weist Sophie einen markant gemischten Charakter zu: »Sie hatte viel Aufsehen erregt in der Gesellschaft für ihre Schönheit und ihren schlechten Lebenswandel. Sie war eine wahre Messalina, die mehrere ihrer Kinder umgebracht hatte, um ihre schöne Figur zu bewahren.«

Wilhelmine hatte Sophie im Herbst 1732 persönlich kennengelernt, also noch vor Sophies Liebe zu Hoditz, die im Herbst / Winter 1733/34 begann. Doch ihre Memoiren hat sie erst nach 1742 verfasst. Das heißt, dass der Skandal um die zweite Ehe Sophies schon in das Vorwissen zur Schilderung von Wilhelmines Antrittsbesuch bei der fünfundzwanzig Jahre älteren, verwitweten Tante und ehemaligen Markgräfin eingegangen ist.

Dieser Besuch muss für beide Frauen nicht einfach gewesen sein. Obwohl Wilhelmine froh war, den intrigenreichen Berliner Hof qua Heirat zu verlassen, grämte sie sich bald über den Abschied in die Provinz. Sophie hingegen weigerte sich, die besuchende Königstochter in zeremoniellen Fragen vorrangig zu behandeln. Eine Kränkung Wilhelmines, die Sophie zurücknimmt, die aber zu den Folgen dieser ersten Begegnung beiträgt: Noch Jahre später beißt sich die höhergestellte Nichte am Äußeren der Tante fest:

Dem Vernehmen nach war sie schön wie ein Engel gewesen; damals war sie so verändert, dass man ihr Gesicht genau anschauen musste, um die schäbigen Reste ihrer Reize zu entdecken. Sie war groß und schien eine schöne Figur gehabt zu haben. Ihr Gesicht war ganz lang, genau wie ihre Nase, was sie sehr entstellte. Es hatte gefroren, was der Nase die ziemlich unansehnliche Farbe einer Runkelrübe verlieh. Ihre gebieterischen Augen waren groß, wohlgeformt und braun, doch so niedergeschlagen, dass ihre Lebhaftigkeit darunter gelitten hatte. Mangels natürlicher Augenbrauen trug sie künstliche; die waren ganz buschig und schwarz wie Tinte. Ihr Mund war zwar groß, aber wohlgeschnitten und voller Reize; ihre Zähne waren weiß wie Elfenbein und ebenmäßig. Ihr Teint, obwohl gleichmäßig, war gelblich, bleiern und welk. Ihre Haltung war gut, aber ein wenig geziert. Sie war die Lais ihrer Epoche. Sie gefiel allein durch ihre Gestalt, denn Verstand hatte sie keinen Funken.

Das kunstvoll Gemischte des zwielichtigen Charakters, den Wilhelmine herstellt, lässt teilweise Wahrheit vermuten. Doch immer wieder kippt die Darstellung in schlichte Bosheit um: »Sämtliche Ungeheuer des Landes und der Umgebung hatten sich in ihren Diensten zusammengefunden. Vielleicht geschah das ja auch mit Bedacht, um angesichts dieser Hässlichkeiten ihre eigenen verblichenen Reize herauszustellen.«

Bei all diesen negativen Eigenschaften wundert allerdings, warum Sophie in Wilhelmines Augen »die Lais ihrer Epoche« gewesen sein soll – eine korinthische Hetäre, die für ihre Dienste große Summen verlangen konnte, weil sie auch in der Konversation brillierte. Selbstverständlich hatte sie einen Sinn für Philosophen, am meisten natürlich für Diogenes, der nichts zahlen musste. Allerdings soll Lais im Alter dem Alkohol verfallen sein. Worauf sich Wilhelmine möglicherweise bezieht.

In ihren Memoiren erzählt die preußische Königstochter auch von der Beziehung Sophies zu ihrem Diogenes: »Sie hatte sich in einen gewissen Grafen Hoditz verliebt, einen Mann aus einem sehr bedeutenden schlesischen Haus, doch ein sittenloser Geselle und Abenteurer.« Auch diesmal kommt Sophie, die nur als »dumm« bezeichnet wird, »moralisch« gesehen besser weg als Hoditz: »Der Graf reiste ein paar Tage später nach Wien ab. Seine neue Gattin schenkte ihm einen Teil ihrer Juwelen und versetzte den Rest, um seine Reise zu bezahlen.«

Es ist schwierig zu bestimmen, was bei Wilhelmines Beschreibungen mitspielt: der Neid auf die freiere Lebensführung der »lustigen Witwe«, der Kummer über die eigene Verheiratung an einen Ungewählten, der Wilhelmine an einen weniger bedeutenden Hof geführt hat, oder der tatsächlich schillernde Charakter von Sophie, die überall Aufsehen erregte.

*

Dennoch ist über Sophies Kindheit und Jugend nichts bekannt, nur über das Umfeld, in dem die Prinzessin aufwuchs. Es macht einen geradezu vorbildlich wohlgeordnet-kultivierten Eindruck. Sachsen-

Weißenfels war ein kunstbeflissener Hof. Sophies ehrgeiziger Vater Johann Adolf förderte, wie schon der Großvater, das Musikleben, wo er nur konnte. Dabei entdeckte er etwa das musikalische Talent des Sohnes seines Hofchirurgen und brachte den Vater dazu, den kleinen Georg Friedrich Händel musikalisch schulen zu lassen. Johanna Elisabeth Döbricht, eine der besten Sängerinnen ihrer Zeit, begann, wie ihre drei ähnlich begabten Schwestern, ihre Karriere in Weißenfels, und vielleicht hatte Sophie ja die ereignisreichen Romane von Johann Beer gelesen.

Der aus Österreich stammende Sänger und Konzertmeister am Weißenfelser Hof wurde erst im 20. Jahrhundert von Richard Alewyn unter diversen Pseudonymen als Autor von Ritter- und Schelmenromanen in der Nachfolge von Grimmelshausen entdeckt. Neu aufgelegt wurde 2003 *Der abentheuerliche wunderbare und unerhörte Ritter Hopffen-Sack von der Speck-Seiten. Bestehend: In allerhand Begebenheiten/ gerrissener Castellen/ Einöden/ Gespenstern/ Abentheuern /Duellen/ Turnieren/ Verzauberungen und dergleichen (...).Halle 1678.* In Weißenfels war Beer – der, passend zu seinen turbulenten Romanen, durch eine verirrte Kugel bei einem höfischen Vogelschießen schon im Jahr 1700 starb – auch Hofbibliothekar.

Besonders einheimisches Schaffen wurde gefördert. Zwischen 1675 und 1736 kamen siebenundachtzig ausschließlich deutschsprachige Opern und Singspiele zur Aufführung. Sophies Vater war Mitglied der größten deutschen Sprachakademie, der »Fruchtbringenden Gesellschaft«, ihr Großvater war der Vorsitzende.

Einer der Hofautoren für die Oper Weißenfels war ausgerechnet August Bohse, der spätere Direktor der Liegnitzer Ritterakademie. Durch den Ruhm seiner Jenaer und Leipziger Rhetorikseminare war Sophies Vater auf ihn aufmerksam geworden und stellte den wendigen Mann aus Halle 1691 als Sekretär ein. Seine Hauptaufgabe als Opernlibrettist konnte Bohse mit einer Sondererlaubnis auch in Jena ausüben, wo er weiter Jura studierte.

Inwieweit Sophie, die Weißenfels mit fünfzehn in Richtung Bayreuth verließ, Bohse persönlich kannte, ist nicht überliefert, aber sie scheint die Weißenfelser Vorliebe für deutschsprachiges Musiktheater über ihre Heirat an den Bayreuther Markgrafenhof mitgebracht zu haben. In den vierzehn Jahren Regierungszeit ihres Mannes Georg Wilhelm, 1712 bis 1726, wurden über fünfzig deutsche Opern und Serenaden aufgeführt. Sophie stand mit Angehörigen des Hofs selbst auf der Bühne, so zur Eröffnung des neuen Erlanger Opernhauses am 10. Januar 1719 als »Königin von Spanien«.

In der neuen Bayreuther Residenz ließ ihr Mann das 1715 eröffnete Großherzogliche Opern- und Komödienhaus errichten, dazu das 1718 eröffnete prächtige Redoutenhaus, in dem schnell berühmte Karnevals- und Maskenbälle abgehalten wurden, an denen das junge Paar begeistert teilnahm. Die angehende Markgräfin war jung, als sie an den einundzwanzig Jahre alten Georg Wilhelm verheiratet wurde. Schwer zu sagen, wer da wen mehr beeinflusst hat, aber die Vorlieben des Paares wirken aus heutiger Sicht wie eine Vorbereitung auf das exzentrische Theaterleben Rosswalds. Auch Georg Wilhelm waren Spektakel und Schauspiel wichtig, allerdings in eher martialischer Richtung. Auf seiner Kavalierstour mit der holländischen und englischen Marine in Kontakt gekommen, ließ er er den Brandenburger Weiher, einen großen Karpfenteich im Nordosten der Stadt, zu einem durch die Steinach gespeisten See erweitern, auf dem er Seeschlachten mit bis zu dreißig Meter langen Schiffen aufführte. Ein als mehrtägiges Manöver inszeniertes Lustspiel, bei dem Georg Wilhelm zweitausend Soldaten und Bürger befehligte, forderte Todesopfer.

Ebenso sicher ist, dass Georg Wilhelms Ehe mit Sophie explosiven Charakter hatte, nicht auf stiller Liebe oder gar Repräsentation beruhte. Ein Ölgemälde zeigt den Markgrafen als Haudegen mit stechenden Augen. Allerdings scheint er auch von Eifersucht zerfressen gewesen zu sein, hielt die eheliche Untreue, die er selbst pflegte und die ihm Sophie zurückgab, schlechter aus als sie.

Aber auch sie gab, wie gesehen, zu Gerüchten Anlass. Was der Wahrheit entspricht, ist noch heute schwierig festzustellen. Die Memoiren Wilhelmines bleiben für die skandalösesten Meldungen über den Kindsmord die einzige Quelle, von der fleißig abgeschrieben wurde. Sie wirken eher wie ein weiterer bitterer Reflex Sophie gegenüber, die in die lange Reihe der Frauen aufgenommen werden sollte, die in dieser Zeit Kinder verloren.

Mit Sophies einziger überlebender Tochter Christiane Sophie Wilhelmine muss es allerdings erhebliche Schwierigkeiten gegeben haben, gerade auch zu dem Zeitpunkt, als die verwitwete Markgräfin den jungen Hoditz kennenlernte und heiratete. Im Geheimen Preußischen Staatsarchiv findet sich eine zweihundertdreißig Seiten starke Akte, in der es um finanzielle Fragen nach Sophies zweiter Hochzeit geht, aber am Rande auch um das Verhältnis zu Sophie Wilhelmine. Diese wirft der Mutter – dem Markgrafen gegenüber, den sie mit »Papa« anspricht – vor, sie kümmere sich nur noch um ihren »Aventurier«, den Abenteurer Hoditz.

Mit dem Ersatz-»Papa« ihrer Tochter hatte Sophie selbst in Dauerzwist gelebt, wobei es vor allem um den passenden Wohnsitz der Witwe ging. Schließlich wurden ihr klamme sechs Zimmer des Erlanger Schlosses zugestanden, aber man versuchte immer wieder, sie ganz auszuquartieren. In Fragen ihrer finanziellen Ausstattung wurde um jeden silbernen Löffel gefeilscht. Gleich nach Veröffentlichung von Wilhelmines Memoiren im 19. Jahrhundert, also lange nach dem Ableben beider Frauen, kam die Meinung auf, dass Sophie den abfälligen Bericht der Königstochter vor allem der Konversion verdanke, dem Entweichen mit einem Katholiken.

Auch das dürfte zur Wahrheit gehören. Wie sehr das in Bayreuth und Erlangen vorherrschende Bild von Sophie vermutlich von lokalen Querelen abhängig war, zeigt sich im Kontrast zu dem aus der Region Rosswald stammenden Hoditz-Biographen Paul Drechsler, der 1895 ihr Aussehen auf einem späten Porträt, das lange in der Dorfkirche hing, ganz anders schildert als Wilhelmine:

Das Gesicht war voll, der Teint rein, die Wangen zart gerötet, das braune Auge voll Geist, Lebhaftigkeit und Temperament. Eine energisch geformte, kühn gebogene Nase überragte die vollen, korallenfarbigen Lippen, über denen ein leichter Flaum auf Leidenschaft schließen ließ. Schöne, weiße

Zähne zierten den Mund. Das Doppelkinn entsprach den vollen, üppigen Formen, welche die Frau noch immer begehrenswert machten. Prächtiges, kastanienbraunes Haar floss in üppigen Flechten auf den dekolletierten Busen und Nacken von blendender Weiße. Man sah es auf den ersten Blick, dass diese Frau, wenn sie auch aufgehört hatte, zu herrschen, doch nicht aufhören wollte, zu lieben.

Kein Wunder jedenfalls, dass die ebenso kultivierte wie exzentrische Fünfzigjährige die Aufmerksamkeit des jungen, welterfahrenen Grafen Hoditz erregte und ihn selbst als attraktive Aufwertung ihrer Person sah; dass sie den neuen, »fremden« Verehrer und Aventurier anziehender fand als ihre bisherigen Liebhaber und Hofschranzen. Vielleicht erschien er ihr sogar als jüngere, gelungenere Wiedergeburt Georg Wilhelms.

Aber als Wilhelmines Mann Markgraf wurde, war für das neue Paar in der schockierten Provinzgesellschaft endgültig kein Platz mehr. Hoditz und Sophie gingen in Richtung Dresden, Prag und Wien, wo sie sich in den nächsten Jahren in wechselnden Umständen durchschlugen. Streit um Sophies Witwengeld ergänzte Hoditz' Probleme mit seinem Vater.

Verzweifelt prekär kann die Lage des Paares allerdings nicht immer gewesen sein, denn im September 1738 wird Sophie in den vornehmsten Damenorden des Kaiserreichs, die »Sternkreuzer« aufgenommen – was jeweils acht adelige Vorfahren auf mütterlicher wie väterlicher Seite zur Voraussetzung hat, auch beim Gatten. Mag sein, dass dies selbst in Berlin und Bayreuth Eindruck macht, denn im August 1739 wird endlich ein Vertrag geschlossen, der Sophie die übliche angemessene Rente zusichert. Und möglicherweise ist genau dies der Zeitpunkt, an dem der damalige Noch-Kronprinz Friedrich zum ersten Mal ins Spiel kommt. Er habe auf der Seite des Bayreuther Skandalpaars gestanden, heißt es. So noch einmal Drechsler: »Seinem Einflusse gelang es endlich, einen Ausgleich zwischen Sophie und ihrer Familie herbeizuführen, die ihr ein bedeutendes Jahrgeld zusicherte.«

Bis heute ist diese Rolle von Friedrich, der im Vertrag nicht erwähnt wird, allerdings nicht mehr als eine Behauptung, für die es keinerlei historische Quellen gibt. Ähnlich wie für Hoditz' ab und zu ins Spiel gebrachten Berliner Besuch im Jahr 1739, der genau zum Jahr des Vertrags passen würde, aber vielleicht auch nur deshalb als Gerücht entstanden ist. Ganz deutlich ist jedenfalls in Hoditz' Brief vom 23. Mai 1758, dass er Friedrich erst 1758 zum ersten Mal gesehen hat.

Dass der junge Fritz Sympathien für seine angeheiratete Tante und ihre Liebes- und Fluchtheirat entwickelte, ist allerdings möglich. Es wäre eine dem Verhalten Wilhelmines entgegengesetzte Reaktion, aber eine durchaus verständliche: Friedrich war die Durchsetzung der eigenen Brautwahl im Rahmen seiner verordneten Heirat nicht gelungen. Hat Friedrich im Anschluss daran Sophies Abweichen von der Norm unterstützt? Das würde zu den freiheitlichen Kronprinzen-Jahren in Rheinsberg zwischen 1736 und 1740 passen. Und es war vielleicht tatsächlich ein guter Grund, sich schon früh für Hoditz zu interessieren.

*

Das flüchtige Paar brauchte Geld. Eduard Richter erzählt, in Prag seien die Mittel knapp geworden, worauf Sophie von Eleonora Gräfin Zaruba, einer Tante des Grafen, im August 1735 in drei Wechseln achtzehntausend Francs lieh, rückzahlbar in einem Jahr, was die Probleme nur aufschob. Das Wichtigste war die Versöhnung Alberts mit dem Vater, über die es die verschiedensten Geschichten gibt. In allen spielt Sophie die tragende Rolle. Bernert und Kravar fassen die Angelegenheit als Versöhnung in Raten zusammen:

Hoditz begab sich mit seiner Gattin auf Umwegen nach Roswald, wo aber, so wird berichtet, sein Vater jeglichen Kontakt ablehnte und auch den Zugang zum Schloss verweigerte, der Sohn sich aber Zugang verschaffte. Der Vater, wegen Gicht in seiner Beweglichkeit erheblich eingeschränkt, bewohnte nun den ersten Stock des Schlosses, während der Sohn mit seiner Gattin sich im Erdgeschoss eingerichtet hatte. (...) Sophie sollte und wollte einen letzten Versuch der Aussöhnung wagen und Albert verließ das Schloss zu einer Jagdpartie. Sein Vater (...) ließ sich tatsächlich zu seiner Schwiegertochter tragen und sie waren mitten im Gespräch, als sie Pferdegetrappel im Schlosshof hörten. Der Vater glaubte sofort an eine Intrige seines Sohnes und verließ fluchtartig seine Schwiegertochter. Da eine Aussöhnung in weite Ferne gerückt schien, schrieb der Sohn an seinen Vater einen Abschiedsbrief, in dem er bedauerte, dass es nicht zur Aussöhnung gekommen sei, er aber immerhin erlebt habe, dass sein Vater trotz Gicht plötzlich wieder laufen konnte.

Der Humor des Sohnes, heißt es, habe den Vater versöhnt. Ein komödiantisch-grotesker Abschluss eines fünfzehn Jahre alten Zwists, der aber zu den sonstigen Geschichten um die beiden passt. Kurz danach stirbt Carl Joseph von Hoditz und Wolframitz. Alberts älterer Bruder bewohnt schon das nahe, kleinere Schloss Füllstein, so kann Albert Rosswald übernehmen.

Mit Sophie zusammen beginnt er, den Garten auszubauen, ihn mit Kanälen zu durchziehen, mit Wasserspielen zu versehen, exotische Pavillons einzurichten und das Theater aufzubauen. Es ist die Zeit der Geburt des mährischen Zauberwalds.

Gemeinsam, könnte man sagen, bringen sie die mehrmals veränderte Weißenfelser Hofkultur nach Mähren, durchmischt mit italienischen Einflüssen und beider schrillem Temperament, einer überschießenden Phantasie.

Weiter oben war kurz vom Spektakel der Feierlichkeiten zu Sophies 60. Geburtstag die Rede. Nicht nur das pralle festliche Geschehen, auch der von Hoditz verfasste Text des Librettos zu *Die vergötterte Sophie* ist ein exaltierter Jubel über ein gelungenes Leben. Sophie wird von allen anwesenden Göttinnen und Göttern gepriesen.

Mercur erzählt, dass in Bayreuth, bei Sophies erster Hochzeit, viele hohe Gäste gewesen seien: »Alle diese seufzten unter ihren Ketten, und es schien, als wäre sie die allgemeine Braut aller Gäste.«

Im Schauspiel meint Venus: »der funckelnde Venus=Stern soll kündtig der Sophien=Stern heißen«. Flora jubelt: »Unter Ihren Füssen werden meine Blumen belebt, alle Ihre Schritte und Tritte, gebähren neue Freuden.« Aria, also Ariadne ergänzt: »Unter ihren zarten Füssen, Sieht man Nectar-Ströme fließen, Daß, an welchem Ort sie geht, Staunen, Freude, Lust entsteht.«

Dass Hoditz seine Frau nach Ödenburg, ins heutige ungarische Sopron, abgeschoben habe und sie dort elend zugrunde gegangen sei, ist eine Legende. Die Liebe scheint die Flucht über Nacht und das schwierige Leben danach bis Rosswald überstanden zu haben. Aber wahrscheinlich war das Fest auch ein Kampf gegen Sophies sich dort entwickelnde Melancholie. Sie ging wochenlang nicht aus, »litt an Gemüthsverstimmung und einer unheilbaren Migraine«, wie es bei Eduard Richter heißt. Schwer zu entscheiden ist, ob die Melancholie eine Folge des gemeinsamen Rückzugs nach Rosswald war oder ob sich die veränderte Stimmung erst auf die letzte Zeit vor ihrem Tod bezieht, als sich die zweiundzwanzig Jahre Altersunterschied deutlicher bemerkbar machen.

Zu den Legenden um Hoditz und Sophie gehört, dass die »wilde Prinzessin« noch nach ihrem Tod 1752 Skandal macht, ihre Beerdigungszeremonie »als erste Feuerbestattung im deutschsprachigen Raum seit dem 13. Jahrhundert« gilt, was sich bis in den Wikipedia-Eintrag der Prinzessin gehalten hat.

Diese Überlieferung könnte auf das *Threnarium* zurückgehen, wo David Wolf das Erinnerungsmonument beschreibt, das Hoditz im Garten für sie errichtet hat: »Ueber der Büste liegt ein Genius, mit einer umgekehrten ausgelöschten Fackel, neben einer Urne, die mit einer Schlange umwunden und mit dem Auge Gottes überstrahlt wird.«

Die »römische Art« der Einäscherung, die hier angedeutet ist und die sich auch Friedrich erbeten hat, aber nicht erhalten wird, ist nach zuverlässigerer Überlieferung allerdings eine Fehlinformation. Bei Richter heißt es, Sophie starb »am 6. Mai 1752 in dem Schlosse zu Roswald im Alter von achtundsechzig Jahren, wurde am 8. Mai obducirt, dann einbalsamirt, der Leichnam in Seidenschleier gehüllt und am 9. Mai in einem Glassarge in einem ausgemauerten Grabe in der Seitencapelle links in der alten Pfarrkirche zu Roswald beigesetzt«.

Schneewittchenhafter Glassarg wie im Märchen oder avantgardistische Einäscherung – eine »gewöhnliche« Geschichte zu Hoditz und Sophie gibt es nicht.

Hoditz hatte die Angewohnheit, Gedichte und Merksprüche auf größere Stücke Holz zu malen und sie an Bäume im Park zu hängen. Einige haben im Stadtmuseum von Krnov (Jägerndorf) überlebt, andere sind ins renovierte Schloss zurückgekommen. Auf einem steht im Gestus eines persönlichen, dramatisch stilisierten barocken Klagelieds:

Die Wollust und die Noth veriagten mich von hier: Ich ging vom Vater weg, dem Zufall in die Armen. Dort lebt ich rechnungsloß – Allein Gott wieß Erbarmen. Er gab Sophien, mir zur Ehe und zur Zier: Ihr tugendhaftes Herz, beförderte mein Glücke: Ihr höchst durchlauchtes Blut, erhöhte mein Geschicke: Ihr Beyspiel lehrte mich, und ihr gefällig Thun Ließ mich im Schooß des Glücks auf lauter Rosen ruhn. Sie starb. Und dieser Riß drang in das Mark der Seele. Was Wunder! Wenn ich jetzt die Einsamkeit erwähle.

Die Einsamkeit ließ sich nicht lange durchhalten, trotzdem ist der Einfluss von Sophie auf Hoditz nicht zu unterschätzen. Ohne sie wäre der Auftakt zum Projekt »Rosswald« vielleicht nie gelungen.

8

Friedrich und Hoditz als Freimaurer, der Rat des Papstes, ein exzentrischer Bischof

Neben Hoditz' leidenschaftlicher Liebesgeschichte und seiner Skandalheirat mit Friedrichs verwitweter Tante ist die Mitgliedschaft beim Geheimbund der Freimaurer die zweite offensichtliche Verbindung zwischen den beiden. Schon weil sie Hoditz von seiner Landesherrin Maria Theresia entfernt, erzeugt sie Nähe zwischen den Männern.

Friedrich bekennt sich gleich nach der Krönung öffentlich zum Freimaurertum, macht »die Sozietät« damit zum Teil seiner politisch-privaten Auflehnung.

Noch als Kronprinz hatte er auf einer gemeinsam mit dem Vater unternommenen Reise in die Niederlande Ende Juli 1738 in Minden Rast gemacht, wo sich ein Gespräch mit Albrecht Graf von Schaumburg-Lippe ergeben hatte, der sich, obwohl Friedrich Wilhelm I. über die Freimaurer lästerte, als Teil der Bewegung zu erkennen gab – was für Deutschland avantgardistisch war: Erst Anfang Dezember 1737 war in Hamburg die erste deutsche Loge gegründet worden, die »Société des acceptés Maçons libres de la ville de Hambourg«.

Die »Freiheit« in der spontanen Verteidigung des Grafen gegen den König »machte«, wie der Freimaurer-Historiker Ludwig Keller Ende des 19. Jahrhunderts resümiert, »auf alle Anwesenden Eindruck, nicht am wenigsten auf den Kronprinzen. (...) Sofort nach aufgehobener Tafel nahm er den Grafen beiseite und sprach ihm unter dem Siegel der Verschwiegenheit den Wunsch aus, Mitglied einer Verbindung zu werden, der so ausgezeichnete Männer angehörten.«

Ein überreligiöser ethischer Bund, der theoretisch allen sozialen Schichten offenstand, mit der Überzeugung versehen, dass die ständige Arbeit an der eigenen Persönlichkeit zu Selbsterkenntnis und einem menschlicheren Verhalten führt, wie es Friedrich kurze Zeit später im *Anti-Machiavell* fordern wird, das musste dem Kronprinzen gefallen.

Schaumburg leitete die Aufnahme sofort in die Wege. Er schrieb nach Hamburg, er habe den Auftrag eines bedeutenden Herrn, der »nicht im Vorhinein bekannt werden möchte«, zu fragen, ob während der Braunschweiger Herbstmesse eine Aufnahme arrangiert werden könnte. Und schon in der Nacht vom 14. zum 15. August erscheint der Kronprinz und setzt mit seiner Mitgliedschaft ein Zeichen. Die Ideale der Freimaurer – Freiheit, Gleichheit, Brüderlichkeit, Toleranz, Humanität – sind die Antriebskräfte der Französischen Revolution. Auch die soziale Offenheit des Geheimbunds trägt aufklärerische Züge. Zusammen mit Salons, Lesegesellschaften und ähnlichen Verbindungen ist die geheimnisumwobene Vereinigung mit ihrem Ursprung in den Steinmetzbruderschaften des Mittelalters eine der verschwiegenen »Keimzellen« einer neuen Gesellschaft. Wobei die Freimaurer, weil sich die Kirchen mit Negativpropaganda wehren, immer ein Elitebund bleiben. Die deistische Annahme eines »höchsten Wesens«, um das man sich am Ende nicht weiter kümmert, ist ihnen zu wenig.

Doch bei allen wachen, an den geistigen Bewegungen der Zeit Interessierten wirkt der Bund als Impuls und Energieschub, überzeugt in Ausnahmefällen sogar den katholischen Klerus. Eine wichtige Verbindungsfigur ist ausgerechnet einer der Söhne des Landeshauptmanns Schaffgotsch, dem Hoditz seine Liegnitzer Festrede *Dommages de l'amour* mit frecher Widmung zugeeignet hat. Damals war dessen Sohn Philipp Gotthard acht Jahre alt. Inzwischen ist er, bei den Jesuiten in Rom erzogen, ein begeisterter Aufklärer und Friedrich-Freund. Obwohl mit erst vierundzwanzig Jahren schon Domherr von Olmütz, begrüßt er den preußischen König als einziges Mitglied des schlesischen Klerus nach der Eroberung Breslaus enthusiastisch. Auch Friedrich ist angetan. Noch mitten im Ersten Schlesischen Krieg gründet der junge Schaffgotsch in Friedrichs Auftrag die dortige Loge

»Aux trois squelettes«, die ihre Satzungen von der Berliner Loge »Aux trois globes« übernimmt. Auch Schaffgotsch bekennt sich, trotz päpstlichem Bannfluch von Clemens XII. von 1738, öffentlich. Seine Breslauer Kollegen erklären ihn daraufhin für exkommuniziert. Nur der ebenfalls aufklärungsfreundliche Fürstbischof Sinzendorf kann den Papst zur Rücknahme des Ausschlusses veranlassen.

Sollte Friedrich trotz der sieben Jahre zurückliegenden Heirat mit Sophie noch nichts von Hoditz gehört haben: Spätestens um diese Zeit muss ihm Schaffgotsch zum ersten Mal vom Grafen erzählt haben, von seiner Bereitschaft zum Einsatz für die Sache der Freimaurer, denn am 17. September 1742, Albert von Hoditz ist da gerade mal ein Jahr Schlossherr von Rosswald, findet die Gründungsversammlung der ersten Wiener Loge »Aux trois canons« statt. Gründungsmeister ist Albert selbst. Im Auftrag von Schaffgotsch hat er die Vorarbeiten geleistet und eine geheime Wohnung angemietet. Einundsiebzig namentlich bekannte Mitglieder werden aufgenommen.

Doch am 7. März 1743, als die Loge in Räumlichkeiten »auf den hohen Brucken« tagt und wieder sechs Neue aufnehmen will, wird sie in Maria Theresias Auftrag von hundert Grenadieren des Regiments Ansbach-Bayreuth gestürmt. Und das, obwohl Franz Stephan, der Mann der Kaiserin, schon 1731, noch zu seiner Prinzenzeit, in den Niederlanden selbst Freimaurer geworden ist. Doch in Wien ist er nicht Mitglied, vier Jahre schon gilt der Bannfluch des Papstes und Maria Theresia befürchtet einen preußischen »Brückenkopf« in der eigenen Hauptstadt. Bei der Razzia werden achtundzwanzig Brüder im Namen der Herrscherin verhaftet, der Vorfall erregt europaweit Aufsehen. Albert von Hoditz aber entgeht der Gefangennahme. Er hat sich schon nach den ersten Sitzungen wieder in Richtung Rosswald verabschiedet.

Obwohl weiterhin von ihrem Geist geprägt, nimmt die Bedeutung der organisierten Freimaurer für Friedrich wie Hoditz schnell ab. Was beiden bleibt, ist die Verbindung zu Schaffgotsch, einer besonders schillernden Figur des 18. Jahrhunderts, genau auf der Grenze zwischen Ancien Régime und neuer Welt. Ein Kirchenhistoriker des 19. Jahrhunderts wird über ihn und die Verbindung zu Friedrich schreiben: »ein geistliches Weltkind von ansprechendem Äußern, höfischen Formen und französischer Bildung, voll Witz und Laune, schlagfertig und redegewandt, eine joviale, überschäumende, lebenslustige Natur, wie geschaffen für die prickelnde Unterhaltung, die der König an seiner engeren Tafelrunde liebte«.

Friedrich lädt den quirligen jungen Mann aus alter Familie für einen Winter nach Potsdam ein. Er ist dem schmalen, langen Gesicht des Kirchenmanns, seinen listigen Augen, dem stets lächelnden kleinen Mund verfallen, Schaffgotschs ganzer maliziöser Brillanz. Friedrich macht den jungen Mann zum Abt des Sandstifts von Breslau, erhebt ihn in den Fürstenstand, ernennt ihn zur rechten Hand Bischof Sinzendorfs, macht ihn, nach dessen Tod, 1747 schließlich zum Fürstbischof Breslaus, und trotz heftigen Widerstands in der Breslauer Kirche und der römischen Kurie bestätigt der Papst Friedrichs Politik.

Es gefällt dem preußischen König, einen so weltlichen, freien Mann an der Spitze eines so wichtigen, alten Bistums zu sehen, es ist ein grandioser Coup. Das zeigen schon die Sorgen des Papstes. Benedikt bittet Schaffgotsch vor der Ernennung schriftlich um Aufklärung, ob er tatsächlich im Habit eines Freimaurers zur großen Messe im Dom von Olmütz erschienen sei. Ob er tatsächlich in einem Wagen mit höchst unzüchtigen Darstellungen von Frauen und Männern durch Breslau gefahren sei. Ob er wirklich ein Kruzifix in ein Glas Wein geworfen habe, mit den Worten: »Trink auch du, wie wir trinken!«

»Sie sind in der Blüthe Ihres Alters«, schreibt Benedikt Schaffgotsch schließlich zur Amtsübernahme, »und mit einem lebhaften und muntern Naturell begabt. Die Gewohnheit Ihres Landes bringt es mit sich, oft bei Gastmählern oder Bällen, im Theater und in Gesellschaft mit Personen andern Geschlechtes sich zu befinden. Wir bitten Sie daher inständigst und um ihrer Liebe Jesu Christi willen, sich zu erinnern, dass Sie Bischof sind …«

Immer wieder gibt es Skandale um Liebschaften und die Verschwendungssucht Schaffgotschs. Doch noch geht alles gut. 1750 erhält Schaffgotsch das Fürstentum Neiße von Friedrich als Lehen. Erst im Siebenjährigen Krieg wird ihm die eigene Beweglichkeit zum Verhängnis.

Als die Siegesglocken nach der Schlacht von Kolin kakanisch zu klingen scheinen, zerreißt Schaffgotsch seinen preußischen Adlerorden im Breslauer Dom in aller Öffentlichkeit und verlässt die Stadt, verlegt seinen Sitz auf Weisung Maria Theresias in den österreichischen Teil des Bistums. Friedrich ist enttäuscht und wütend. Dieser prunkliebende Schnösel hat ihn verraten. Aber nach dem preußischen Sieg in Leuthen, nur wenige Monate später, will Schaffgotsch seinen Adlerorden schon wieder zusammenflicken, bittet um »Vergebung«. Für Friedrich wird er damit endgültig ein wendiger Wurm, der sich, je nach Kriegsverlauf, auf die passende Seite reckt. Wahrscheinlich überlegt sich dieser »Deserteur« schon während er seine Briefe schreibt, wie er die Tinte darauf zum Verschwinden bringen kann.

9

Freude, Intensität und Melancholie. Ein Leben wie Watteau

Eine der bekanntesten frühen künstlerischen Vorlieben Friedrichs II. gehört der Malerei des nordfranzösischen Dackdeckersohns Antoine Watteau, der 1684 in Valenciennes geboren wurde und mit noch nicht siebenunddreißig Jahren 1721 in Nogent-sur-Marne bei Paris an Tuberkulose starb.

Wann genau der frankophile preußische Prinz zum ersten Mal mit Werken des Künstlers in Kontakt kam, ist nicht bekannt. Ob durch den Erzieher Duhan, ob durch Antoine Pesne, Maler und Watteau-Zeitgenosse, 1683 in Paris geboren, seit 1722 schon Direktor der Berliner Kunstakademie, oder ob durch die bekannte Kupferstichsammlung von Friedrichs Mutter Sophie Dorothea, zu der auch Arbeiten von Watteau gehörten.

Der zeitlebens unauffällige, geheimnisvolle Maler, der keinen einzigen schriftlichen Satz hinterlassen hat, weder autobiographischer noch kunstprogrammatischer Natur, nicht einen einzigen von ihm selbst formulierten Gemäldetitel, wurde schon kurz nach seinem Tod bekannt gemacht. Ein Freund, der erfolgreiche Textilunternehmer und Sammler Jean de Jullienne, gab das vierbändige Erinnerungswerk *Recueil Jullienne*, »Sammlung Jullienne« heraus, das zwischen 1723 und 1735 erschien.

Etwas später dringt die Nachricht nach Preußen. Der genaue Zeitpunkt ist auch da kaum festzustellen, aber am 30. Oktober 1739 meldet Jacob Friedrich Freiherr von Bielfeld, ein heute weniger bekanntes Mitglied des Rheinsberger Kreises, in seinen *Lettres Familières* an eine »Madame d'O...« aus Hamburg, dass er ihr »dans le goût de Watteau«/ »nach dem Geschmack Watteaus« schreiben werde, um ein

Bild »von Rheinsberg und der Vergnügungen, die wir dort genossen haben, zu geben«.

Watteau wird hier mit »Rheinsberg« identisch gesetzt, das für Friedrich ein Codewort für seine glücklichste Lebensphase bleibt – nach der durch väterliche Unterdrückung beschädigten Jugend und vor der eigenen Thronbesteigung. Gleichzeitig deutet die mehr oder weniger »poetische« Briefstelle darauf hin, dass Watteau schon so weit bekannt ist, dass Bielfeld seinen Lesern zutraut, den »goût de Watteau« in die von ihm angedeutete Stimmung zu übersetzen.

Durch einen Brief vom 9. November 1739 wird klar: Bielfeld hatte Anschauungsmaterial. Aus Rheinsberg schreibt Friedrich an Schwester Wilhelmine, zwei Zimmer des neu gestalteten Schlosses seien voller Bilder: »die meisten (...) von Watteau und Lancret, beides Meister der Brabanter Schule«. Und als Friedrich König wird, schickt er Graf Rothenburg, einen der engsten Rheinsberger Freunde, 1744 nach Paris – auch, um weitere Werke Watteaus, den er meist »Watto« schreibt, zu kaufen.

Doch was hat Hoditz mit Watteau zu tun? Deutlich zeigt sich das in einem späten Brief Friedrichs an Voltaire. Friedrich schreibt am 29. März 1771, zweiunddreißig Jahre nach der Mitteilung an die lange verstorbene Wilhelmine, aus Potsdam: »Nach der Abreise des Grafen Orlof erschien ein österreichischer Graf, der mir, als ich mich zum Kaiser nach Mähren begab, die galantesten Feste gab. Diese Feste haben den Versen, die ich Ihnen schicke, den Ort vorgegeben. Sie sind beschrieben, wie sie waren. Auch den Charakter des Grafen Hoditz habe ich nachgezeichnet. Er ist nach der Natur gemalt.«

Die angesprochenen »Verse« meinen eine »Epistel«, ein langes Gedicht in Form eines poetischen Briefs, das Albert von Hoditz gleich anfangs mit »O singulier Hoditz« als einzigartigen Menschen anruft. Friedrich wird Hoditz das berühmte Gedicht, auf das wir noch zurückkommen werden, anlässlich von Hoditz' erstem, zweifelsfrei dokumentiertem Berlin- und Potsdam-Besuch im März / April 1771 überreichen.

Inwieweit Hoditz Watteau schon vor seinem ersten Sanssoi-

Besuch kannte, ist nicht überliefert. Entscheidend ist hier, dass der Watteau-Bewunderer Friedrich sich in seinem Brief an Voltaire mit »les fêtes les plus galantes« für das in Rosswald erlebte Fest genau jenes Begriffs bedient, der von der Académie française 1717 für Watteau in die Kunstbetrachtung eingeführt wurde – und bald zu einer Chiffre für sein Werk wurde. Hoditz scheint Friedrich deutlich an seine Rheinsberger Zeit zu erinnern, die er in Sanssouci wiedererwecken will, auch mit den Gemälden, die er dorthin überführt.

Aber was macht Watteaus »galante Feste« aus? Wieso verbindet Friedrich Hoditz' Lebensfest mit ihnen – und was bedeutet das für Friedrichs Wertschätzung des mährischen Grafen?

Paul Seidel, ein Klassiker der Friedrich-Literatur über die Beziehung des Königs zur Kunst, behauptet in einem frühen Aufsatz von 1888, der in Rheinsberg residierende Prinz habe die »Sorglosigkeit« in Watteaus Bildern geliebt: »Das heitere, sonnige, von keinen Widerwärtigkeiten getrübte Arkadien Watteaus scheint in der Tat das Vorbild für das Rheinsberger Leben des Kronprinzen Friedrich abzugeben.«

Ohne Ansehen von Watteaus Werken klingt das überzeugend. Doch schon ein kurzer Blick auf die Gemälde bringt ein anderes Bild zutage. Natürlich ist die vollkommene Abwesenheit von Politik und Kriegen, die Friedrich als Motor seines Ruhms immer wieder angezettelt hat, wichtig. Watteau ist als Maler durch und durch »Zivilist«. Aber »Sorglosigkeit« in seine Bilder hineinzudenken geht an den von ihm geschaffenen Szenen und Figuren vorbei. Es umschwebt sie oft eine träumerische Stimmung, wofür nicht nur die vagen Konturen des meist perspektivisch verlängerten Naturhintergrunds sorgen, Watteaus Menschen wirken vor der Natur in sich gekehrt, wie in Trance. Als sähen sie in eine andere Welt, deren Umrisse auch für sie nur zu erahnen sind. Unabhängig vom Betrachter, um den sie sich nicht zu kümmern scheinen, bewegen sie sich allenfalls, als würden sie auf Zehenspitzen gehen. Meist halten sie unauffällig Distanz zueinander, vielleicht, um den anderen etwas genauer anzusehen; besonders Frauen, wenn sie Männer in den Blick nehmen. Möglicherweise, weil der andere doch nicht ganz zur eigenen Welt gehört.

Aber der Respekt, der verhindert, dass man ihn mit Misstrauen betrachtet, bleibt gewahrt. Die »Feste« geben sich sanft-gelassen. Die Darstellung erotischer Szenen bleibt meist im Stadium des »vorher«, also vor dem Kuss, vor der Umarmung. Bei den einzelnen Paaren, die oft noch ganz am Anfang ihrer (flüchtigen) Bekanntschaft zu stehen scheinen, sind kaum Berührungen zu sehen, körperliche »Übergriffe« sind erst recht selten. Dennoch – oder gerade deswegen – herrscht eine beinahe durchgehend sinnliche Stimmung. Vom Betrachter abgewandt lagern die Männer vor den Frauen, manchmal legen sie einen Arm um sie. Nackt sind nur körperlich verführerisch gestaltete Venus-Statuen im Hintergrund der Naturszenen oder etwa die Badenden auf dem Bild im Bild des *Ladenschilds des Kunsthändlers Gersaint*. Die festlichen Bilder der Liebe, die auf den Gemälden Watteaus zelebriert wird und die Friedrich in der Gesellschaft Hoditz' wiedergesehen zu haben scheint, wirkend dementsprechend zurückhaltend, aber auch von großer Freiheit. Der »Zwischenmoment« der Werbung, des sich gegenseitig Zeitlassens, wirkt bei Watteau zu maximaler Intensität gesteigert. Es ist eine sanfte, aber intensive Galanterie. Auch die aktiveren Rollen haben meist etwas Innehaltendes. Als würden sie auf eine im Wortsinn freie Antwort seitens der Geliebten warten.

Zusammengenommen ist das alles ein vollkommener Gegensatz zur Jugend Friedrichs, die von den Gesetzen des Vaters streng reglementiert wurde, ein beinahe paradiesischer Zustand.

Wichtig an Watteaus Figuren – und wohl auch für Friedrichs Hoditz-Bild – ist, dass sie, obwohl manchmal aufwendig gekleidet, selten wie Adelige wirken. Die Bilder sind von Bauern bevölkert, die sich für eine Naturbühne umgezogen zu haben scheinen. Sie erzählen damit genau jene Geschichte, die Friedrich über Hoditz gehört hat: dass er mit seinen leibeigenen Bauern Stücke probe – etwa Voltaires *Alzire* –, die teilweise von fernen Völkern berichten, die Ideale der Aufklärung kennen und mehr daran glauben als die Europäer. Schreckenerregende Fremde, die man eben noch dominieren zu müssen glaubte, werden zu einzelnen »edlen Wilden«. Bei Hoditz sind sie darüber hinaus von einheimischen »Wilden« dargestellt, den oft unterdrückten Bauern, auf die Reformer schon damals hoffen, als Motor für Sturz oder Wandel der Gesellschaftsordnung. Das von Watteau wie Hoditz entworfene Idyll ist damit nicht nur eine Liebesutopie, sondern hat auch eine politische Dimension: die Übereinkunft der Klassen ist auf friedliche Weise möglich.

Wichtig bei Watteau sind aber auch die Figuren der Commedia dell'Arte: Pulcinella, Mezettin, Arlechino – derbe, dummdreist-schlaue Charaktere, sie machen Musik und tragen zur Unterhaltung der anderen bei.

Am Irritierendsten sind sie, wenn sie, beinahe apathisch, einfach nur dastehen, so wie die berühmte Figur des »Gilles« (Pierrot). Als solche haben sie maßgeblich zum Mythos von Watteau beigetragen, zum Geheimnis um seine Person. Sind diese wie hilflos wirkenden Beiseitesteher der seelenvolle Nippes seiner galanten Feste, die Stellvertreter des stets unzufriedenen Künstlers? Sie schaffen es, den Eindruck zu vermitteln, alle Feiernden seien auch Einsame und alle Einsamen ihr Leiden selbstverliebt Feiernde. Hat Friedrich sich mit ihnen identifiziert? Als einer, dem der Zugang zum Fest wegen Staatspflicht und sexueller Orientierung nicht möglich war?

Doch die Rolle dieser Bilder Watteaus darf in unserem Zusammenhang nicht überbewertet werden. Über den Verbleib des Gilles-Gemäldes im 18. Jahrhundert ist schlicht nichts bekannt. Dass Friedrich es je gesehen hat, ist kaum anzunehmen. Die von Matthias Oesterreich Mitte der 1770er Jahre in Sanssouci, Potsdam und Berlin fetiggestellten Gemälde deuten eher darauf hin, dass Friedrich, ob beabsichtigt oder nicht, tatsächlich nur in Besitz der sanften »Freiheits- und Gemeinschafts«-Bilder Watteaus gekommen ist, dass sein Watteau-Bild ein wenig Problematisierendes war.

Die »schwierigen Männer« nehmen in diesen Bildern höchstens Nebenrollen ein, es sind Einzelne, die den Rand des Gesamtbilds der Feiernden unauffällig bevölkern. Friedrich hat Hoditz, wenn man seinem Blick auf Watteaus »Fêtes galantes« folgt, wohl doch eher als heiteren Menschen im Blick, der sein Arkadien zu leben versteht. Der

Problematische, das ist in diesem Fall viel eher Friedrich selbst, der ein reich mit Pflichten bestecktes Hofleben führt oder sich bei Manövern und auf Schlachtfeldern aufhält. Dort ist er gern, er hat sie sich zu seiner zweiten Natur gemacht. Aber die erste, für ihn mindestens ebenso wahre Welt liegt woanders. Und da dieses Problem ihn schon durch sein ganzes Königsleben begleitet, bleibt die Überwindung dieser Existenz, in die er sich gefügt hat, eines seiner wichtigsten Lebensziele, an das er kaum mehr glauben kann.

Lebte Hoditz mit seiner Sophie und seinen Theatergefährtinnen und -gefährten in Rosswald etwa wie die Gestalten auf den von Friedrich geliebten Gemälden? Diese Frage muss den König in den Jahrzehnten des Wissens voneinander immer wieder beschäftigt haben. Je länger, je mehr müssen die Gerüchte von einer aufregend-aufgeregten Existenz des geistesverwandten Grafen, von dem Friedrich seit Anfang der 1740er Jahre Kenntnis haben musste, Bildern eines zurückgezogen-geheimnisvollen Lebens gewichen sein, belebt mit ausgelassenen Festen, die ähnlich einst in Rheinsberg gefeiert wurden.

10

Ich bin in eine Verwunderung geraten.
Rosswald – Theater mit Leibeigenen und Bauern

Nicht nur Malerei, Literatur und Philosophie, sondern vor allem auch Theater, Oper und Ballett gehörten mit zum galanten Leben, das Friedrich liebte. Doch in seiner Zeit war das »Galante« beinahe überall an die Institutionen der über Europa verteilten Höfe gebunden, die er hasste, von deren Intrigen er sich verfolgt fühlte. Rosswald musste anders sein. Auch weil es die Künste mit dem einfachen ländlichen Leben verband, was Friedrich, der Sanssouci, seinen »privaten«, nichthöfischen Hof, gern »ma vigne«, meinen Weinberg, nannte, wenigstens theoretisch zu schätzen wusste. Anders als bloße Imitationen des Schäferlebens, die, besonders in Frankreich, schon länger gepflegt wurden, war Rosswald tatsächlich ein Fest mit dem Volk. Mit Leibeigenen und Bauern als Akteuren, die für die Echtheit der Verbindung der Kunst mit dem Ländlichen bürgten. Damit ging es in seiner Innovation natürlich weit über das hinaus, was Friedrich für seine eigenen Bühnen wollte, nämlich mit größeren Höfen konkurrenzfähige Produktionen, aber die Sonderstellung von Rosswald fiel auf.

Doch wie sah diese ländliche Hofkunst mit Bauern in der Praxis aus? Was wurde gespielt? Wie wurden die Leibeigenen in ein für sie unbekanntes Leben eingebunden? Den besten Eindruck von Hoditz' Theater gibt, neben den Festordnungen für Sophie und Maria Theresia, ein Dokument, das sein Theaterdirektor Johann Friedrich Müller hinterlassen hat. Müller, der es nach seinem Abschied von Rosswald, wie erwähnt, bis zum langjährigen Leiter des Wiener Hoftheaters am Kärntnerthor bringen sollte, hieß Schröter, aber als Waisenkind aus »besserer« Familie, das den wenig angesehenen Beruf des Schauspielers ausübte, wählte er ein unauffälliges Pseudonym.

Sein 1760 als Buch veröffentlichtes »Vorspiel« zu einer Aufführung von Voltaires humanistischer Tragödie *Alzire, oder die Amerikaner*, die zwei unglückliche Liebesgeschichten in eine dramatische Handlung zwischen bekehrungsfanatischen Christen und »edlen Wilden« stellt, hat Müller durch eine Widmung an den Grafen und eine »Vorrede« an die Schauspielerinnen und Schauspieler, die er seine »liebsten Freunde und Freundinnen« nennt, ergänzt. Alle drei Rahmungen des Stücks geben gemeinsam einen erstaunlichen Einblick in die Arbeit am Rosswalder Theater dieser Zeit.

Ganz offensichtlich sollte das Engagement von Müller dazu dienen, das Schlosstheater, das bei besonderen Gelegenheiten drei Bühnen bespielte (eine im Schloss, zwei im Park), auf regelmäßigen Betrieb umzustellen. Und genauso offensichtlich sah Müller das Theater tatsächlich als Werkzeug der Aufklärung: Lessings *Miss Sara Sampson* kam schon kurz nach der Uraufführung nach Rosswald, ebenso wie George Lillos *The London Merchant*, der berühmte englische Vorläufer des bürgerlichen Trauerspiels, das, ganz auf der Höhe der Zeit, mit schockierendem Personal auf sich aufmerksam machte: Bei Lillo verliebt sich ein Bankangestellter in eine Prostituierte und bringt, um sie aushalten zu können, seinen Onkel um – eine beträchtliche Ausweitung der sozialen Konfiguration der Tragödie. Aber auch Sophokles' Klassiker *König Ödipus* fand nach Rosswald.

*

Alzire ist die erste moderne Tragödie, die in Rosswald zur Aufführung kommt. Eine ästhetische Zeitenwende, die mit einer festlichen, buchwürdigen Premiere gefeiert wird. Das Vorspiel zur Tragödie, das Müller Hoditz gewidmet hat, ist ein intelligentes symbolisches Geplänkel in fünf Auftritten mit sieben ungewöhnlichen Darstellern: »Das Trauerspiel, das Lustspiel, die Freude, die Tonkunst, der Tanz und die Faulheit« werden zu Figuren, ergänzt durch »Apollo«, den Gott der Künste.

Alles beginnt mit dem traditionellen Aufruf der »Freude« an die »Künste«, ihre »Pflicht« zu tun, das heißt zu spielen, den »Herrn«

zu »erheben (...) von dem ihr alles habt, der Euch so lang ernährt / Der euch Verstand, und Witz, und Wahrheit hat gelehrt. / (...) Seht wie Sein Geist, durch nichts gebunden / Stets munter von der Lust zu den Geschäften eilt, / Und lernt von Ihm, wie man die Stunden / In Arbeit und Vergnügen theilt.«

Das sind natürlich auch Untertänigkeitsfloskeln im Dienst einer Variation des Theaters als pädagogische Anstalt, aber dass »Vergnügen« für Leibeigene neben »Arbeit« überhaupt als Lernziel angegeben wird, ist höchst ungewöhnlich. Müller lässt Apollo bei seinem großen Auftritt am Ende des Vorspiels auch sagen: »Den ihr gezwungen ehrt, den ihr nicht recht erkennt. (...) betrachtet Euer Pflicht, zergliedert Euer Glück.« Damit ihr sie, ganz im Sinne der Aufklärung, versteht – oder eben nicht. Das ist, dreißig Jahre vor der Französischen Revolution, ein Vorbote: Es darf keine unverstandene Unterordnung mehr geben. Und wenn es in Rosswald eine Pflicht gibt, dann ist es die, »zu lachen«.

Die komische Hauptrolle des Stücks hat der bauernschlaue Verweigerer Pierrot, als Figur »Faulheit« genannt: »Die Faulheit: Die Zeit wird mir hier lang. / Der Tanz: nun so vertreib sie dir. / Die Faulheit: ich kan nicht. / Das Lustspiel: Wart, komm mit ich will sie dir vertreiben. / Die Faulheit: Ach nein, der liebe Stuhl, ich will hier sitzen bleiben.« Auch als er von Tanz und Lustspiel auf die Bühne getragen wird, bleibt Pierrot hartnäckig. Am Ende verliert Apollo die Geduld und vertreibt ihn nicht nur von der Bühne, sondern aus dem »Paradies«: »Du folgst den Trieben nicht, die hier in Roswald blühn. / Drum solst Du gleich von hier aus diesen Fluren ziehn.«

Interessant ist, dass Müller, als er von Hoditz engagiert wurde, noch in der Hamburger Truppe Johann Friedrich Schönemanns tätig war, der wiederum von 1730 bis 1739 Mitglied der Theatercompanie der berühmten »Neuberin« war – also jener Caroline Neuber, die Gottscheds Theaterreform unterstützte und den »Hanswurst« als Sinnbild für das alte Theater 1737 per Vorspiel symbolisch von der Bühne verbannte.

Zwanzig Jahre später variiert Müller diese Tat auf Rosswalder Art, die den Vergleich mit der Neuberin gut aushält. Auch hier geht es am Ende darum, das »Trauerspiel«, das »wahrhaft fühlen« lehrt, durchzusetzen. Das Lustspiel will nicht weichen. Apollo entscheidet, setzt eine sanfte Wende durch: Außer Pierrot dürfen alle anderen Künste bleiben.

Vereinigt Euch (...) Sinn Du geschickter Tanz, auf Zeichen freyer Lust
Und Du Comödie durchdring hier jede Brust
Mit Lachen voll Vernunft und sanftem Wohlgefallen;
Im Nachspiel solst du dich mit allem Fleiße zeigen
Du aber Trauerspiel solst heut die Herzen beugen.

Ein Theater zwischen den Zeiten, auf die Erlaubnis des Herrn angewiesen, noch voller Witz der alten Zeit, aber mit dem Ziel der für das fürstliche Amüsiertheater neuen »humanistischen« Tragödie. Lange vor dem berühmten norddeutschen »Theatergrafen« Hahn (1782–1857), der sein gesamtes großes Vermögen für seine Schauspielleidenschaft einsetzte und als armer Mann starb, setzten Hoditz und Müller mit ihrer »Kunst durch das Volk« ein Zeichen.

*

Mindestens ebenso interessant wie das »Vorspiel« ist die Vorrede an die Schauspielerinnen, der erste Teil dieses kleinen Buchs. Sie gibt einen Einblick in die praktische Arbeit Müllers mit den Rosswalder »Eleven«.

»Liebste Freunde und Freundinnen«, beginnt Müller, »ich bin nunmehro schon ein Jahr ein Mitglied von Ihrer Gesellschafft. Ich habe unter dieser Zeit Gelegenheit gehabt, Ihren Eifer und Ihre Begierde einigermaßen kennen zu lernen; ich habe auch gesehen, wie weit sich Ihre Fähigkeit erstrecket, und bin dadurch in eine Verwunderung gerathen, die viel zu wichtig ist, als daß ich sie der unpartheyischen Welt verschweigen solte.«

Ohne »je der Vorstellung eines einzigen Stückes beygewohnt« zu haben, erreichten die Rosswalder Akteure, so Müller, manchmal

»mehr als geübte Schauspieler«. Jetzt gehe es um eine Theorie der Praxis. Einer der wichtigsten Grundsätze dabei ist: Jede Rolle braucht ihren eigenen Zugang. Ein Mensch, »der, nebst einen guten natürlichen Verstande, eine anständige und edle Erziehung, und viel Umgang mit der Welt gehabt hat«, muss anders »sprechen«, als der, »welchen man auf eine ganz gemeine Art aufwachsen läßt (...), der nichts als einen groben gesunden Menschen Verstand hat, zwar viele gute Sachen sagt, aber so, daß diese Sache, durch die ungeschickte Art seiner Ausdrücke verächtlich wird«.

Ziel ist ein realistisches, wahrscheinliches Theater, das die Unterschiede zwischen den Menschen und Klassen nicht verdeckt, sondern zum Ausdruck bringt. Jeder kann es erreichen. Bedingung ist: »Ich muß mir vorstellen, daß ich würcklich die Person sey, die doch durch mich nur redet.« Müller ruft die Schauspieler, wie noch heute üblich, zur genauen Beobachtung ihrer Umgebung, der Menschen auf, ohne dies sei die angestrebte »Würcklichkeit« der Darstellung nicht möglich. Je größer die persönliche und soziale Distanz zur Rolle, desto schwieriger die Aufgabe. Am schwierigsten ist sie, wenn wir die Menschen betrachten, »die sich durch ihre kühnen oder großmühtigen Thaten« vor anderen »ihres Standes hervortun, und die wir Helden nennen; wie zum Exempel in unseren Trauer-Spiele, der Zamor und der Gusman (...)«.

Beide, der zivilisierte Ureinwohner Zamor, der nicht mehr herrschen darf, wie der fremde Eroberer Gusman, sind in Alzire verliebt und komplexe, gemischte Charaktere: »Zamor redet die mehreste Zeit als ein rasender, der von der Liebe in höchsten Grad eingenommen ist, und den der Verlust seines Reiches, seiner versprochenen Braut, und des blinden Götzen-Dienstes, zu aller Wuth antreibet.« Sein Gegenspieler Gusman »redet zwar auß Liebe, doch aber auf eine solche Art, daß sein Hochmuth mehr zum Vorschein kömmt, als die Liebe; und dieses unterscheidet ihn von dem Zamor.«

Interessant ist nun die Logik des Stücks: Der wütende »edle Wilde« Zamor, der den überheblichen Weißen Gusman aus »Eyffersucht« umbringt, wird positiver dargestellt als der Eroberer, der Alzire ebenfalls liebt, aber das Gefühl hat, dass die Geliebte ihm zusteht, weil er mächtig ist. Gusmans Liebe ist von Dünkel durchsetzt, weit entfernt von einem »wahrhaftigen Gefühl«.

Die eigentliche Hauptfigur Alzire hingegen ist vollkommen authentisch – »sie selbst« – ob sie nun »Hass« gegen »die wahre Religion« des Christentums fühlt – wie Voltaire ironisch anmerkt – oder Reue über den toten Gusman zeigt, der sie zur Heirat zwingen wollte: Alles wird, so Müller, »den Zuschauer einnehmen und rühren. Dieses verspreche ich allen denen, welche nur einen geringen Theil von wahren Empfindungen haben.«

Voltaire, sein Theater der Aufklärung und Müller als dessen Vermittler in die mährische Provinz vertreten einen humanistischen, übernationalen Standpunkt: Es wird keine Kulturgrenze aufgebaut, alle Menschen können Ideale verkörpern.

*

Rosswald war das lebendigste Kulturzentrum der Region, das Modell eines Künstlerdorfs auf schwieriger feudaler Basis. Mit der Besonderheit, dass die Künstler nicht engagiert, sondern aus der einheimischen, teils leibeigenen Bevölkerung rekrutiert wurden. Wie genau dies im Einzelfall funktionierte, weiß man nicht, aber es gibt verschiedene Beschreibungen über die Art der Beschäftigungen. Kaffka erklärt: »Jeder Bediente des Grafen mußte zwei oder drei verschiedene Künste lernen und ausüben. Sie machten sein Orchester, sein Theater, seine Ballette aus. Einige waren zugleich Maler, Bildhauer, Schauspieler, Tänzer (...). Bewiesen die Lehrlinge keine Fähigkeiten bei dem Unterricht, wurden sie zurückgeschickt oder zu niedrigern Arbeiten gebraucht.« Ganz Ungeschickte wurden »in Schäferkleidung von arkadischem Schnitte an Bäume gelehnt oder halb unter Sträucher gelegt, und waren ohne ihr Wissen zufriedne, sorglose Arkadier. Der Graf nannte diese Leute Stabene«, italienisch für »einer, dem es gut geht«.

Aus vielen der Rosswalder Schauspieler, Sänger, Tänzer wurde »nichts«. Ihre Fortschritte werden sie gefreut haben, aber ihre Karriere führte nicht über Rosswald hinaus. Doch zwei (Schauspieler-) Paare stechen heraus.

Das Dorfkind Carl Hanke (1749 geboren), dem Hoditz ein Wiener Klavier- und Kompositionsstudium bei Christoph Willibald Gluck ermöglichte, wurde letzter Rosswalder Musikdirektor. Nach dem Tod des Grafen heiratete er 1778 das achtzehn Jahre alte Dorfmädchen Anna Maria Stormke. Stormke war selbst in Rosswald zur Opernsängerin geworden. Zusammen gingen sie ans Stadttheater nach Brünn, 1781 zogen sie weiter ans Warschauer Nationaltheater, wo sie bis 1783 blieben, danach ging es nach Hamburg, ans Ackermann'sche Schauspielhaus.

Das zweite Theaterpaar, das von Rosswald ausging, waren die 1744 geborene Wirtschaftsverwalterstochter und Schauspielerin Anna Maria Theyner und der Wiener Schauspieler Christoph Gottlieb, der, nach Müllers Abgang, kurz Hoditz' Schauspieldirektor war. Theyner und Gottlieb gingen zuerst nach Wien, wurden Burgtheater- und Hofschauspieler. Anders als Stormke und Hanke begründeten sie eine eigene Theaterfamilie. Am meisten Aufsehen erregte die dritte ihrer vier Töchter, die Sängerin und Schauspielerin Anna Gottlieb, eine »Enkelin« Rosswalds, »Tochter« der dortigen Kultur. Noch zu Hoditz' Lebzeiten geboren, wird sie früh bekannt: In der Burgtheater-Uraufführung von Mozarts *Figaros Hochzeit* vom 1. Mai 1786 singt die Zwölfjährige als einzige deutschsprachige Sängerin der Aufführung die Barbarina. In sein Werkverzeichnis notiert Mozart am 29. April: »Le nozze di Figaro, opera buffa in quattro atti, Pezzi di musica 34, Attori: signore: Storace, Laschi, Mandini, Bussani, e Nannina Gottlieb.«

Bleibenden Ruhm und eine besondere Legende bringt der »Gottlieb« dann die Rolle der Pamina in der Uraufführung der *Zauberflöte*.

Wann Nannina Mozart zum ersten Mal begegnet ist, lässt sich nicht mehr feststellen, aber Aloysia Lange, Mozarts »erste Liebe«, gehörte zu den Schauspielerinnen am Burgtheater, so wie die Eltern Nanninas und Mozarts Librettist Emanuel Schikaneder. 1789 übernimmt er den Ort der Uraufführung der *Zauberflöte*, das »Theater auf der Weiden«, und engagiert Anna Gottlieb für die Rolle der Tochter der Königin der Nacht. Am 30. September 1791 ist Premiere, der Erfolg anfangs begrenzt, aber schon im Oktober wird die Vorstellung beinahe täglich gegeben. Ein Jahr später kann Schikaneder, der die Rolle des Papageno singt, die 100. Aufführung vermelden. Anna Gottlieb hörte man da nicht mehr.

Mozart war am 5. Dezember 1791 nach kurzer, bis heute nie zweifelsfrei identifizierter Krankheit gestorben, und es entwickelte sich das historische Gerücht, dass Mozarts erste (und letzte) Pamina darüber so unglücklich war, dass sie nicht mehr singen konnte. So hat es Egon von Komorzynski in seinem 1941 veröffentlichten Buch *Pamina – Mozarts letzte Liebe* dargestellt und die junge Anna zu Mozarts (Seelen-)Frau gemacht.

Ursula Mauthe hat in *Mozarts Pamina* 1986 aufgezeigt, dass Anna Gottlieb in den folgenden Jahren noch in einigen Opern sang und ab dem 11. Januar 1798 am Leopoldstädter Theater ihren dauerhaftesten Erfolg in der Titelrolle des *Donauweibchens* feierte – einem Singspiel von Karl Friedrich Hensler und Ferdinand Kauer, das einer Wiener Sagenfigur und Nixe zu künstlerischem Ruhm verhalf. Gottlieb musste darin ihre Verwandlungsfähigkeit beweisen, trat in zwölf verschiedenen Frauenrollen auf. Ihre 1798 in Wien verstorbene Mutter, die mit neun Jahren von Hoditz aus dem Dasein einer Leibeigenen entlassen worden war, musste bei ihrer Tochter als sagenhafte Donau-Nixe möglicherweise an den Beginn ihrer eigenen Schauspiellaufbahn, die Nymphenexistenz in Rosswald, denken.

Anna Gottlieb hing an Mozart und an ihrer Erinnerung an ihn. Zwar sang sie noch nach seinem Tod, aber nie mehr die Rolle der Pamina, die Mozart wohl wirklich für sie geschrieben hatte. Später verlor sie ihre Stimme und war auf Almosen angewiesen. Ihr Grab auf dem Wiener Friedhof St. Marx – auf dem, in einem unbekannten »einfachen, allgemeinen Grab« auch die letzten Überbleibsel von Mozart liegen – wurde in den 1950er Jahren mit einem stattlichen Denkmalstein versehen: »Anna Gottlieb 1774–1856. Sängerin und Schauspielerin. Erste Darstellerin der Pamina.«

11

Parallele Bewegungen: Übersee und Europa nach dem Krieg. Graf Hoditz, Friedrich II. und der neue Kaiser Joseph II. auf dem Weg nach Neiße. Die Klimakatastrophe setzt Rosswald zu

Nach dem Ende des Siebenjährigen Krieges wirkt die politische Situation in der westlichen Welt erstmals seit längerer Zeit ruhig, aber die Ruhe ist nur relativ. Obwohl beim Friedensvertrag vom 15. Februar 1763 im sächsischen Hubertusburg gerne vom *status quo ante bellum* die Rede ist, präsentiert sich die Lage nicht wie vor dem Krieg. Aufs Ganze gesehen hat sich vor allem England deutlich verbessert. Es hat, über den vorgezogenen Separatfrieden von Paris am 10. Februar, Frankreich weitgehend aus Nordamerika und Indien verdrängt – die Grundlage für seine Weltmachtstellung in den nächsten hundertfünfzig Jahren.

Allerdings haben die weit auseinanderliegenden Fronten des Kriegs England geschätzte 1932 Millionen Livres gekostet, etwas mehr als doppelt so viel, wie Frankreich ausgegeben hat. Daher versucht die britische Regierung, jetzt einen Teil der Kriegskosten von den dreizehn nordamerikanischen Kolonien einzutreiben. Sie hatten bislang kaum Mitspracherecht, profitierten aber auch von einer »heilsamen Vernachlässigung«, was Steuern angeht, wie es der zeitgenössische anglo-irische Philosoph Edmund Burke (1729–1797) feinsinnig benennt. Weil die Kolonien auch nach dem Krieg keine gewählten Vertreter ins englische Parlament entsenden und keine eigene Volksvertretung bestimmen dürfen, aber auf einmal zahlen sollen, wehren sie sich, prägen den Slogan »No taxation without representation«. Harmlos klingende, aber für jeden spürbare Maßnahmen wie eine Stempelsteuer – jedes öffentliche Dokument, aber auch Kartenspiele und Zeitungen müssen mit Steuermarken versehen werden – führen zu einer offenen Rebellion, die im Unabhängigkeitskrieg endet. Darin wird Frankreich die Kolonien gegen England unterstützen. Am Ende zeigt sich, dass der Siebenjährige Krieg und der darauffolgende Friedensschluss in Übersee nur eine komplexere Ausgangslage für weitere Konflikte geschaffen haben.

In Europa präsentieren sich die Veränderungen unauffälliger. Die Staatsgrenzen sehen, trotz massiven Blutvergießens, 1763 tatsächlich beinahe exakt so aus wie 1756. Was aber bedeutet, dass die Machtverschiebungen der letzten Jahrzehnte zementiert werden: Maria Theresia muss zum dritten Mal auf Schlesien verzichten und wird sich ebenso wie ihr bei Friedensschluss 21-jähriger ehrgeiziger Sohn und baldiger Mitregent Joseph II. damit bescheiden müssen.

Friedrich hingegen, der lange wie der sichere Verlierer aussah, hat, dank des plötzlichen Todes der ihm feindlich gesinnten Zarin Elisabeth, am Ende eine Art Sieg errungen: Er verliert nichts. Die Basis dafür hat der Nachfolger der kinderlosen Elisabeth gelegt: Zar Peter III. – eigentlich Karl Peter Ulrich Holstein-Gottorf, der in Kiel aufgewachsene, mit elf Jahren zum Waisenkind gewordene Sohn von Anna Petrowna, einer Tochter Peters des Großen. Peter III. ist ein leidenschaftlicher Bewunderer Friedrichs. Am 25. Dezember 1761 übernimmt er die Herrschaft. Am 24. April 1762 schließt er, der selbst gern preußische Uniform trägt, einen Separatfrieden mit seinem Vorbild und versucht zügig, die Aufklärung nach Russland zu importieren: Er lockert das Reiseverbot, verkündet Glaubensfreiheit, schafft die Folter und eine Salzsteuer ab, die vor allem die einfachen Leute traf, führt eine Luxussteuer für den Adel ein.

Doch Peter, der, weil er sich nur kurz halten konnte, von vielen Historikern lange unterschätzt wurde, hat das Pech, an die falsche Frau geraten zu sein. Ausgerechnet Friedrich hat sie für ihn empfohlen: die Deutsche Sophie Auguste von Anhalt-Zerbst. Kurz vor Ende des Krieges lässt sie Peter, der selbst eine Geliebte hat, mithilfe ihres aktuellen Favoriten Grigori Orlow umbringen und wird Zarin. Zwei Monate nach dem Separatfrieden ist Friedrichs russischer Verbündeter tot. Doch Sophie Auguste, heute bekannt als

Katharina die Große, behält die Außenpolitik ihres Mannes, mit dem sie knapp zwanzig Jahre verheiratet war, aber überhaupt nichts anfangen konnte, bei. Wie Friedrich ist sie machtpolitisch Machiavellistin, begeistert sich aber ebenfalls für die Philosophie der Aufklärung, steht mit Voltaire in Briefkontakt und hält zu Preußen – was Österreich seines einst wichtigsten Bündnispartners beraubt und den Krieg entscheidet. Allerdings erreicht Katharina auch eine weitere Stärkung Russlands, die Friedrich bald wieder mit Sorge erfüllen wird. Schon 1764 begibt er sich in eine Defensivallianz mit ihr, was bedeutet, Russland auch bei einem Angriff Österreichs beistehen zu müssen.

*

Etwas abseits der großen Geschichte, aber aufgrund der geographischen Lage intensiv mit ihr verbunden, bewegt sich Albert von Hoditz. Während des Siebenjährigen Krieges hat er immer wieder preußische und österreichische Offiziere beherbergt. Nach wie vor versucht er auf diese Weise, sich an der gefährlichen Grenze zwischen den beiden Reichen zu behaupten.

Eine schriftliche Reaktion Friedrichs auf einen Brief von Hoditz vermittelt, noch während des Krieges, am 25. Februar 1761, ein Lebenszeichen, das, mit ungewöhnlichem Beigeschmack, von zunehmender Vertrautheit und natürlichen Bedürfnissen während der Schlachten spricht. Hoditz hat dem König einen speziellen Käse geschickt – den Friedrich bei seinem ersten Besuch kosten durfte und immer wieder bei Hoditz bestellen wird: einen würzigen Frischkäse aus Schafsmilch, der aus den Karpaten kommt und in Buda, Prag und Warschau gegessen wird, bevor er Potsdam erreicht. Aber der Käse Brynza, deutsch Brimsen, den Friedrich so schätzt, wird auch in Rosswald produziert, denn Hoditz' »Schäferey« ist keine Attitude – noch 1778, nach seinem Tod, verblieben zweitausendvierhundert Tiere –, und wenn man Friedrich nachsagt, dass er immer altmodischer wurde, was Musik- und Literaturgeschmack angeht, so scheinen die Käsepräferenzen des Königs auf der Höhe der Zeit: 1787, ein Jahr nach Friedrichs Tod, wird in der slowakischen Provinzstadt Detva die erste Fabrik gegründet, in der Brynza in größeren Mengen hergestellt wird.

*

Am 2. September 1763, sieben Monate nach Kriegsende, ist zwischen Friedrich und Albert von Hoditz von den Auseinandersetzungen nicht mehr die Rede. Friedrich freut sich in einem kurzen, freundlichen Brief, dass Hoditz sich gegenüber der Herzogin von Württemberg, einer von Friedrichs Nichten, positiv über den König geäußert habe. Pikant an dieser kleinen Mitteilung ist, dass Herzogin Friederike Sophie – von Casanova »die schönste Prinzessin Deutschlands« genannt – die einzige Tochter von Wilhelmine von Brandenburg-Bayreuth ist: also jener Lieblingsschwester Friedrichs II., die vor fünf Jahren als erklärte Feindin von Hoditz' Frau Sophie verstarb.

Es scheint, als habe Albert von Hoditz über seine junge Verwandte, die in seiner Erlanger Zeit gerade mal zwei Jahre alt war, einen familiären Neuanfang versucht. Die Versöhnung dürfte dem familienbesorgten Friedrich gefallen haben: Friederike Sophie war nach dem Begräbnis ihrer Mutter nicht mehr zu ihrem Mann, dem wegen seiner Auseinandersetzungen mit Friedrich Schiller und seiner ausgedehnten Mätressenwirtschaft berüchtigten Karl Eugen zurückgekehrt, hatte sich in Bayreuth und Neustadt an der Aisch, dem traditionellen Witwensitz der Bayreuther, neu eingerichtet.

Für Friedrich bleibt der Kontakt zu Albert von Hoditz im Aufbau begriffen. Noch fährt er nicht regelmäßig ins etwa fünfzig Kilometer von Rosswald entfernte »schlesische Rom«, wie die Bischofsstadt Neiße wegen ihrer vielen Barockkirchen genannt wird. Friedrich hat sie seit 1742 zur mächtigen Festungsstadt ausgebaut, um nahe der Grenze mit Herbstmanövern Stärke demonstrieren zu können. Bald wird ihn Hoditz, dessen Eltern bei den Franziskanern in Neiße begraben sind, oft Ende August/ Anfang September bei den Manövern dort treffen.

Am 4. September 1764 schreibt Friedrich einen Brief, in dem er sich für die gute Aufnahme von Neffen, »der Prinzen«, bedankt. Gemeint sind damit möglicherweise der Thronfolger und spätere König Friedrich Wilhelm II. und sein jüngerer Bruder Heinrich, ein besonderer Liebling des Königs. Immer wieder überlegt Friedrich, Friedrich Wilhelm, den er für einen leichtfertigen Frauenhelden ohne Verstand hält, den Status des Kronprinzen zugunsten von Heinrich, in dem er eine ideale Synthese aus Philosoph, Kriegsherr und Menschenfreund ahnt, zu entziehen. Doch Heinrich stirbt mit neunzehn Jahren an Pocken.

Hoditz hingegen berichtet und profitiert vom Tod seines blinden Bruders Isidor, der vermutlich an den Langzeitfolgen seiner preußischen Festungshaft gestorben ist. Friedrich antwortet etwas süffisant mit »ernstgemeintem Beileid« – ein Unterton, den Hoditz aber auch herausfordert indem er von Isidors Vermögen erzählt. Friedrich beglückwünscht Hoditz zum »guten Erbe« und hofft, dass Kriegsschäden damit getilgt werden können. Handschriftlich fügt er seine erste erhaltene Einladung nach Potsdam hinzu: »Ich hoffe, mein lieber Graf, dass Ihre Erbschaft Sie in den Stand setzen wird, eines Tages eine gewisse Reise zu unternehmen.«

Aber Hoditz zeigt weiterhin keinen Eifer, nach Preußen zu kommen. Möglicherweise hat er davon gehört, dass schon einige anfangs gefeierte Ankömmlinge irgendwann den Eindruck hatten, aus Potsdam fliehen zu müssen. Voltaire oder Algarotti sind nur die prominentesten Beispiele.

Und wer nicht besucht wird, muss selber kommen: Am 27. August 1765 erfährt man aus einem Brief Friedrichs, dass er einen Besuch in Rosswald geplant hat – aber zugleich, dass er kaum stattfinden kann: Franz Stephan, der Kaiser des Heiligen Römischen Reiches, ist nur neun Tage zuvor im Alter von sechsundfünfzig Jahren an einem Schlaganfall oder Herzinfarkt gestorben. Maria Theresia ist, obwohl ihr Gatte ein erfolgreicher Herzensbrecher war, tief getroffen. In einem solchen Moment kann der preußische König nicht einen ihrer undomestizierbaren Untertanen besuchen, als sei nichts gewesen. »Aus Freundschaft zu Ihnen« rät er Hoditz, den geplanten festlichen Empfang »abzusagen«.

Oft taucht in der Literatur zu Friedrich und Hoditz für diese Tage trotzdem ein Rosswald-Besuch Friedrichs auf, meist »inkognito«, auch in Rödenbecks berühmtem »Kalender« zu Friedrich. Auf welche Quellen sich Rödenbeck stützt, wird nicht klar. Der Besuch aber ist unwahrscheinlich. Am 8. September schreibt Friedrich, ohne jede Erwähnung eines Rosswald-Aufenthalts, aus Breslau an Hoditz. Er danke für die »schönen Früchte«, die Hoditz »geschickt« (nicht etwa seinem Tross mitgegeben) habe. Das klingt, als hätten sich Friedrich und Hoditz dieses Jahr vorsichtshalber nicht gesehen.

Stattdessen hat es in Rosswald gebrannt. Das Schloss ist nicht betroffen, aber eine Scheune, die einen großen Teil der ohnehin mageren Ernte enthielt. Zum ersten Mal deutet sich mit massiven Überschwemmungen eine katastrophische Klimaentwicklung an, die dem mittleren und östlichen Teil Europas und damit auch Albert von Hoditz über Jahre große Probleme bringen und zu seinem Ende beitragen wird.

*

Es handelt sich um die Klimakrise in den Jahren zwischen 1765 und 1772, die Europa – damals noch beinahe ohne Industrie, Motoren und Abgase – von Frankreich bis zur Ukraine, von Schweden bis in die Alpen immer mehr in Mitleidenschaft zieht. Ihrer Zeit gilt sie als unbeeinflussbares, übergroßes Naturereignis, als Strafe Gottes. Auch wenn, im Zeichen der Rationalität, im 18. Jahrhundert die Versuche intensiviert werden, Gesetzmäßigkeiten in Naturentwicklungen festzustellen und Aufzeichnungen über Klimaereignisse entstehen, die uns heute in Einzelfällen oder Umrissen erlauben, vom damaligen »Wetter« zu sprechen. So wissen wir, dass die Jahre zwischen 1770 und 1772, in denen sich Hoditz und Friedrich II. intensiver sehen werden, zu den Höhepunkten der »Kleinen Eiszeit« gehören, deren Name wie ein Euphemismus anmutet, denn der Zeitraum des kühleren Klimas wird etwa zwischen 1300 und 1800 angesetzt. In diesen fünf Jahrhunderten gab es auch wärmere Phasen, doch die Tendenz blieb konstant. Und ausgerechnet im Juni 1769 beginnt eine über mehrere Jahre sich erstreckende »manische« Zeit, die durch monatelange Regen-, Schnee- und Kälteperioden gekennzeichnet ist und zu einer Reihe von katastrophalen Missernten führt.

Der Umwelthistoriker Dominik Collet, dessen Arbeiten für diese Periode grundlegend sind, schreibt am Beispiel Deutschlands: »1770 erwies sich dann als regelrechtes ›Wasserjahr‹: an vielen Orten regnete es monatelang ohne Unterbrechung (...). Der Schock der ausbleibenden Nahrung trifft auf verwundbare Gesellschaften: Soziale Ungleichheit, rasches Bevölkerungswachstum und die einseitige Bevorzugung des Getreideanbaus machten die Gesellschaften des 18. Jahrhunderts anfällig für Witterungsextreme. (...). Das Jahr 1771 blieb den Beobachtern als ›zweite Sintflut‹ in Erinnerung (...). In Sachsen spülte verheerender Starkregen zum Entsetzen der Zeitgenossen sogar die Leichen aus ihren Gräbern.«

Für das Lehensgut Rosswald, in dessen Schloss Hoditz von seinen Einnahmen aus der Landwirtschaft, von der Arbeit und den Abgaben der leibeigenen Bauern lebt, kommt erschwerend hinzu, dass das Mikroklima der unmittelbaren Region schon 1765 mit großen Überschwemmungen verrückt spielt, was sich 1768 wiederholt, als zwei Drittel der Ernte zerstört werden. 1767 vernichtet eine Feldmausplage die Frühjahrs- und Herbstsaat auf den von Isidor geerbten Besitzungen in Niederpaulowitz. In den Jahren 1767 und 1768 herrscht auf allen drei Gütern Rosswalds die Rinderpest, die den Bestand um etwa die Hälfte reduziert, jenen der Schafe um ein Drittel. Für die kommenden Jahre fehlt der Dünger.

Im persönlichen Briefwechsel der hier Hauptbeteiligten taucht das oft katastrophische Wetter kaum auf. Erst am 8. April 1770 scheint Hoditz davon berichtet zu haben. Der König antwortet am 16. April: vorgestern habe er den versprochenen »Champagner« auf den Weg gebracht: »Ich hoffe, dass er Ihnen gut schmeckt, vor allem nach dem Brunze; wenn nicht, so ist es wenigstens nicht die Hitze, die ihn unterwegs verdorben hat. Schlimmer als hier kann das Wetter bei Ihnen kaum sein.« In Europa sterben in dieser Zeit Hundertausende an Hunger. Weder Friedrich noch Hoditz müssen um ihr Leben fürchten, ob alle Leibeigenen Rosswalds die Unwetterjahre überlebt haben, ist nicht bekannt.

Auf der Ebene der internationalen Kabinettspolitik, die sich von der Natur am liebsten nicht beeindrucken lassen möchte, ist der nach dem Tod Franz Stephans frisch gekrönte Kaiser Joseph II. das wichtigste Neuereignis. Joseph ist zwar, dem ermordeten Zaren Peter III. ähnlich, ein Bewunderer Friedrichs und dessen aufgeklärter Absolutismus sein Vorbild, auch wenn er später sagen wird, in jeder Äußerung des preußischen Königs erkenne man den »hinterlistigen Schlaukopf«. Doch bis zum ersten Treffen bedarf es einiger diplomatischer Ränke. Maria Theresia und ihr einflussreicher »Außenminister« Staatskanzler Kaunitz, der von 1752 an über beinahe vierzig Jahre hinweg im Amt blieb, fürchten, der junge Kaiser könnte sich bei der ersten persönlichen Begegnung vom schlauen Taktiker Friedrich über den Tisch ziehen lassen. Dennoch offeriert Joseph Friedrich schon 1766 eine Möglichkeit. Er lässt ihm ausrichten, er werde am 27. Juni in Torgau und am 28. Juni in Hochkirch übernachten, in der Annahme, Friedrich werde ihn in diesen Tagen aufsuchen, doch der nimmt den verdeckten Vorschlag nicht an. Eine Ahnung vom Hintergrund der gescheiterten Verabredung gibt ein lächelnd triumphierender Brief Maria Theresias an ihre Vertraute Gräfin Enzenberg: »Diese beiden Fürsten, die sonst jedem Zeremoniell und jeder Etikette entgleiten, waren in einem Augenblick, in welchem die Zusammenkunft stattfinden sollte, darauf erpicht, wer zuerst den anderen spräche und ihn einladen werde.«

Nun wäre der österreichische Untertan Albert Joseph von Hoditz durch seine entfernte Verwandtschaft mit Friedrich und den jahrelangen Kontaktvorlauf beim Preußenkönig für eine Vermittlerrolle bestens geeignet gewesen. Aber es scheint, dass Joseph in Hoditz Konkurrenz sah: Dieser kleine, skandalumwitterte Reichsgraf kannte den in Josephs Augen bedeutendsten Fürsten der Gegenwart besser als er. Das war keine Chance, sondern eine Kränkung.

*

Wann Joseph zum ersten Mal von Hoditz hörte, kann kaum mehr rekonstruiert werden. Als der erst 35-jährige Graf sich 1741 endgültig vom Wiener Hof nach Rosswald zurückzieht, ist der Kronprinz gerade geboren. Natürlich gewinnt er als zukünftiger Herrscher für seinen schillernden Untertan an der Grenze zu Schlesien schnell an Bedeutung. Und am 21. Juli 1766, einen Monat nach dem verpassten Treffen zwischen Friedrich und Joseph, kann Hoditz an Friedrich schreiben, dass er »den Kaiser gesehen« habe, was Friedrich, obwohl ihm Hoditz also zuvorkommt, mit Wohlwollen registriert: »Ich bin sehr froh, dass Sie, wie Sie mir berichten, den Kaiser gesehen haben.« Möglicherweise erhofft sich Friedrich doch etwas von seinem österreichischen Verbindungsgraf.

Es wäre jedoch interessant, die tatsächlichen Umstände des »Sehens« zu erfahren. Umso mehr, als es das Gerücht gibt, Joseph II., der auf seiner ersten Inspektionsreise durch Mähren im Jägerndorfer Hotel »Post« übernachtete, habe den Kontakt mit den Adeligen dort gemieden – weil er *nicht* auf Hoditz treffen wollte. Manchmal liest man, der Graf sei in spektakulärer Begleitung aufgetreten: über hundert »Zwerge«, eventuell kostümierte Kinder, die der Kaiser aus der Distanz als solche nicht erkannt hätte, sollen ein bizarres Schauspiel aufgeführt haben. Dem vernunftorientierten Joseph, der auf äußere Unauffälligkeit Wert legte, muss dies missfallen haben.

*

Parallel dazu schreitet die Planung des ersten Gipfeltreffens zwischen österreichischem Kaiser und preußischem König voran. Friedrich wie Kaunitz glauben inzwischen auch, dass sich Friedrich und Joseph kennenlernen sollten, um Katharina der Großen zu demonstrieren, dass es zwischen Österreich und Preußen keine Spannungen gebe. In seinem »Politischen Testament« von 1768 schreibt Friedrich einsichtig, »unsere unentwegten Zwistigkeiten mit dem Hause Österreich haben es verhindert, dass sich Allianzen hätten bilden können, um den Unternehmungen Russlands Einhalt zu gebieten«. Um sie in Zukunft zu unterbinden, treibt Friedrich ein diplomatisches Doppel- und Schattenspiel: Im April 1767 ist, ergänzend zum Defensivpakt von 1764, eine Geheimkonvention mit Russland zustande gekommen. In ihr hat Friedrich nicht nur zugesichert, sich aus innerpolnischen Querelen, von denen Russland profitieren möchte, herauszuhalten, sondern, falls es darüber zu einer Konfrontation Russlands mit Österreich kommen sollte, in habsburgisches Kernland vorzudringen. Dabei wollen Russland, Friedrich und Joseph, jeder auf seine Weise, vor allem eines: vom zunehmenden Zerfall Polens profitieren.

Wie wäre es, denkt sich Friedrich, wenn die drei Großmächte der Region zu einer politischen Lösung kommen könnten, die die Eskalation des Konflikts um das schwache Polen verhindern würde? Im »Politischen Testament« schreibt Friedrich so zynisch wie realpolitisch von der Unruhe, die sich nicht legen werde, bis »diese Beute«, Polen, aufgeteilt sei.

Die territoriale Gier aller drei größeren Nachbarn, von der »polnischen Anarchie« zu profitieren, und der russisch-türkische Konflikt führen zu immer neuen Allianzen. Das bedeutet nicht Freundschaft: 1776 wird Friedrich an seinen ungeliebten Nachfolger Friedrich Wilhelm gerichtet schreiben, wichtig sei es, »ein Bündnis mit dem unter seinen Nachbarn zu suchen, der dem Staat die gefährlichsten Schläge versetzen kann«.

Österreich hält sich, vor allem dank des Einflusses von Maria Theresia, im Geschacher um Polen noch am weitesten zurück. Anfang Februar 1772 wird sie in einer Denkschrift erklären: »Aber mit welchem Recht kann man einen Unschuldigen berauben, den verteidigen und unterstützen zu wollen wir uns immer gerühmt haben.«

Friedrichs Korrespondenz mit Hoditz liest sich, in all diesen politischen Spannungen, geradezu paradiesisch. Am 11. Juli 1768 kündigt der König seinen Stukkateur in Rosswald an. Nicht ganz klar ist, ob es Sartori der Ältere oder dessen Sohn Sartori der Jüngere ist. Er soll sich informieren, wie das Glas, mit dem in Rosswald ganze Zimmer ausgestattet waren, »herzustellen und einzusetzen« sei. So wird mährische Provinz zum gestalterischen Vorbild Potsdams. In Sanssouci beschwört Friedrich, kokett zurückhaltend um Hoditz werbend, sein Landschlösschen und die private Erinnerung: »Mein Sans-Souci ist nichts als ein Palast der Ruhe und der Freundschaft. In dieser angenehmen Einsamkeit kann ich alle Köstlichkeiten kosten. Abwesende Freunde sind unvergessen.«

Ende August 1769 finden die beiden parallel laufenden, bislang unterschiedlich erfolgreichen Bemühungen um Begegnungen zwischen Joseph und Friedrich und Friedrich und Hoditz nach Jahren zusammen. Es kommt zum Treffen zwischen Kaiser und König, in Neiße. Kurz davor, am 21. August, formuliert Friedrich, schon dort, noch einmal eine direkte Einladung an Hoditz. Stolz meldet er den kommenden Besuch Josephs: »Ich wäre erfreut, Sie hier zu sehen, so, wie Sie es mich hoffen lassen, und vergessen Sie nicht, dass der Kaiser am 25. dieses Monats hier eintreffen wird.«

*

Es ist ein freundlicher Samstagabend in den 2020er Jahren. Anfang September. Noch warm genug, um draußen zu essen. Trotzdem sind auch im Herzen des kleinen Stadtzentrums von Nysa nicht viele Leute auf der Straße. Nur etwa ein Viertel der Tische vor dem belebtesten Ort, einer einfachen Pizzeria, sind von Familien und jungen Paaren besetzt. Das verwandelte Neiße – etwa siebzig Kilometer südlich von Opole / Oppeln – wirkt wie eine sanft lebendige, bedächtig vor sich hin wurstelnde Kleinstadt von knapp sechzigtausend Einwohnern. Aber bis heute hat es – zwischen dem 16. und 23. März 1945 zu achtzig Prozent zerstört – auch etwas von einem beruhigten Kriegsschauplatz. Die Stimmung ist gedämpft, ja vorsichtig, als wolle man auf keinen Fall Aufsehen erregen. Als wisse man noch immer nicht genau, ob die kleine Stadt nicht bald von einer neuen Katastrophe getroffen werden könnte.

Ein Grund dafür mag sein, dass manche Häuser in den Geschäftsstraßen von Nysa nach wie vor wie Buden mit dünnen Wänden wirken. Die Polen haben den Ruf, ausgezeichnete Restauratoren zu sein, aber hier muss es nur wenig gegeben haben, was nach 1945 wiederhergestellt werden konnte. Dass Neiße noch kurz zuvor an der wichtigen

Handelsstraße Wien-Breslau lag, wird kaum mehr zu sehen gewesen sein. Auch die mächtige Festung auf der anderen Seite des Flusses, die Friedrich der Große in den Jahren nach 1741 errichten ließ, ist schon lange geschliffen. Vereinzelte polnische Touristen besuchen die Ruine. Ab und zu hält ein deutscher Bus, wie der, der gerade am kleinen Denkmal für Joseph von Eichendorff Rast macht, das etwas weiter unten am Hang liegt. 1788 in der Nähe des hundert Kilometer entfernten Ratibor geboren, hat Eichendorff nie lange in Neiße gelebt, aber er ist hier an einer Lungenentzündung gestorben und hat seine letzten beiden Jahre ausgerechnet auf dem dreißig Kilometer entfernten Schloss Johannesberg verbracht, dem Familiensitz des bei Friedrich in Ungnade gefallenen Bischofs Schaffgotsch. Und Schaffgotschs »Fall« hat mit den Manövern, die Friedrich hier jährlich abhalten lässt, einiges zu tun. Die gesperrten Einkünfte des Bischofs sind es, die seit 1766 die Manöver mitfinanzieren. Das riesige Bischofsschloss ist auch der Ort, an dem Friedrich Kaiser Joseph II. empfängt. Das Treffen wird zum historischen preußisch-österreichischen Erfolg, Kaiser und König fallen sich in die Arme, Pastor Krickende beschreibt es und Adolph Menzel, der die Szene nie gesehen haben kann, malt sie. Doch zwei Wochen nach dem Treffen von Neiße überschreitet Russland den Dnjestr, weitet den russisch-türkischen Krieg in Richtung Moldawien aus. Was zum erstmaligen russischen Gewinn der Krim führt, die bisher ein von Tataren besetzter türkischer Vasallenstaat war. Und Hoditz, auf den Friedrich doch einige Vermittler-Hoffnungen gesetzt hat? Es wird kolportiert, Joseph sei »unangenehm überrascht« gewesen, als er diesen »österreichischen Untertan« in der Gefolgschaft des Königs sah und »mit ihm sogar an einem festlichen Tisch sitzen musste«. Besser kann Hoditz' heikle Situation zwischen den Mächten nicht beschrieben werden. Er wirkt nicht verbindend, sondern wohl eher wie eine Erinnerung an die alten Grenzkonflikte. Friedrich hält zu ihm. Er hat andere Gründe.

12

»Ich werde nach Rosswald kommen, mein lieber Graf, und ich werde Sie bewundern, wie die Königin von Saba die Weisheit von Salomo bewunderte, und vor allem seinen Serail«

Vielleicht hat Friedrich gerade die Spannung zwischen Joseph und Hoditz gefallen: dass der Kaiser nicht begeistert war, dass sein Untertan im preußischen Gefolge Friedrichs zu sehen war, ein vielschichtiger Geist, der auch in Situationen, die ihm schaden könnten, zu Preußen steht. Am 26. Februar 1771 schickt Friedrich Hoditz eine handschriftliche Notiz, die knapp, aber, wie sich herausstellen wird, zuverlässig ist: »Wenn Sie Verbündete brauchen sollten, ich bin immer auf Ihrer Seite.« Hoditz scheint tatsächlich Differenzen mit einem anderen Untertanen des Kaisers gehabt zu haben. Denn Friedrich antwortet Hoditz auf seinen nächsten Brief, es freue ihn, dass er mit seiner »Unterstützung gegen Ihren Landsmann zufrieden« sei.

Friedrich bekräftigt die Verbindung: »Glauben Sie nicht, dass ich Rosswald vergessen könnte.« Das Verhältnis der beiden Gesprächspartner hat sich in Neiße noch einmal vertieft.

Friedrich will Hoditz nun endlich noch einmal besuchen: »Ich rechne damit, Sie dieses Jahr auf dem Rückweg aus Mähren in Rosswald zu sehen.« Am 8. Juli meldet Friedrich, dass er zweimal kommen werde: »auf dem Hin- wie auf dem Rückweg«. Alles, worum er bitte, sei, dass Hoditz sich nicht in Ausgaben stürze: *»Tout ce que je vous prie, c'est d'éviter de vous mettre en dépense.«*

Hoditz' Antwort auf diesen Brief ist eine der meistvermissten Nachrichten zwischen den beiden Briefpartnern. Sie muss eine Botschaft enthalten haben, die in die gegenteilige Richtung deutete: auf *mehr* Ausgaben. Darüber hinaus dürfte sie Friedrichs Aufenthalt mit den schönsten Aussichten beworben haben. Die Reaktion des Königs vom 22. Juli 1770 ist im gesamten Briefwechsel außergewöhnlich, transportiert in ihrer sprühenden Freiheit und ihrem spitzen Witz ungewöhnliche Andeutungen, die das Treffen der beiden Männer auf eine neue Ebene heben (und wird deshalb hier auch im französischen Original zitiert):

Je verrai à Rosswalde mon cher comte, et je vous admirerai comme la reine de Saba admira la sagesse de Salomon, et surtout son sérail, qui était, soit dit par parenthèse, un peu plus nombreux que le vôtre. Ce sera, j'espère, le 31 août que je me flatte de jouir de votre vision béatifique, si vous l'approuvez.
Ich werde nach Rosswald kommen, mein lieber Graf, und ich werde Sie bewundern, wie die Königin von Saba die Weisheit von Salomo bewunderte, und vor allem seinen Serail, der, das nur in Klammern, ein wenig zahlreicher war als Ihrer. Es wird, so hoffe ich, der 31. August sein, an dem ich mir schmeicheln darf, Ihre seligmachenden Visionen genießen zu können, wenn Sie gestatten.

*

Friedrich wie Saba zu Salomo? Eine überraschende Konstellation. Was meint der preußische König da?

Die Erzählung vom Besuch der Königin von Saba beim jüdischen Herrscher Salomo, dem Sohn Davids, ist eine der schillerndsten Geschichten der Bibel und in allen monotheistischen Großreligionen präsent. Sie ist zwischen dem 6. und 4. Jahrhundert v. Chr. entstanden und hat zahllose Varianten und Schattierungen des Grundthemas erzeugt.

Inzwischen gilt es als wahrscheinlich, dass das Territorium von Saba, des sagenhaften vorchristlichen Königreichs, weitgehend mit dem des heutigen Jemen identifiziert werden kann, aber auch das äthiopische Aksum ist noch im Gespräch. Besonders der Jemen würde zur wiederkehrenden geographischen Bestimmung der Herkunft der Königin gut passen: Aus dem »tiefsten Süden«, aus »der Wüste«, von den »äußersten Enden der Erde«, die man sich von Jerusalem aus gut als die Südspitze der arabischen Halbinsel vorstellen kann, kommt sie, um Salomo zu huldigen und seinen Ruf als weiser Herrscher zu überprüfen. Neugierig auf ihn, beschenkt sie ihn und wird selbst beschenkt.

Die Geschichte im Alten Testament (1. Könige 10,1–13) lautet folgendermaßen, hier in einer Übersetzung von Ulfrid Kleinert, der sie in seinem undogmatischen, vielseitigen Buch *Das Rätsel der Königin von Saba* um Passagen aus dem Deuteronomium, dem 5. Buch Mose, ergänzt hat:

Die Königin von Saba hörte von Salomos Ruf und kam, um ihn mit Rätselfragen auf die Probe zu stellen. Sie kam nach Jerusalem mit sehr gewichtigem Aufgebot: mit Kamelen, die Balsamöle transportierten, sehr viel Gold und kostbare Steine. Sie kam zu Salomo und sagte ihm alles, was sie sich vorgenommen hatte. Und Salomo gab ihren Worten Antwort. Nichts blieb dem König verborgen, alle ihre Fragen konnte er lösen.
Als nun die Königin von Saba all die Weisheit Salomos sah, und das Haus, das er gebaut hatte, und die Speisen auf seinem Tisch, und die Art, wie seine Untergebenen saßen und wie seine Diener standen, und deren Gewänder, und seine Getränke, und sein Brandopfer, das er im Hause Jahwes darbrachte, da stockte ihr der Atem und sie sprach zum König: Wahr ist es, was ich in meinem Land über dich und deine Weisheit gehört habe. Ich habe es nicht glauben wollen bis ich hergekommen bin und es mit eigenen Augen sehe. Nicht mal die Hälfte davon ist mir mitgeteilt worden. Deine Weisheit und dein Reichtum übertreffen alles, was ich gehört habe. Wie glücklich sind deine Frauen zu preisen! Glücklich all diese deine Diener, die dich umgeben und deine Weisheit hören! Jahwe, dein Gott, sei gepriesen, der an dir Wohlgefallen hat, weil er dich auf den Thron Israels gesetzt hat, weil Jahwe (darin) seine Liebe zu Israel zeigt. Er hat dich als König eingesetzt, damit du Recht und Gerechtigkeit verwirklichst.
Und sie schenkte dem König 120 Talente Gold und sehr viel Balsamöl und kostbare Steine. Niemals mehr kam soviel Balsamöl (nach Israel) wie es die Königin von Saba König Salomo schenkte (...). König Salomo aber gab der Königin von Saba alles, was sie begehrte und erbat, dazu auch, was er ihr

schenkte wie ein König zu schenken pflegt. Danach kehrte sie um und zog in ihr Land mitsamt ihrem Gefolge.

Diese Version der Geschichte wirkt, in der Begeisterung, die die Worte der Königin vermitteln, in sich abgeschlossen, harmonisch, rund. Aber sie bleibt geheimnisvoll: Wieso interessiert sich Saba so sehr für die Weisheit Salomos, dass sie von weit her zu ihm kommt? Was für eine Königin ist sie, dass sie das unabhängig tun kann? Welche Rätsel gibt sie dem jüdischen König auf, um sich seiner Weisheit zu vergewissern?

Im Ton hat die Geschichte etwas Volkstümliches, Märchenhaftes. Aber fast zu »rein« klingt das, scheinen sich die Folgegenerationen gedacht zu haben. Sie reichern die Geschehnisse mit anderen Färbungen an. So handelt es sich bei den Geschenken Sabas in manchen Varianten um einen Tribut an den Herrscher. Oder, in einer Verschärfung dessen, wie in Quellen des Judentums und des Islam, um einen Versuch der Verhinderung einer angedrohten Strafaktion Salomos gegen das ungläubige beziehungsweise nicht nur an einen Gott glaubende Volk der Königin.

Ihre Untertanen werden als Wüstennomaden geschildert, die immer auf der Suche bleiben, aber auch als Händler- oder wildes Räubervolk. Salomo, der oft als rigider Sittenwächter und Ordnungshüter auftritt, lässt Saba, nachdem er Gerüchte über die mangelnde oder auch nur andere Religiosität in ihrem Land gehört hat, zwar ausrichten, sie solle kommen, wann sie wolle, aber gleichzeitig teilt er ihr mit: wenn sie nicht komme, werde er Truppen schicken. Erst da macht sie sich auf den Weg.

*

»Streusandbüchse des Heiligen Römischen Reiches« – die schon im 18. Jahrhundert geläufige Bezeichnung von Brandenburg mag einen scherzhaften Hintergrund für Friedrichs spielerische Verwandlung in die aus der Wüste kommende Königin geliefert haben. Aber was bedeutet es sonst, dass sich Friedrich mit Saba vergleicht?

Einen ersten Hinweis bietet das alttestamentarische Hohelied. Schon die Grunderzählung der Bibel hat, mit der Konstellation Mann-Frau, König-Königin und dem Ritual des gegenseitigen, überwältigenden Sich-Beschenkens, neben der politischen Demonstration von Stärke, Reichtum und Gewogenheit auch eine erotische Dimension. Deutlicher noch akzentuiert wird sie, wenn die Frau im Hohenlied 3,1 einmal kokett sagt, sie sei zwar »schwarz, doch anmutig«, und damit die Verwandtschaft mit Saba andeutet. In dieselbe Richtung gehen Darstellungen der sakralen Kunst. So etwa die grazile dunkelhäutige Frauenfigur mit langem geflochtenen Zopf im Chorgestühl des Bamberger Doms. Und das Hohelied selbst ist natürlich ohnehin ein schwärmerischer, dabei direkt körperlicher Ausdruck von Begehren, Liebe, Sehnsucht und Bewunderung. Salomo, wörtlich darin genannt, ist in einigen Auslegungen der Autor der Gesänge.

Doch jeder genaue historische Zuordnungsversuch der in der Bibel entworfenen Welten muss mit noch mehr Unwägbarkeiten rechnen als im 18. Jahrhundert. Im Alten Testament und anderen Überlieferungen treffen sich einander oft widersprechende Traditionslinien. Manchmal haben Saba und Salomo einen gemeinsamen Sohn. In der äthiopischen Fassung der Geschichte ist es König Menelik I., in der jüdischen Nebukadnezar. Damit einher geht die Dämonisierung der Königin: aus der reinen, schönen und neugierigen Saba wird die oft verführerisch-heimtückisch gezeichnete Lilith. Salomo hingegen ist manchmal nicht nur gut aussehend, reich, weise und ein großer Liebhaber, sondern ein gewaltbereiter, heimtückischer und sexistischer Mann. Etwa im jüdischen Targum Schen, wo er in seinem Glaspalast wartet und die ankommende Saba aufgrund der Luftspiegelungen den Eindruck hat, er sitze auf der anderen Seite eines Wassers. Was sie dazu bringt, ihren Rock zu heben. Salomo, der sie, dem Rat der missgünstigen Dämonen folgend, hereingelegt hat, spottet über die »männlichen« Haare an ihren Beinen, was auch als symbolische Entblößung ihrer Schamhaare gelesen wird.

Keiner weiß, wie viele dieser Geschichten Friedrich, der einerseits streng religiös, andererseits in der französischen Hochkultur der Zeit erzogen wurde, kannte. Aber dass Friedrich sich über einen Vergleich selbst in die Nähe der »Königin von Saba« rückt und spielerisch-sprachlich einen Geschlechterwechsel vollzieht, ist natürlich das auffälligste Merkmal des Briefs. Anstelle eines kleinen, immer älter werdenden, zur Übellaunigkeit neigenden Königs – mit achtundfünfzig Jahren ist Friedrich auf dem durchschnittlichen Endpunkt der Lebenserwartung dieser Zeit – sieht man ihn auf einmal als junge, schöne, dunkelhäutige Frau auf Rosswald zureiten, um den dortigen Salomo und seinen Serail zu besuchen.

Antwortet Friedrich damit »nur« auf ein Bild von Hoditz? Hat ihm dieser – Friedrichs ironische Anmerkung, was die Größe von Hoditz' Serail angeht, deutet darauf hin – einen Besuch bei seinen Rosswalder Haremsdamen in Aussicht gestellt?

Aber warum wählt Friedrich für sich dann die Rolle der Saba, die Hoditz kaum angesprochen haben dürfte, weil sie auf das bisherige Verhältnis der beiden nicht passt? Offenbart sich Friedrich damit als unzuständig für Hoditz' Harem, weil er sich in der Rolle der Frau sieht? Will er Hoditz klarmachen, dass dieser bei der Preisung »seines« Serails bei ihm an den Falschen geraten ist? Aber warum hebt er dann hervor, dass er, wie Saba, sich »vor allem« für den »Serail« interessiert – ein Wort, das schon damals als Äquivalent von Harem verwendet wurde?

*

In Friedrichs Korrespondenz sind Saba wie Salomo kein Einzelfall, aber selten. 1737/38 spielt vor allem Voltaire mit dem Motiv. Er bezeichnet seine Geliebte Madame du Châtelet Friedrich gegenüber als »Saba«, um sie Friedrich, dem skeptischen »jungen Salomo des Nordens« näherzubringen. Friedrich geht teilweise auf die Werbeaktion ein, schafft es aber noch vor dem ersten Treffen mit Voltaire, die selbstständige, gescheite und schöne Madame du Châtelet auszugrenzen und ein reines Männertreffen durchzusetzen.

Mehr als dreißig Jahre später, am 28. Juli 1769, schickt Maria Antonia von Sachsen, die, als regierende Witwe, wegen eigener Machtansprüche verhindern möchte, dass Polen unter Preußen, Russland und Österreich aufgeteilt wird, einen Brief, in dem sie den »charmanten« Friedrich »Salomon« nennt.

Einen Besuch in Berlin habe sie nur verpasst, weil sein letzter Brief spät bei ihr angekommen sei. Die Distanz, meint sie, wäre kein Hindernis gewesen, »seit den Zeiten der Königin von Saba« seien größere Strecken als die von Berlin nach Dresden bereist worden, um »weniger bedeutende« Herrscher als Friedrich zu sehen.

Friedrich antwortet am 8. August: »Bitte lassen Sie Salomon. Dieser König war weise, ich bin es kaum; er hatte einen Serail von tausend Frauen und glaubte nicht, genug davon zu haben; Ich habe nur eine, und die ist mir schon zu viel; (...) Bitte, Madame, entsalomonisieren Sie mich, vergleichen Sie mich lieber mit dem König von Garbe.«

Ganz klar meint der hier sympathisch persönliche Friedrich mit »Serail« Harem. Und er distanziert sich witzig-ironisch – »entsalomonisieren Sie mich« – weiter vom opulenten biblischen Herrscher und Mehrfrauen-Halter. Spürt er vonseiten der agilen, gebildeten Witwe, einer ehemaligen Wittelsbacher Prinzessin, die auch als Malerin, Sängerin und Dichterin in Erscheinung trat, etwa den Versuch, ihn, wozu auch immer, zu verführen?

Mit dem »Roi de Garbe« bringt Friedrich eine Verserzählung von La Fontaine ins Spiel, in der ein Gegenpol zu Salomo vorgeführt wird: ein melancholischer Herrscher, der eine Frau zu sich ruft, weil er hört, dass sie schön sei – und sich nach ihrer Ankunft nicht darum kümmert, dass sie auf dem Weg zu ihm erotische Abenteuer mit acht Männern erlebt hat. Alcaciel, so heißt diese »moderne« Saba, »erzählt« König Mamolin »alles, was sie möchte«, auch »Lügen«. Mamolin und sein Hof hören ihr in Ruhe zu. »Die Nacht kam, man trug die Königin zu Bett. Dem König die Ehre erweisend verließ sie es. Der König bezeugte das. Mehr, erzählt man sich, wollte Alcaciel nicht.«

In seinem Brief an Maria Antonia wirkt Friedrich müde und überdrüssig, aber freundlich. Ein Jahr später ist einiges anders. Er kündigt freudig an, sich wie Saba zu verhalten, die zu Salomo geht. Der durch eigene spielerische Sprachhandlung in eine junge, schöne, exotische Frau verwandelte kleine preußische König macht sich voller Enthusiasmus auf den Weg nach Rosswald.

*

Dort erwartet ihn einiges. Friedrich muss geahnt haben, warum er Hoditz vor den »Ausgaben« für den ersten offiziellen Empfang des Königs in Rosswald gewarnt hat. Zwar hatte der Graf durch das Erbe seiner Brüder und ein beträchtliches Darlehen seines Lehnsherrn, des Olmützer Bischofs Maximilian Graf Hamilton, der »unserem« damals noch »geliebten Joseph Albert Hoditz (...) für seinen ordnungsgemäßen und wohltätigen treuen Dienst und sein herausragendes Verdienst« mit einer »Gutschrift« von »18 000 Gold« unter die Arme griff, Reserven für einige Zeit. Doch durch die Folgen der Klimakrise schwinden seine Einkünfte aus der Landwirtschaft massiv. Er kann seine Untergebenen kaum mehr bezahlen und muss doch versuchen, das Maximum aus ihnen herauszuholen. Das führt zu Spannungen und die ideale Kunstrepublik, die Hoditz im Auge gehabt hat und die von Rosswald bis Paris viel Anklang fand, beginnt sich in ein nach außen hin vorerst noch kaum sichtbares System der Ausbeutung zurückzuverwandeln. Nichtsdestotrotz beharrt Hoditz, der Geiz für »die schlimmste aller Sünden« hält, angesichts von Friedrichs offiziellem Besuch auf dem Luxus eines Empfangs, der etwas von einem mythischen »Potlatsch« hat, einer Überschüttung mit Gütern und Aufmerksamkeit, die den anderen zu ähnlicher Großzügigkeit herausfordert. Und tatsächlich ist das Fest, das schließlich gefeiert wurde, selbst für den verwöhnten preußischen König eine außergewöhnliche Erfahrung.

13

Friedrich mit Nymphen und Tritonen im Garten der Verwandlungen. Erzählungen, Legenden und Berichte aus Rosswald

Mit einem gnädigen, aber harten Gesicht war der König durch das Tor geritten, hatte sich auf seinem Ross gereckt, um noch soldatischer zu erscheinen. Neugierig, aber gefasst, hatte er den Kopf bewegt, um den Blick in alle Richtungen schweifen lassen zu können, war dabei aber in Bereitschaft geblieben, sich sofort zurückzuziehen.

Doch schon von jenem kleinen Zeichen an, mit dem der Graf den Nymphen und Tritonen die Erlaubnis gegeben hatte, ihr Versteck unter der ersten Brücke zu verlassen, in die Bäche und in den See in der Mitte des Parks auszuschwärmen und dem großen Preußen vom Wasser aus von allen Seiten zuzuwinken, lockerte sich Friedrichs Miene.

Wie Kinder wirkten diese jungen Mädchen und Knaben, die, nur mit Blumen und Zweigen im Haar bekleidet, wild durcheinanderplantschten und sich gegenseitig vollspritzten. Einige etwas größere Mädchen und Burschen versuchten mit Gesichtern, die sie den Statuen des Parks abgeschaut hatten, zu schwimmen, in die eigene Schönheit verliebt. Aber das waren nicht immer die, die am besten vorwärtskamen. Sie mussten aufpassen, dass die Frecheren sie nicht unter Wasser zogen und die eben noch stolzen Körper zum Absaufen brachten. Das sich seit Jahren immer wieder uralt fühlende, schiefe Königsmännlein konnte die Bewegungen unter Wasser nur ahnen, musste aber im langsamen Vorbeireiten lachen.

*

Keine Spur einer Königin im König, musste sich Hoditz denken. Er trat auf, wie es von ihm bekannt war: im Soldatenrock, ohne Krimskrams, ohne jeden Orden. Nicht einmal ein Hauch von Rouge oder Puder, der Friedrich, ganz gemäß den Sitten der Zeit, verschönernd entstellt hätte, war zu sehen. Dieser knochige alte König mit dem breiten, fahlen Gesicht hätte ein Bauer sein können, der Soldat hatte werden dürfen.

War, was Friedrich in seinem Brief kurz, aber genüsslich ausgemalt hatte, also nur eine frivole Phantasie gewesen, die er danach sofort wieder vergessen hatte? Oder lebte er nur innerlich in solchen Vorstellungen, die sich gelegentlich in die Wörter drängten und dann wieder scheu zurückzogen? Konservierte er sein Leben irgendwo fern von sich? War er jetzt böse auf seine eigene übermütige Hand, die ihm bei dieser winzigen brieflichen Nachricht einen Moment lang den Weg gewiesen hatte? Wo, dachte Hoditz, wo in diesem kleinen, dürren Krieger schlief die schlanke morgenländische Herrscherin mit dem langen schwarzen Haar?

Hatte sie, im Moment der Niederschrift des kleinen Briefs, den Kopf einen einzigen Augenblick lang über die Bettdecke gehoben – und das war es?

*

Der Park war dichter mit Attraktionen bestückt als vor zwölf Jahren, zu voll vielleicht. Friedrich erschrak vor jedem Springquell, der aus Felsen und Denkmälern schoss oder spritzte. Jedes der Gartenwunder überraschte ihn: Die vor sich hinmurmelnden Druiden mit ihren langen, dünnen Zottelhaaren wie ihre munteren Vestalinnen brachten ihn zum Staunen. So wie die satten Kühe im Marmorstall und ihre singenden Melkerinnen, aber als Friedrich vor dem Kalvarienberg Rosswalds stand, der ein simpler Erdhügel war; als er den Rosswalder Jesus sah, aus dessen fünf Wunden köstliches Brunnenwasser träufelte, das man ihm reichte, musste er laut lachen.

Auch die Büste seiner Person, die zu gestalten er doch überall in Preußen verboten hatte, verdrießte Friedrich hier im Kaiserreich nicht. Sie wirkte wie eine kleine, freundliche Entschädigung für die bislang verpasste Eroberung. Sprüche wie »Edel sei der Mensch …«

waren noch nicht geboren, und Ähnliches wäre bei Friedrich ohnehin auf Langeweile gestoßen. Stattdessen las er unten an der ihm gewidmeten Büste einen Satz von Ariost: »*natura il fece, e poi roppe la stampa*« / »die Natur hat ihn gemacht und dann den Stempel zerbrochen« – was der König als treffliche Schmeichelei seiner Einzigartigkeit empfand.

Bezaubert vom pausenlosen Geschehen, das sein mährischer Freund hier für ihn entfachte, verlor er sich in phantastischen Anschauungen. Noch waren »Zwerge« nicht billiges Beiwerk auf Jahrmärkten, sondern verstörende Abgründe, die dem Bild des Menschen nur zögerlich eingearbeitet wurden. Mildendo, die Zwergenstadt Gullivers, die Hoditz in Rosswald nachgebaut hatte, machte den kleinen Fritz zum ersten Mal zum wahrhaftig Großen. Er war größer als ihre Riesen, ihre Häuser und ihre Kirchen, spürte, als er sie sah, wie das Leben dieser Kleinen alles eifrige Gerede um Größe, von dem sein Vater gelebt und dessen Kult er selbst fortgesetzt hatte, verlachte. Diese Welt war verhutzelt und krumm, aber es war ihr einerlei.

*

Dabei handelte es sich, bei genauerer Betrachtung, bei vielen der Zwerge um junge Burschen, die Friedrich wohl auch unverwandelt gefallen hätten. Tralles hat in seinem *Schattenriss* von ihnen erzählt: »Es sind liebenswürdige, schöne Knaben, die das zierlichste Ebenmaas aller Glieder besitzen, und die man verlarvt und durch Kunst in großköpfichte, großnasichte, breitnasichte, krummnasigte, pausbackigte, warzenreiche, pucklichte, dickbäuchigte, kröpfigte, krummknieeigte, breitfüßigte, schlurfende, großgeknöchelte Misgestalten verwandelt.«

Nach dem reichhaltigen Essen an der langen Tafel im Park singen und tanzen Mädchen und Knaben am Ufer des großen Teichs. Neue Gäste kommen hinzu, aus anderen Welten des Schlossreichs: »Der anmuthige Gesang«, schreibt Tralles, »lockt die Dryaden und Dreaden aus ihren Schlupfwinkeln hervor, und nach ihm tanzen mit allen Feld- und Waldgöttern die gehörnten und ziegenfüßigen Faunen und Satyrn. Ringsumher verbreitet sich allgemeine Freude, das Weltalter

Saturns kömmt wieder und die Ankunft der goldnen Zeit scheint nahe zu seyn.«

Das sanft-wilde Geschehen zieht Friedrich in einen Kreis, dem er sich schon einmal angenähert hat. Aber vor zwölf Jahren hat er noch der größte Ritter der Gegenwart sein und dem Grafen nur als Herrscher begegnen wollen. Diesmal *ist* er der größte Ritter. Er hat schon lange gesiegt. Aber er hat auch friedlich mit dem Kaiser gesprochen und mit Kaunitz wird er in Mährisch-Neustadt in ein paar Tagen reden, er wird niemanden mehr im verlorenen Wald erlösen wollen. Er muss es nicht mehr, er braucht, ganz im Gegenteil, diesen Reigen, der ihn von all seinen Pflichten ablenkt und an eine Geschichte aus seiner Kindheit erinnert.

»Ich will alle, die jetzt hier beim Tanz sind«, hat der junge, einsame Zauberer der Frau, die er begehrte, damals versprochen, »dabei festhalten, und zwar so, dass sie ihr Lebtag nicht müde werden zu tanzen und es sie auch nicht anstrengt, sondern dass sie zu jeder Jahreszeit und zu jeder Stunde, in der das Wetter schön ist, tanzen, und sie sollen dessen so wenig überdrüssig werden, wie sie es jetzt sind. Und außerdem will ich dafür sorgen, dass alle, die künftig diese Wiese betreten, solche Lust zu Liebschaft und Tanz haben werden, dass sie sich einreihen und dermaßen tanzen sollen, daß sie an nichts anderes mehr denken als zu tanzen. Jeder muß eine Freundin oder einen Freund haben, denn unter fröhlichen Menschen darf niemand sein, der nicht selbst Freude und Liebe hat, weil niemand wirkliche Freude haben kann, der nicht liebt. Und dieser Tanz soll so lange dauern, wie wir leben.«

Friedrich hat in Rosswald die Wiese betreten, wie Lancelot in den Geschichten von Duhan. Ruhmreich ist kein Ausdruck für seine derzeitige europäische Größe und doch ist er in diesem Moment lieber in der Gefahr, sein bisheriges Leben in diesen außergewöhnlichen Schlossanlagen in einem verwunschenen österreichischen Wald zu vergessen.

Er fühlt sich wohl hier. Es gibt keine langweiligen Feinde wie in Berlin, wo ihn, bis auf ein paar alte Freunde, nach dreißig Jahren Herrschaft selbst seine nächste Umgebung satthat. Sollen sie doch. Wenn Friedrich in den Spiegel des großen Teichs und der von allen

Seiten zulaufenden Bäche und Kanalläufe blickt, sieht er sich neben Lancelot und Saba auf einer Gondel, die vom Grafen gerudert wird, um Schäfereyen und Villen herum, die ihn erfreuen. Sind es dreißig Zelte, wie in der Erzählung von den vier Quellen, die sich hier vereinigen? Soll er sie etwa zählen?

Um die Quellen herum tanzten sechzig Ritter und Frauen, manche in Rüstung und andere ungewappnet. Die einen sahen aus, als wären sie Liebhaber, und führten junge Mädchen am Arm. Es gab auch solche, die weder Frau noch Mädchen bei sich hatten, sondern sich untereinander an den Händen hielten, denn es gab dort sehr viel mehr Ritter als Frauen. Als er näher kam und den schönen Tanz sah, mit dem die Quellen geziert wurden, hätte er gerne gewusst, was das zu bedeuten habe, und sagte zu dem Knappen: Hier ist eine große, vergnügte Gesellschaft von so anziehenden Menschen versammelt, und es scheint, dass ich diesen Wald nicht verlassen will, ehe ich erfahren habe, was es damit auf sich hat und was für ein frohes Fest sie in ihren Zelten feiern.

Schön sind die Gondeln auf den Kanälen und Teichen Rosswalds. Anders als seine Lieblingsschwester Wilhelmine ist Friedrich nie in Italien gewesen, nie in Venedig, Rom und Neapel, wie dieser Hoditz über Monate und manche Adelige seiner Zeit über Jahre. Friedrich ist, auch wenn er sich gerne Federic nennt, ein Fritz, kein Zweifel, er wird sich und sein Land weiter wappnen müssen, sonst wird Preußen sterben. Aber das »Zauberauge« des Grafen, das so vieles gesehen hat und alles verwandelt, ist auch auf ihn gefallen. Friedrich ist hier Teil einer Wirklichkeit, die er nicht kannte. Er hat viel zu wenig getanzt. Er hat dazugelernt in den vergangenen Jahren, ein klein wenig Demut. Wenn er nicht in Brandenburg ist, wo sie ihn alle hassen, fällt sie ihm leichter. Er wird dieser verlorenen Welt hier ein Denkmal setzen, so viel ist sicher. Zum ersten Mal denkt er an ein Gedicht über Rosswald.

*

Friedrichs erste Epistel auf Albert von Hoditz ist, literarisch verwandelt, bis heute der unmittelbarste Bericht von genau jenem Fest, das

Friedrich in Rosswald erlebt hat. Aber im Anschluss an dieses Gedicht, das vielen lange nur als Gerücht bekannt gewesen sein kann, hat sich eine ganze Gemeinde von Texten ergeben, die Rosswalder Feste schildern und bei denen nicht klar ist, inwieweit sie auf einem persönlichen Erlebnis fußen, das genau jenen Anlass meint, oder eventuell eines der zahlreichen anderen Feste von Hoditz schildern, bis zum letzten großen von 1774. Ein sehr trockener, drei Jahrzehnte nach dem Ereignis seinem Sohn diktierter Bericht stammt vom damals extra für das Friedrich-Fest angeheuerten Komponisten Ditters von Dittersdorf, der heute als einer von Mozarts »unterlegenen« Wiener Konkurrenten gilt, aber auch einer der wichtigsten Barock-Komponisten war. In Rosswald hat er damals über zwei Wochen eine Opera buffa präpariert, seine Variante von »lo sposo burlato«, aber bei ihm fehlt kurioserweise jede Beschreibung von Friedrich, dem er nicht begegnet zu sein scheint. Möglicherweise wurde eine Begegnung geradezu vermieden, weil Dittersdorf zu dieser Zeit Chorleiter beim von Friedrich verstoßenen Bischof Schaffgotsch war.

Eine, was etwa den Ausdruck der Gesichter angeht, eher mäßig ausformulierte Zeichnung des 1819 in Frankfurt an der Oder geborenen Ludwig Löffler, die eine Szene des Besuchs von Friedrich dem Großen in Rosswald entwirft, zeigt Hoditz mit langem Naturhaar, beinahe wie einen wilden Reiterfürst. Eine Art Tunika, die er sich übergeworfen hat, macht ihn zum Teil des Schauspiels im Hintergrund, das seine tanzenden, mit Zimbeln und Schalmeien musizierenden bäuerlich-leibeigenen Frauen und Männer in der Schloss-Natur geben. Mit souveränem Stolz präsentiert Hoditz sein Fest dem König, Friedrich blickt nicht direkt auf das Geschehen, sondern wie verzückt über die Szene hinweg. Auch Voltaire, der nie in Rosswald war, ist mit auf der Szene, aber auch er schaut an den Geschehnissen vorbei.

*

Ich kam grade zu der Zeit dahin, als der Graf dem König von Preußen, Friedrich dem Großen, zu Ehren bei seinem Aufenthalt in Roßwalde einige

Festivitäten gab. (...) Der Graf empfing uns mit einer ganz ungezwungenen Höflichkeit, und seine natürliche Bonhomie erzeugte sogleich eine allgemeine Vertraulichkeit und Freundlichkeit im Gesichte.

So beginnt die intensivste Schilderung des Rosswalder Fests für Friedrich II. in dem Band *Hogarthsche Studien für Unerfahrne, Lüsterne und Kenner. (Aus dem Portefeuille eines Veteranen.)* Anonym überliefert, trägt sie den Titel »Das Fest der Sinne«.

Das Buch, 1805 in Köln gedruckt, wird im Allgemeinen dem schon erwähnten Johann Christoph Kaffka zugeschrieben, der eigentlich Engelmann hieß und ein vielseitig begabter Mann war: Regisseur, Schauspieler, Sänger, Tänzer, Geiger, Zeitschriftenherausgeber, Romanautor, geboren 1754 in Regensburg, gestorben 1815 in Riga.

Schon das Geburtsdatum deutet darauf hin, dass der »bürgerliche« Kaffka zwar näher an den Geschehnissen war als der mehr als ein halbes Jahrhundert später geborene Löffler, aber 1770 kaum in Rosswald gewesen sein kann. Es sei denn, er hat seinen Vater Joseph Kaffka, einen böhmischen Geiger, damals Mitglied der Regensburger Hofkapelle der Thurn und Taxis, zufälligerweise um diese Zeit nach Rosswald begleitet. Gewöhnlich aber trat Johann Christoph 1770 noch in geistlichen Schauspielen des Regensburger Jesuitengymnasiums auf, kam erst später zu Engagements in Breslau und Prag. Informanten muss Kaffka, der auch später in Rosswald gewesen sein kann, aber gehabt haben. Seine Schilderungen von Schloss und Park überzeugen durch Orts- und Personenkenntnis. Möglicherweise hat er in seinem reichen Theaterleben den schon erwähnten, von Hoditz in Rosswald entdeckten Komponisten Carl Hanke sowie dessen Frau Anna Maria Stormke kennengelernt oder andere Rosswalder »Eleven«, die er in seinem Bericht erwähnt.

Ganz offensichtlich hat Kaffka auch Guibert und Thiébault gelesen, er schreibt anschaulich, macht die Sinnlichkeit des Fests für den großen König, das sich über mehrere Tage hinzieht, vorstellbar:

(...) zum Beschluß des heutigen Tages noch eine Wasserfahrt auf einem er-

leuchteten Kanal. Einige nackte junge Mädchen stellten Meernymphen und einige nackte Knaben Tritonen vor, schwammen um unsre Barke und sangen und spielten. Die Haare hingen in großen Locken über den Rücken herunter; sie ahmten, wie geborne Najaden oder Sirenen, halb Jungfern, halb Fisch, alle Bewegungen derselben in dem neuen Elemente nach (...).

Auch die Innenräume des Schlosses werden von Kaffka, einem in der deutschsprachigen Literatur eher seltenen Erotiker, zu Orten der Sinne gemacht. Friedrich II. setzt er dabei in die auffällige Nachbarschaft der »Venus von Domenichino« und einer blonden Magdalena »nach der göttlichen Zeichnung des Antonio Allegri: solch eine unbeschreibliche Anmuth war in den Umrissen ihres Gesichts, so lieblich die Farbe, und unübertrefflich das blonde Haar gemalt, über die jungen Brüste, die uns mit ihren Knospen der Unschuld anlächelten, reizend wie von einem Lüftchen verweht. Zwischen diesen Gemälden stand ein gutgearbeitetes kleines Bildnis des Königs von Preußen, von Erz gegossen, unter welches der Graf die Worte hatte setzen lassen: *Lo fece la natura e poi roppe la stampa.*«

Ob das ehrenvolle Wort zu dem hier von Sinnenreizen umringten Friedrich II. auch im Inneren des Schlosses zu lesen war oder nur im Park, wie eine Abbildung in der niederländischen Zeitschrift *The Mandeleijske* nahelegt, ist nicht mehr festzustellen. Tatsächlich muss es im Park aber verschiedene »Villen« oder »Vorwerke« gegeben haben, die diversen Ländern oder Kulturen gewidmet waren, wie Stationen in einem modernen Freilufttheater der Nationen. »Nahe bei dieser preußischen Villa wurden wir durch einen starken Wasserfall überrascht. Der ganze Kanal stürzte mittelst einer aufgezogenen Schleuse sich über künstliche Felsen in ein daran gelegenes Thal.«

*

Ein Mädchen und eine Frau haben es dem König offenbar besonders angetan. Sie sind, beziehungsweise waren, auch Favoritinnen des Grafen. Zumindest die ältere, deren Namen bekannt ist, muss ausgezeichnet gesungen haben: Else Springer, geborene Frühman, die Schwiegertochter des gräflichen Kutschers. Else trat noch nach Hoditz' und Friedrichs Ableben bei der schlesischen Huldigungsreise für Friedrich Wilhelm II. in Neustadt / Prudnik auf. Danach soll sie in Wien als Hofschauspielerin sesshaft geworden und in diversen Städten Solokonzerte gegeben haben, doch anders als Anna Gottlieb hat sie in der öffentlichen Erinnerung keine auffälligen Spuren hinterlassen. Die mündliche Tradition in der Familie Springer hingegen spricht spielerisch-ironisch noch immer von einem Kind mit dem König, ihrem »Ehrenpaten«. Doch ob Else es war, die den König zu seinem ersten Gedicht angeregt hat, in dem er Hoditz' »Serail« schildert, kann bezweifelt werden. Sie war damals schon eine Mutter von zwei Kindern in ihren Zwanzigern, nicht von Friedrich geschätzte fünfzehn.

*

Doch wie kommt Hoditz darauf, Friedrich in seinem mährischen Schloss in einen »Serail« zu führen? Wie kam er darauf, so etwas in Rosswald einzurichten? Er war selbst nie im Orient, und die Frage, ob er in Spanien möglicherweise mit maurischer Kultur in Kontakt kam, muss offenbleiben. Eher ist anzunehmen, dass Hoditz' Interesse für den Orient eine Fernwirkung des europaweit durchschlagenden Erfolgs der ersten, noch deutlich verharmlosenden französischen Übersetzung der Märchen aus Tausendundeiner Nacht war. Der französische Orientalist Antoine Galland installierte den Orient in der kulturellen Phantasie der Europäer. Als Kleinbauernsohn und Halbwaise aus der Picardie war er kaum dafür prädestiniert. Aber sprachlich hochbegabt, begann er im Alter von zehn Jahren in einer Klosterschule mit Latein, Griechisch und Hebräisch und konnte seiner besonderen Sprachkenntnisse wegen danach eine sechs Jahre dauernde Forschungsreise ins Heilige Land begleiten, auf der er unter anderem Arabisch lernte.

Dass Gallands zwischen 1704 und 1717 in zwölf Bänden erschienene Übertragung bekannt wurde, ist ausgerechnet einem von Hoditz' Lehrern an der Ritterakademie Liegnitz zuzuschreiben. Wieder ist es der rührige August Bohse, der 1711 in Leipzig eine immerhin vierhundertfünfzig Seiten starke Teilübersetzung der »Geschichten« auf der Basis von Galland vorlegt. So wird Scheherazade, die sich am Hof des von seiner Ehefrau betrogenen und sich deswegen an allen Frauen rächenden Sultans mittels Geschichten Nacht für Nacht das Leben rettet, zur Vermittlerin der skandalisierenden, aber auch interessierenden Kultur des Serails.

Das heißt: Noch bevor der junge Albert von Hoditz Anfang der 1720er Jahre an die Ritterakademie kommt, ist in seiner unmittelbaren Nähe eine der wichtigsten Inspirationsquellen für ihn und die Wahrnehmung seines Lebens entstanden. Auch bei Bohse wird der traditionell nur einen Teil des »Serails« (Palasts) einnehmende »Harem« zum Hauptthema. Das heißt: Der Glanz orientalischer Herrschaft ist für Europäer spätestens seit dem frühen 18. Jahrhundert mit schwelgerischer, von männlicher Macht und weiblicher Gegenwehr durchsetzter Erotik verbunden. Mozarts Singspiel *Entführung aus dem Serail* mit Libretto von Johann Gottlieb Stephanie kam viel später. Es erlebte seine Uraufführung 1782, da war Hoditz' »Serail« schon lange bekannt.

*

Doch was hat es damit wirklich auf sich? Es gibt eine umsichtige Analyse von Frieder Sondermann, der darin schon vor bald dreißig Jahren den kulturellen und historischen Konturen von Hoditz' »orientalischer« Herrschaft nachgeht. Aber nach allem, was inzwischen bekannt wurde, etwa das genaue Inventar des Schlosses und seiner diversen Anlagen, das Hoditz' letzter Verwalter Faulhaber nach dem Tod des Grafen angelegt hat, muss man wohl davon ausgehen, dass es Hoditz' »Harem« nie so gegeben hat wie im Rahmen der Legendenbildung angenommen. Das heißt: nicht als feste, gemauerte Einrichtung innerhalb der Grenzen des Schlosses, der Herrschafts- oder Parklandschaft und auch nicht als eine Art Schutzgefangenschaft für Mädchen, unter Kontrolle einer Serailgouvernante. Eine Rolle, die traditionell von der Mutter des Sultans eingenommen wurde, der es um einen regen Wechsel der Geliebten des Sohnes zu tun sein musste, auf dass keine der Frauen Zeit habe, mehr Macht zu erreichen als sie selbst.

Nach allen Indizien dürfte Hoditz' Serail eher zu besonderen Anlässen wie Friedrichs Besuch oder anderen größeren Festen mit orientalischem Prunk eingerichtet worden sein. Das soll aber keineswegs heißen, dass es bei Hoditz keine regelmäßigen Liebhaberinnen aus dem Pool der dörflichen Leibeigenen gab, die bei Bedarf »Mitglieder« des Serails wurden. Davon ist, ganz im Gegenteil, auszugehen. So entsprach Hoditz' Übersetzung der Rosswalder Liebesverhältnisse in orientalische den kollektiven erotischen Phantasien der Zeit wie den Märchen aus Tausendundeiner Nacht. Womit er sein Schloss in Mähren zu einem geheimnisvollen Sehnsuchtsort der zeitgenössischen Gesellschaft machte, die, gerade im 19. Jahrhundert, ansonsten oft nur Varianten der Prüderie durchlief. Dass die Chiffre »Rosswald« auch beim höchst exzentrischen Individuum Friedrich der Große Erfolg hatte, zeigt sich in dessen erster Epistel für Hoditz, die der König nach seinem Aufenthalt in Rosswald schrieb. Die Ordnung der Lust, die Hoditz dort installierte und die Friedrich in seiner Epistel aufnahm, schloss an eine andere alte Geschichte an:

Als Lancelot zu ihnen kam, die sich da vergnügten, wurde auch sein Herz von Freude erfüllt, und er verlor alles aus dem Sinn, was zum Ritterdasein gehört. (...) Er vergaß die Königin, seine Gefährten und sich selbst so vollständig, dass er wunschlos glücklich war. Er saß augenblicklich ab, übergab das Pferd dem Knappen, er solle es versorgen, warf Schild, Helm und Lanze auf die Erde und trat gewappnet, wie er war, zum Tanz und nahm das erste beste Mädchen, auf das er traf. Er fing an zu singen und mit den Füßen zu stampfen und zu pochen, wie es die anderen machten, und wie er es nie zuvor getan hatte.

Nein, so weit hat es Friedrich mit Sicherheit nie kommen lassen. Er stand für Preußen. Er musste zurück nach Berlin. Aber eines ist sicher: Ob er in Rosswald mitgetanzt hat, wie einst Lancelot im Wald, oder ob Friedrich noch immer nur seine Kreuzsprünge praktizierte, mit denen er de Catt 1758 verblüffte, oder ob er, was viel wahrscheinlicher ist, einfach nur stehen blieb und sich vielleicht sachte bewegte, um gleichzeitig alles sehen und genießen zu können – *er wollte auf dieser Wiese bleiben.*

14

O singulier Hoditz! Friedrich im Serail von Rosswald. Das erste Gedicht auf Albert von Hoditz

Beide Gedichte, die Friedrich der Große auf Albert von Hoditz verfasst hat, eines 1771, das andere drei Jahre danach, sind »Episteln«, durch Horaz geprägte lyrische Gelegenheitstexte in Versform, eine Art offener Brief aus besonderem Anlass, der durch direkte Anrede klarmacht, dass er für den durch ihn Geehrten bestimmt ist.

Die erste Epistel, deren Manuskript sich im Geheimen Preußischen Staatsarchiv erhalten hat, ist auf den 26. März 1771 datiert. Vermutlich ist es der Tag, an dem Albert von Hoditz nach seiner ersten Reise nach Potsdam von Friedrich II. offiziell empfangen wurde. Die Epistel bezieht sich ganz deutlich auf die Ereignisse in Rosswald während Friedrichs Besuch. Sie ist eine beinahe durchgehende Feier des Grafen und der Ausgangspunkt vieler weiterer Preisungen von Pracht und Herrlichkeit, die Albert von Hoditz in seinem Schloss entfaltet habe. Sie feiert das zu Friedrichs Ehren veranstaltete Fest in den Anlagen Rosswalds als Gesamtkunstwerk und dessen Schöpfer Albert von Hoditz.

O singulier Hoditz!

Oh einzigartiger Hoditz! Ihr, die Ihr, für den Hof geboren,
Jung noch, von diesem gefährlichen Ort geflohen seid.

Frei von den Vorurteilen, die gewöhnliche Menschen täuschen,
Lacht Ihr über die Narren, deren Krämergeist
Schätze nur anhäuft, um sie zu vergeuden;
Lacht über diese Gecken, deren Stolz sich gut zu inszenieren weiß,
Der sich aufrichtet, bläht und in seinen Federn begafft;

Lacht über die dumpfen Narren, die, in all ihrer Bitterkeit,
Immer neue Projekte ins Auge fassen,
Die nur den eigenen Ruhm im Sinn haben,
Die sich verbrauchen, ohne je Erfolg zu haben,
Unzufrieden mit einer Gegenwart, die ihren Wünschen nicht entspricht,
Suchen sie ein glücklicheres Los in der Zukunft.

Ihr habt dieses gefährliche Gift zurückgewiesen.
Die Schranken der Vernunft sind die Grenzen Eures Begehrens.
Das Wichtigste ist glücklich zu sein.
Der Stolz ist in meinen Augen eine trübe Schimäre.
Eingebracht hätte es Euch nur, Kammerdiener großer Herren zu werden.
Hättet Ihr dreißig Jahre lang den Kaiser getragen?

Schön ist es, dem Diadem nahe zu sein,
Aber besser noch ist es, nur sich selbst zu gehören.
In diesem Sinn habt Ihr von vorneherein
Der Größe das Glück der Freiheit vorgezogen.
Uneitel, ganz von der Natur geleitet.
Seid Ihr, ohne auch nur daran zu denken, ein Schüler Epikurs.

Rosswald, durch Erbe in Eure Hand gekommen,
Konnte schnell mit dem Palast der Circe wetteifern.
Dieses Dörfchen, unbekannt vom Don bis zum Ebro,
Ist durch Eure Kunst berühmt geworden.
Eben noch ein dunkles Verlies, das kaum einer besucht,
Seines Alters wegen kaum noch toleriert,
Ist es ein Aufenthalt für Götter geworden. Augen und Ohren
Werden hier von hundert Zaubern und hundert Wundern überrascht.

Tasso und Ariost würden sich schämen,
Wenn sie sähen, dass sie von Euren Arbeiten übertroffen werden.
Die Zauberei, die hier herrscht, ist erfinderisch.
Jeden Augenblick schafft sie ein neues Wunder.
Alles atmet, alles lebt, jedes Lebewesen ist beseelt.
Durch einen plötzlichen Zauber ist dieser Wald verwandelt,

Ein entzückender Garten. In ihm lest Ihr, wie durch ein Wunder
In einem Brunnen die Weissagungen eines Orakels
Die Natur scheint Euren Gesetzen zu gehorchen,
Alles geschieht und biegt sich, ganz nach Eurem Willen.

Während man noch beobachtet, überlegt,
Fesseln schon neue Metamorphosen das Auge.
Apollo flüchtend, verwandelt sich Daphne in einen Lorbeer
Dort sehe ich Rinaldo im Garten der Armida
Hier sind alle Götter, die Ovid besungen hat:
Venus, Pallas, Diana, Apollon, Jupiter,
Neptun, Mars, Merkur und der Gott der Hölle.

Götter, die nur noch als poetisches Zeichen überleben,
Findet man bei Euch als antiken Kult
Priester in päpstlichen Gewändern bringen den Preis der Sieger dar
Und schneiden ihm mit ihrem Messer die Kehle durch,
Besprengen den Altar mit dem Blut der Färse,
Rufen die Götter mit Weihrauch an.
Symmachus würde Eure Spiele gutheißen,
Wenn, fern der übergroßen Zahl lächerlicher Kulte
Mit denen man allzu leichtgläubige Völker belastet,
Sein eigener durch Eure Pflege wieder zum Leben erweckt würde.

Aber Ihr liebt die Fabel und bleibt ein guter Christ,
Und ohne dass der wahre Glaube erschüttert wird,
Erschafft Ihr Euch ein ganzes Volk von Pygmäen.

Ich glaubte, mit Gulliver ins Reich Lilliput gefallen zu sein;
Bei diesem Völkchen schien ich ein Riese,
Typheus oder Gereon oder zumindest Enceladus.
Die Stadt war im Maßstab ihres Volks gebaut,
Kein Kirchturm, der meine Stirn erreichte.
So hat Virgil das entstehende Karthago gemalt,
Ein thätiges Volk eilt zur Arbeit,
Arbeitet an Wänden, von Dido gezeichnet.

Bald lenken uns andere Gegenstände ab:
Stimmen und Instrumente verändern die süße Melodie
Ein neues Vergnügen variiert
Alles, was frühere Reize geboten haben;
Wie sehr freut sich der Verstand der Menschen am Wechsel!
Mal ist es Oper, mal Tragödie,
Mal Pantomime, mal Komödie,
Durch ihre Vielfalt
Meiden sie die Langeweile der Einheitlichkeit.

Und könnte ich über die Schauspielerinnen schweigen:
Vestalinnen, die mir noch kaum Novizinnen scheinen,
Die, mit ihrer Grazie und ihren Reizen,
Sich um die Ehre bewerben, in Euren Armen zu liegen?
Ein Serail aus Schönheiten, der dieses Schauspiel zur Aufführung bringt.
Sie lieben nur ihren Sultan und respektieren seine Orakel;
Sein Wille entscheidet und bestimmt ihre Pflicht,
Er bestimmt ihr Schicksal, wenn er sein Taschentuch wirft.

Dieser Sultan, lieber Hoditz, muss Ihnen bekannt sein;
Ist es nicht der glückliche Herr dieser verzauberten Orte?
Ein unermüdliches, unerschöpfbares Genie,
Das immer neu ist und originell bleibt?

So vergehen Eure glücklichen Tage ohne Verlegenheit,
Kindliche Liebe und Freuden formen sie.
Wenn in Euren Gärten ein schöner Abend zu Ende geht,
Kommt die Rivalin des Tages mit ihrem schwarzen Gewebe.
Verdunkelt die Gegenstände der Natur,
Aber Ihr sprecht, und das Licht erscheint wieder.

Wie Gott, der diese Welt schuf, an der er sich ergötzt,
Er sagte: »Es werde Tag!« und es wurde Licht.
In Roßwalde steigen hundert Raketen auf,
Und füllen die Luft mit ihren Feuern,
Als leuchtende Garben erhellen sie den Horizont,

Und scheinen den Wagen des Phaethon zu ersetzen.
Eure Kunst ist der Natur ebenbürtig.

Doch dann neigt sich dieser glückliche Tag seinem Ende zu;
Um ihn so zu beenden, wie er begonnen hat,
Wählt mein Graf aus seinem eifrigen Volk
Ein fünfzehnjähriges Mädchen. O Ihr Götter, wie schön war sie!

Der berühmte Phidias, der elegante Praxiteles,
Hätten in ihr eine Gottheit gesehen:
Wenn es nicht Venus war, so war es die Wollust,
Bezaubernde Reize, Grazien haben sie geformt.
Sie muss ihm diese Nacht Gesellschaft leisten:
Amor, der sie erblickt, lacht boshaft,
Ihre Rivalinnen klagen laut.
Ach, wie schwierig ist es, in einem Serail der Schönheiten,
Dem eigenen Geschmack zu folgen, ohne Streit zu säen.

Alle, Venus, Pallas und Juno,
Erwarteten sie das fallende Taschentuch,
Und jede von ihnen hatte Recht.
Der weiseste aller Könige hatte tausend,
Wenn er's vermochte, so war er mehr als geschickt;
Mein Graf ist nicht Salomon,
Doch heute ist er herkulischer als er.

Wie kann ich alles erzählen und beschreiben?
Die Worte würden mir fehlen, die verschiedenen Freuden,
Die man an diesen Orten genießt, zu malen und zu erzählen.
Ihr kommt ihnen nicht nahe, ihr traurigen Freuden des Himmels.

So habt Ihr Euch, Oh Graf, über den pompösen Trugbildern,
Die den Sterblichen mit einem besseren Schicksal schmeicheln,
Das glücklichste Schicksal gewählt,
Frei von Sorgen, ruhig im Schoß Eures Hafens.
Ihr wisst zu genießen, zu denken, zu schaffen;

Die Freuden des Vergnügens sind vielfältig.
Überall bekränzt es die Spuren Eurer Schritte mit Blumen.

So unterscheidet man hier auf Erden zwischen
Dem Urteil des Narren und dem des Weisen,
In den flüchtigen Tagen einer kurzen Pilgerfahrt:
Einer, sich mit Sorge, Mühsal und Verlegenheit belastend,
Immer vorausschauend, wird vom Tod überrascht:
Der andere sieht in den Dingen das Nichts und den Wahnsinn,
Erfreut sich der Freuden und genießt das Leben.

Das ist Euer Los, lieber Graf, daran müssen Ihr Euch halten:
Das Vergnügen ist der Gott, der Euch verjüngt.
Mögt Ihr gesund, im Schoß der Freude,
Noch lange in Seide gesponnene Tage genießen.

*

In seinem erinnernden Jubel verschmilzt Friedrich Antikisierendes mit der Gegenwart des Fests. Er feiert die unablässige Abwechslung und Verwandlung, die Rosswald an diesem Tag für ihn zu einem Garten Ovids machen. Zugleich ist es auch der »Garten der Armida«, der zu einem literarischen Rittermythos der Spätrenaissance gehört und Rosswald direkt mit Sanssouci verbindet: Torquato Tassos Epos *Das befreite Jerusalem* von 1574 erzählt, wie die sarazenische Zauberin Armida den Kreuzritter Rinaldo aus dem christlichen Lager lockt, um ihn zu töten. Sie verliebt sich jedoch in ihn und entführt ihn auf eine magische Insel. Antoine Coypel (1661–1722) hat die Passage gemalt. Und Friedrich hat Coypels Gemälde in die Mitte seines Speisezimmers in Sanssouci platziert. Gut möglich, dass er sein Gedicht am 26. März 1771 vor diesem Bild vorgetragen hat oder es davor rezitieren ließ, um Rosswald, Tassos/Coypels magische Insel und Sanssouci miteinander zu verbinden.

In seinem Gemälde übersetzt Coypel die Verse, in denen Tasso den erotischen Zauber beschreibt, der auf den Ritter wirkt, in Symbole: Rinaldo, in Schlaf versunken und Armida damit völlig ausgeliefert, wird mithilfe einer Puttenschar per Blumengirlande gefesselt. Die heitere Landschaft wird bevölkert von der Verkörperung des Sommerwinds, von Amor und Liebesgenien, die wohl aus dem Wagen der Venus entstiegen sind, der auf einer Wolkenbahn am Himmel vorgefahren ist.

In Coypels Gemälde treffen sich Mittelalter, Spätrenaissance und Aufklärung. Denn der Ritter-Rinaldo-Stoff verweist auch auf Chrétien de Troyes und einen der Wege der Artussage in den deutschen Sprachraum. Chrétiens Werk verbreitet sich schon Mitte des 13. Jahrhunderts in Ober- und Mittelitalien. *Orlando furioso* von Ariost (1474–1533) und Tassos *Das befreite Jerusalem* (1574 in Ferrara geschrieben) greifen den Stoff von Matteo Boiardos Langgedicht *Orlando innamorato* auf, in dem der ebenfalls aus der Emilia stammende Autor zum ersten Mal mit Anklängen an die Artussage erzählt. Ganz allmählich kommt das französische Mittelalter im Zuge der Renaissance-Rezeption ins deutschsprachige Mitteleuropa, wo es sich erst im Rahmen der Romantik wirklich verbreitet. Aber Waldbruder Hoditz sorgt schon gegen Ende der Aufklärung für ein der Zauberinsel Rinaldos entsprechendes Zauberschloss in Rosswald. Hoditz sei nicht Salomo, schreibt Friedrich. Obwohl er keine Begründung dafür gibt, könnte es der Grund sein, dass auch von Saba und ihren Interessen nicht mehr die Rede ist. Stattdessen von jenem 15-jährigen Mädchen, das Friedrich als Göttin der Wollust bezeichnet.

*

Auffällig ist, dass die Epistel Friedrichs in der klassischen, auch im Internet vorliegenden Gesamtausgabe der Werke des Königs nur empfindlich gekürzt ins Deutsche übertragen wurde, ohne Angabe von Gründen, meist nur durch Auslassungszeichen markiert. Man könnte denken, die gekürzten Passagen seien unwichtig, Wiederholungen vielleicht oder Ähnliches. Dabei sind gerade sie auffällig, ungewöhnlich.

Schon die ersten vierundzwanzig Verszeilen sind – wie, so pauschal wie lapidar, in einer Anmerkung berichtet wird – »fortgelassen«. Dabei geben sie, indem sie Hoditz pointiert vorstellen, dem ganzen

Gedicht erst Gewicht. Das beginnt schon bei der Anrede: »O singulier Hoditz«. »Einzigartig« zeigt, gerade aus der Feder des selbsternannten Individualisten Friedrich, der ihm nahestehende Leute per Epistel gerne auch verspottete, eine außergewöhnliche Wertschätzung, die neugierig macht und in den nächsten Versen, die in der deutschen Ausgabe ebenfalls komplett fehlen, von Hoditz' Persönlichkeit, seinem Leben her begründet wird.

Für »den Hof geboren«, heißt es im Gedicht, habe Hoditz diesen »gefährlichen Ort« früh verlassen. Er sei »frei von den Vorurteilen, die gewöhnliche Menschen täuschen«. Er lache über die »Narren«, die geschäftemacherisch Schätze anhäuften, nur um sie auszugeben; über die Eitlen, die sich mit ihren Federn schmücken; über die »dumpfen Narren«, die nur mit Projekten befasst sind, die ihnen Ruhm bringen sollen. Sie erschöpfen sich, ohne je Erfolg zu haben. Bitter, unzufrieden mit der Gegenwart, die ihre Wünsche nicht zufriedenstellt, suchen sie Erfolg in der Zukunft. Hoditz habe auch »dieses gefährliche Gift zurückgewiesen«. Er sei ein Mensch, der in der Gegenwart zu leben und Maß zu halten verstehe. Er lasse seine Wünsche von der »Vernunft« begrenzen: »Glücklich zu sein« sei »das Wichtigste«. Stolz hingegen ist aus Friedrichs Gedicht-Perspektive »eine trübe Schimäre«. Es sei schön, meint er selbstironisch, sich gekrönten Häuptern zu nähern, besser aber wäre, »nur sich selbst zu gehören«. Wie Hoditz, der sich, von der »Natur« geleitet, für »das Glück der Freiheit« entschieden habe. Beinahe instinkthaft sei er »ein Schüler Epikurs«.

*

Warum fehlt dieses einführende Porträt einer außergewöhnlichen Persönlichkeit in der Übersetzung von 1912/13 komplett? Für den Anfang scheint klar: Die pauschale Kritik am Hof, an den geschäftigen Bürgern, an den auf sich selbst fixierten Adeligen trifft all die, von denen das wilhelminische Nachfolge-Preußen bestimmt wird. Das dominierende Königsbild steht damals für »Pflichtbewusstsein« dem Staat, seinen Institutionen und Autoritäten gegenüber. »Unabhängigkeit«, »Selbstverantwortung« und »Freiheit« klingen gefährlich unzuverlässig, nach Menschen, die sich von der Gesellschaft nicht gängeln lassen, ihre Ordnung nicht akzeptieren und stattdessen dem eigenen Verstand vertrauen.

Die nächsten Zeilen des Gedichts bringen eine weniger Meinungsverschiedenheiten erregende Passage: Friedrichs offenkundig bezauberte Schilderung von Hoditz' hauptsächlich aus Dorfkindern gebildetem Zwergenstaat, dessen Emsigkeit Friedrich auf einen Vergleich mit dem Bau Karthagos bringt. Selbstironisch bezieht Friedrich die eigene knappe Körpergröße mit ein: »Bei diesem Völkchen schien ich ein Riese (...) Kein Kirchturm, der meine Stirn erreichte«. An der Seite Gullivers fühlt er sich in das zeitlose Reich Liliput entführt.

Auch das Lob des melodischen Klangs der Stimmen und Instrumente, der ästhetischen Abwechslung in den theatralischen Aufführungen, in denen sich die Reize von Tragödie, Oper, Pantomime und Komödie ganz offensichtlich mischten, wird übersetzt.

Wo das Gedicht wieder deutlicher wird, werden es erneut auch die kastrierenden Schnitte der Übersetzung. Der Wilhelminismus hält bekanntlich nichts von »freier Liebe«, sondern regt seine Bewohner an, per ehelicher Beziehung Ordnung ins Sexualleben zu bringen. Das führt im zweiten Teil der Epistel zu einer radikalen Zensur des Königs: Der »Serail«, Hoditz' aus Dorfmädchen und -frauen gebildeter »Harem«, ist komplett gestrichen.

*

Im französischen Original beginnt Friedrich die Passage (Zeile 81 ff.) unmittelbar mit dem »Serail der Schönheiten«, die niemanden als ihren »Sultan« lieben, dessen Willen über ihre Aufgaben entscheidet. Er »bestimmt ihr Schicksal, wenn er sein Taschentuch wirft«. Dieser Sultan, scherzt Friedrich gegenüber Hoditz, müsse ihm doch bekannt sein, dieser glückliche Herr über diese bezaubernden Orte.

Die Zurückhaltung bei der namentlichen Nennung des »Sultans«, ist ein poetisches Spiel scherzhafter Andeutung, aber auch eine ironisch angedeutete Verbeugung davor, dass Hoditz nach wie vor ein

Untertan der katholischen Maria Theresia und ihres Sohnes, des regierenden Kaisers Joseph II. ist, und also von ihnen abhängig. Dazu passt die Behauptung, dass Hoditz trotz allem »ein guter Christ bleibe«. Beides sind Einschränkungen, die wirken, als habe der König die Skandalisierbarkeit und Zensur seiner Verse vorausgesehen. Rosswald ist, wie erwähnt, nach wie vor ein Lehen des Bischofs von Olmütz, Hoditz der Kirche auch in diesem Sinn direkt verpflichtet.

Wie genau der »Serail« am Tag von Friedrichs Besuch aussah, dazu gibt es kaum Hinweise. In jedem Fall bleibt der Zwang zum Sex für leibeigene Frauen natürlich ein Ausdruck männlich geprägter Herrschaftsverhältnisse, die der allerlei sonstigen Regeln gegenüber skeptische Graf zumindest für die Dauer der theatralischen Präsentation des Serails während Friedrichs Besuch nicht in Frage gestellt, sondern in Form eines Rituals gefeiert hat.

Aber überraschender ist hier doch die Beobachtung, dass Friedrich dem sexuellen Leben im »Feenreich« des Grafen Hoditz immerhin dreiunddreißig der knapp hundertfünfzig Verse seiner Epistel widmet.

Als das Feuerwerk, das die Nacht bekämpft, vorbei ist, wird denn auch die spielerisch gewahrte Heimlichtuerei aufgegeben, und »mon Comte«, »mein Graf«, der damit endgültig die Stelle des Sultans besetzt, wählt ein junges, 15-jähriges Mädchen – »Oh, Ihr Götter, wie schön war sie!« ruft Friedrich in Zeile 109 ff. Die Auserwählte »muss« dem Grafen »heute Nacht Gesellschaft leisten«. Wobei das »Müssen« in diesem Fall ein »Dürfen« zu sein scheint. Ihre Rivalinnen beklagen sich lebhaft. Spielerisch-anzüglich merkt Friedrich an, wie schwierig es sei, in einem »Serail der Schönheiten« (»Sérail de belles«) seinem Geschmack zu folgen, »ohne Streit zu säen«. Alle »erwarteten sie das fallende Taschentuch, und jede hatte Recht«.

Friedrich erinnert an seinen erotisch scherzenden Brief, an Hoditz als neuen Salomo und an sich als Saba. Aber interessanterweise modifiziert er, mit der Betonung auf die vielleicht nicht Liebe (Venus), aber »Wollust« versprechende Gestalt des Serail-Mädchens, seine Perspektive. Er betrachtet das Mädchen hier nicht mehr als rein ästhetisches Wesen, sondern deutlich als Mann. Von der legendären, bösartigen

Übellaunigkeit des älteren Friedrich gegenüber Frauen ist nichts zu spüren. Die orientalisierende und antikisierende Beschreibung der 15-jährigen Haremsdame und Dorfschönheit wirkt eher so, als habe Hoditz mit einem von seiner Zeit als spektakulär empfundenen Arrangement dem »alten Fritz« tatsächlich noch einmal erotische Begeisterung für ein Mädchen eingehaucht.

*

Wie gesagt: Friedrichs freizügige Zeilen sind in der maßgeblichen deutschen Ausgabe ausnahmslos nicht zu lesen. Im französischen Original blieb der Text unverändert. Ob aus Respekt für den verstorbenen königlichen Autor oder weil man den Staat, die Institution Ehe durch die »Fremdsprache« für genügend geschützt hielt, lässt sich aufgrund mangelnder Hinweise in die eine oder andere Richtung nicht abschließend sagen.

Doch was hat es mit der verstümmelnden deutschen Übersetzung auf sich? Sie ist spät entstanden, vermutlich kurz vor Erscheinen der von Gustav Berthold Volz besorgten zehnbändigen Ausgabe von Friedrichs Schriften, in der sie abgedruckt ist. Sie wirkt wie prüder Wilhelminismus als trüber Wiedergänger des historischen Preußentums und führt uns kurz in eine politisch vollkommen andere Zeit. Verständlich, dass die »Rokoko-Frivolitäten« von Friedrich und Albert von Hoditz über den Rahmen des ca. 1912 unter Wilhelm II. Geschätzten hinausgingen. Doch wer hat beim Übersetzen Hand angelegt, die Amputation durchgeführt? Der Name ist tatsächlich eine Überraschung. Es war kein Geringerer als Sigmar Mehring, der Vater von Walter Mehring, dem bekannten Schriftsteller, kommunistischen Anarchisten und jüdischen Emigranten. Dabei hatte schon Sigmar (1856–1915), seit 1889 freier Schriftsteller und Übersetzer in Berlin, wegen antijesuitischer Kritik in einem Gedicht drei Monate Festungshaft genossen.

In seinem wohl schönsten Buch *Die verlorene Bibliothek. Autobiographie einer Kultur* (zuerst englisch, 1951) erzählt Walter, sein heute bekannterer Sohn, wie er die bislang gerettete Bibliothek seines Vaters zurücklassen musste, als er im März 1938 von heute auf morgen aus

Wien fliehen musste. Das für sich schon fantastisch wirkende Faktum, dass die umfangreiche Büchersammlung noch heil nach Wien gekommen war, verdankte Mehring Camill Hoffmann, Legationsrat und Pressechef der Berliner Tschechoslowakischen Gesandtschaft, der 1944 in Auschwitz ermordet wurde.

Im Buch ist die Bibliothek seines Vaters Walter Mehrings »letztes Zuhause«. Im Kopf geht er die Bestände durch und erzählt Geschichten zu einzelnen Büchern, doch nebenbei entsteht auch ein wunderbar einnehmendes Porträt seines Vaters, den er zu verehren scheint, dem er allenfalls blauäugigen Glauben an die Aufklärung vorwirft. »Doch nie hatte mein Vater – ein Zauberlehrling, ein Meisterschüler der Kritischen Vernunft – wohl unter den Bänden seiner Bibliothek die Toxine, die Keimträger okkulter Epidemien geargwöhnt.«

Mehring meint da Bücher, mit denen »die ersten Transporte humanistisch gebildeter Einjährig-Freiwilliger« in den Krieg zogen, »Goethes ›Faust‹, Nietzsches ›Zarathustra‹ im Tornister, Kants ›Kategorischen Imperativ‹: alle Mann zur Weltoffensive Potsdams, aber auch zur Verteidigung der deutschen Geniestadt Weimar«.

Aber warum hat ausgerechnet Sigmar Mehring, ein links-anarchistischer jüdischer Publizist, der gerne frivol-volkstümliche Lyrik schrieb, den Text des Gedichts gekürzt? Ist er etwa vom konservativen Friedrich-Experten und Herausgeber Volz dazu angehalten worden? Dazu gibt es keine Unterlagen. Es kann, muss aber nicht der Fall gewesen sein.

Schon beim ersten Blick auf die Veröffentlichungen Sigmar Mehrings fällt sein im Georg Müller Verlag publizierter letzter Titel auf: *Rieke im Kriege* (1916). Er enthält Gedichte, die Mehring, der am 10. Dezember 1915 starb, seit Kriegsbeginn im *Ulk*, dem *Illustrierten Wochenblatt für Humor und Satire*, das in diesen Jahren als Beilage des *Berliner Tageblatts* erschien, veröffentlicht hatte. Erzählt wird die Geschichte einer drallen, von Heinrich Zille gezeichneten Berlinerin namens Rieke und ihrem Maxe, der an der Front kämpft, während sie darauf wartet, dass er nach Hause kommt und sie von ihrem Dienstmädchendasein befreit. Aber »flenn ick? I woher denn!/ Nach dem

Siech kommt unser Mai«. Es sind volkstümlich-lustige, teils ironische Durchhalteverse, die von Fritz Engel, einem der wichtigsten, ebenfalls jüdischen Theaterkritiker der Zeit, in der Einleitung propagandistisch instrumentalisiert werden:

Zur Truppe gehört die Musik, die die feierlichen Choräle, die rauschenden Märsche, aber auch die hüpfenden Tanzweisen spielt. Den toten Kameraden geleitet sie mit einem wehmütigen Abschiedslied ins Grab; vom Grabe kehrt sie zurück mit dem Jauchzen des Lebenden. So darf auch der Dichter, wenn ihm nur die Gabe verliehen ist, in die dröhnende Schwermut des Weltkrieges hineinlächeln. Er darf und er soll es. Auch er denkt, indem er scheinbar Kleines gibt, an das Große, das uns obliegt.

Im Anhang wird auf einen demnächst erscheinenden Band mit »Zeitgedichte« Fritz Engels' hingewiesen, Titel: *Wir sind jung!*, und schließlich auf Artur Landsberger und seinen ebenfalls im Georg Müller Verlag erschienenen Zukunftsroman *Haß. Der Roman eines Deutsch-Engländers aus dem Jahre 1950.*

War die sympathische, spätaufklärerische Lichtgestalt Sigmar Mehring, die sein Sohn in *Die verlorene Bibliothek* zeichnet, wie Thomas Mann und die große Mehrheit der Deutschen wie der assimilierten Juden zumindest zu Beginn des Ersten Weltkriegs politischer Nationalist? Wollte er damals etwa ganz von sich aus nichts von den schlüpfrig-aufrührerischen Versen eines lieber vorbildhaft gedachten Preußenkönigs und des ihn mit ebensolchen Festen feiernden mährischen Grafen Hoditz wissen?

Die Frage nach der Urheberschaft der Streichungen der friedlich lustvollen Zeilen Friedrichs lässt sich heute nicht mehr restlos klären. Aber interessant ist, dass die Poesie des inzwischen zum nationalen Monument erhobenen Königs – Gustav Berthold Volz' Buch *Friedrich der Einzige* von 1933 ist eine der Hagiographien – und die Lebensform des mit ihm befreundeten Grafen Hoditz – die im ebenfalls gekürzten Schluss noch einmal als die eines »Weisen« von jener der »Narren« abgesetzt wird – noch hundertvierzig Jahre nach dem Fest von Rosswald als störende Provokation wahrgenommen wurden.

15

Schach dem König – Das Kriegsspiel als Lehre der Liebe? Eine Erzählung und Anmerkungen zu einer Mode des 18. Jahrhunderts

Der schon in Neiße verabredete Gegenbesuch Friedrichs in der habsburgischen Kleinstadt Mährisch Neustadt, heute Uničov, zu dem der preußische König Anfang September 1770 unterwegs war, bringt wenig Neues. Friedrich trifft zum ersten Mal persönlich auf seinen langjährigen strategischen Widersacher Staatskanzler Kaunitz, aber der direkt von Rosswald und seinem ausufernden Fest kommende König verwirrt den notorisch gediegen-langfädigen Kaunitz durch »Konfusion« in seinen Äußerungen. Nun ist das sicher teilweise ein Erfolg der bekannten Taktik Friedrichs, immer neue Aspekte in Unterhaltungen einzubringen, sich nirgends festnageln zu lassen, dabei jedoch selbst innerlich klar zu bleiben und die eigenen Ziele zu verfolgen. Aber die Erfahrung des Fests von Rosswald mag den König zusätzlich animiert haben. Auch das Klima schlägt wieder zu. Zwei Tage lang müssen die verabredeten Manöver wegen katastrophalen Wetters ganz ausfallen, der Blitz schlägt ins Lager ein.

Am 7. September früh um vier reist Friedrich wieder ab, über Sternberg noch einmal nach Rosswald. Als er dort ankommt, hat der Graf schon die zweite Unterhaltung für den König arrangiert. Auch sie gleicht – ob Hoditz das wusste und absichtlich in Szene gesetzt hat, ist nicht bekannt – auf überraschende Weise dem, was Lancelot bei seinen Abenteuern im verlorenen Wald begegnet: »Als doch einmal alle bei den vier Quellen Versammelten müde zu werden begannen vom Tanz, und das schöne Mädchen den in sie verliebten Magier fragte, ob er ihren Freundinnen, Freunden und auch ihr selbst eine zweite Unterhaltung bieten könnte«, gibt er sich erneut Mühe und erfindet ein Spiel, das sie und ihre Mittänzer und -tänzerinnen für immer beschäftigen soll. Und tatsächlich: Auch darin verlieren sie sich, »bis Lancelot in den Wald kam, seine zweite Prüfung bestand, und ihnen vorführte, dass man das Spiel gewinnen konnte«.

*

In Rosswald zeigte man Eduard Richter, dem enzyklopädischen Lokalhistoriker, noch Ende des 19. Jahrhunderts den Ort des Geschehens: »rechts außerhalb des Marktes ein herrschaftliches Stück Acker, welches in jenen Jubeltagen Brachfeld (nicht Wiese) war. Dieses ließ Hoditz in 64 Quadrate theilen, auf welchem er mit dem König die interessanteste Schachpartie der Erde gespielt, die eine Nachahmung eines alten persischen Königsspieles war. Die beiden Spieler saßen auf erhöhten Sitzen. 32 seiner unterthänigen Knaben in Farben und Anzuge der Schachfiguren und mit den dazu gehörigen Abzeichen versehen, vertraten die Spielfiguren, die sich nach dem Commando der Spielenden hin und her bewegten. Die geschlagenen Figuren mussten entweder umfallen oder – bei andern Partien – austreten.«

*

Immer wieder bewegte sich Max unruhig nach links und rechts, aufmerksam beobachtet von einem kleinen kraushaarigen Jungen, der schräg vor ihm stand und mit seinen nackten Zehen in der Erde bohrte. Er hatte die klobigen Schuhe ausgezogen, die er schön fand, aber auch eng, weil er so etwas noch nie an den Füßen gehabt hatte. Vermutlich wusste der Junge noch immer nicht, warum er und die vielen anderen, meist schon größeren Burschen herbeigerufen worden waren und man ihnen schwarze und weiße Schärpen überreicht hatte; warum viele artig herausgeputzte Fremde mit hohen Perücken ihnen dabei zusahen, wie sie auf einem Acker, der sich in den letzten Wochen beinahe in einen saftigen Sumpf verwandelt hatte, in schon etwas aufgelockerten Reihen nebeneinanderstanden. Immerhin hatte es hier seit ein paar Tagen nicht mehr geregnet. So konnten sie stehen und gehen, ohne ganz im Schlamm zu versinken. Ein Bursche mit weißer Schärpe musste ein Stück vortreten, einer mit einem schwarzen Stück Tuch ging einen kleinen Weg schräg über das Feld und rempelte einen Burschen mit weißer Schärpe um. Beides verfolgte der kraushaarige Schmuddeljunge, der ein sorgsam gehegtes Weiß trug, mit der nervösen Aufmerksamkeit des Neids. Er wäre gerne dabei gewesen. Für ihn tat sich noch immer nichts. Wieder schaute er schüchtern auf Max, als könne er aus dessen Bewegungen auf die nächsten eigenen schließen.

Da hatte der Junge nicht unrecht. So musste sich das ergeben. Max, der den erneuten Blick bemerkt hatte und dem Jungen ein angedeutetes Schulterzucken schickte, war der Mittler. Er gab die Anordnungen des Königs weiter, die ihn über eine Dame in einem langen, leuchtend blauen Kleid mit einem ebenso leuchtend gelben Gürtel erreichten. Sie stand nur zwei Meter neben dem hohen Stuhl des Königs, wie er und seine wichtigsten Begleiter auf einem etwas wackeligen Holzgestell, einer der Tribünen, die sonst für Theateraufführungen im Park verwendet wurden. Wer die schöne Dame etwas genauer betrachtete, merkte, es war die Springer Else, die vergangene Woche noch zum Wohlgefallen des Königs gesungen hatte.

Jetzt war sie es, die auf seine Worte horchte, diese zögernd wiederholte, auf das unmerkliche Nicken ihrer Majestät wartete, dann die kleine Treppe zu Max hinunterstieg und ihm die zu bewegende Figur und die neu einzunehmende Position zeigte, worauf Max die Figuren führte. Zwei Stufen zwischen König und Feld, eine Prozedur, die dem Spiel etwas Festliches gab und dem preußischen Regenten etwas von der Verantwortung für seine Entscheidungen nahm.

Vielleicht würde Max auch noch Gelegenheit finden, dem ungeduldigen Jungen ein paar Spielregeln zu erklären. Aber gerade jetzt mussten sie beide nur aufmerksam und still sein. Was sich auf dem Feld begab, war von gewisser Wichtigkeit, ein Spektakel nach dem Geschmack des Grafen, angelegt für seinen hohen Gast. Auf diese beiden hohen Münder, auf alles, was die Herren laut oder leise von sich gaben, musste sofort reagiert werden.

*

Während das Fest vom vergangenen Sonntag über Wochen hinweg geplant worden war, hatte der heutige Tag, der ursprünglich nur der Erholung des Königs von Neustadt dienen sollte, eine kurze Geschichte: Als Albert von Hoditz Friedrich vor einer Woche durchs Schloss geführt hatte, war dessen Blick in der Bibliothek auch auf das russische Schachbrett gefallen, das der Graf noch für seinen Vater in Rotterdam gekauft hatte.

Er habe »Schach«, so Friedrich nach kurzer Überlegung, mit Marschall Fouqué gespielt, einem der »wirksamsten Feinde Österreichs«. Es habe ihm »gut gefallen«, auch wenn er nach wie vor nicht verstehe, warum sich der König in diesem Spiel kaum bewegen könne, ja mit seinen kleinen Sprüngen wie ein »alt gewordener Höfling« gehe, während die Dame variantenreiche Abenteuer erlebe, die der König sprachlos dulden müsse. Der König sei das Wichtigste und dürfe dem Feind nicht in die Hände fallen, doch wenn er nicht zügig gehen könne, sei er nicht mehr als »ein leerer Fleck«, ein »hilfloser Träumer«. Schützen könne er niemand. Und der »umgekehrte Schutz« des Königs durch die Dame sei dann »erst recht unglaubwürdig«.

Während sich Friedrich auf solche Weise anfangs zögerlich, dann entschlossen in Stimmung redete, hatte der Graf lächelnd zugehört. »Insofern« sei dieses Spiel, meinte er, doch »wie das Leben selbst, Euer Hoheit – wenn der König fällt, ist es aus«. Genau deswegen müsse der Herrscher vorsichtig bleiben, dürfe nur mit kleinen, sparsamen Schritten unterwegs sein: »Die anderen gehen für ihn.« Was den Schutz durch die Dame betreffe? »Das kommt auf die Dame an. Manche sind flink!« Ob der König dieses Spiel einmal genauer anschauen wolle?

Es sei vielleicht noch eine Hinterlassenschaft der die Niederlande bereisenden Großen Gesandtschaft, und, nun ja, der es in Auftrag gegeben oder gefertigt habe, habe wohl andeuten wollen, dass man in Petersburg wisse, wie es in Paris zugehe. Der Graf zeigte auf die beiden Königinnen, die, wenn man sich zu ihnen hinunterbeugte, selbstbewusst in die Augen des Betrachters schauten, ihm, ohne sich darum zu kümmern, dabei ihre großen, weit ausgeschnittenen Brüste darboten, von einerseits blonden, andererseits dunklen, schön geschwungenen Haaren und einem Pelz umrahmt. »Kraijla« nenne man das bei den Russen.

Ein gelehrter Mönch, so Hoditz, habe ihn verstehen lassen, wie »der Wandel« zu einer Frauenfigur, der sich in Spanien vollzogen habe, vonstatten gegangen sei.

Eine Königin wie Isabella und ihre strenge Herrschaft über Kastilien hätten nach einer einflussreichen Frau auf dem Brett »verlangt«. Isabella habe sich ihren Mann selbst ausgesucht, sie habe die Inquisition in Gang gesetzt, sie habe Cristoforo Colombo seine Reisen ermöglicht. Und seine Majestät sei doch wohl damit einverstanden, dass seine »einst wichtigsten Widersacher« Frauen waren? Er erinnere sich doch an die Zarinnen, an Katharina und Elisabeth? Auch er, Hoditz, fürchte »die gute Kaiserin Maria Theresia« mehr, als dass er von ihr Schutz erwarte.

Kein Wunder also, dass von Isabella inspirierte Frauen beeindruckende Wege gehen mussten. Möglicherweise sei die unter ihr gewachsene Macht der Kirche, die sich in den Kreuzzügen mit blutigem Enthusiasmus an die Seite der Königin gestellt habe, auch für die damalige Aufnahme des »Bischofs«, der heute nur noch bei den Angelsachsen mitspiele, ins Figurenensemble verantwortlich. Heute nenne man ihn Läufer, die Kirche habe an Bedeutung verloren. »Bei den Orientalen« hingegen, die das Spiel nach Europa gebracht hätten, sei keine einzige Frau auf den schwarz-weißen Feldern zugelassen gewesen, bis heute!

Die Dame, die Königin, das war einmal der Wesir, der Berater, der Minister des Königs. Er stand dem König, der oft noch sehr jung oder schon alt war, mit seinen Intrigen bei. Aber gegen die großen europäischen Fürstinnen, die ihn an der Seite ihrer Majestät verdrängt haben, war er nicht mehr als ein schwacher Tippler. Ein schräger Sprung über ein einziges Feld, das war alles, was dem schiefen Mann erlaubt war. Er konnte nicht mehr, als dem König mit seinem Geschwätz zur Last fallen.

Er stelle sich, meinte der unruhig gewordene Friedrich, der gewohnt war, dass *er* die Vorträge hielt, den König »anders« vor als in diesem »Königsspiel«. Ob Hoditz je eine Schlacht mitgemacht habe? Nein? Der Herrscher müsse »die Schlacht selbst leiten, wenn nicht gar mitreiten«. Wenn er nur den einen oder anderen kleinen Schritt machen dürfe, sei das unmöglich.

Sie schoben ein paar Figuren hin und her, der König etwas zögerlicher, als sei ihm das Spiel bei genauerem Besehen nicht sehr vertraut, aber Albert von Hoditz stand sofort ein von würdigen Gebäuden umgebener mittelalterlicher Platz in einer festlich geschmückten Stadt vor Augen, für Tausende von Zuschauern, von mächtigen bunten Fahnen umringt, mit Reiterstafetten, Rossfechten, Reden und Tänzen, ein machtvolles Auftreten verschiedener Fürstenhäuser, zwei große Parteien in einem begeisternden Lebendschach um »Liebe und Tod«. Zwei Männer spielen um eine Frau? Um ihr Leben? Ihr Glück?

In den Morgenstunden still sein, um jeden Tag ein neues Schauspiel aufzuziehen, so hätte Albert von Hoditz' Leben aussehen können, aber alle dafür notwendigen Dinge, hatte Hoditz im gleichen Augenblick bedauernd bedacht, würde er diesmal nicht in Kürze herbeischaffen können: keinen Elefantenritt zur Feier des Königs, wie vor achtzehn Jahren zum Spott über Maria Theresia! Aber auch jetzt musste der Graf nur kurz überlegen. Dann schickte er Blümel in den Requisitenkeller des Theaters, wo noch Gewänder von vergangenen Mittelalter-Aufführungen hingen.

*

Alle wurden sie ausgebessert und wiederhergestellt. Träumerische Feen, in die Jahre gekommene Hofdamen, Ritter mit Mottenlöchern im Wams. Artus und Guinever, Viviane und Lancelot, Merlin und Fee Morgane standen mit ihren Schleiern, kräftigen Farben, blitzenden breiten Schwertern und Schilden schon bereit, als der Sekretär des Bischofs von Olmütz, der nach dem grellen Sinnenfest vor einer Woche alarmiert worden war, im letzten Moment darauf bestand, dass aufwendig kostümierte Königinnen und aller sonstige Pomp aus dem Spiel ausgeschlossen werden müssten. Der Lehnsherr habe nicht selbst kommen können, aber Hamilton, ein in München geborener schottischer Bayer und mährischer Bischof, ein Mann aus dem Leben, der dem Grafen sehr zugetan sei, sei zwar auch begeisterter Schachspieler, aber wenn er höre, dass »sein Spiel« für »närrische Abwege« herhalten müsse, werde sich seine Stimmung verschlechtern. Der Sekretär rate sehr, das Spiel nach dem alten, indisch-orientalischen Modus ohne Damen zu absolvieren.

Der Graf hatte wüst über die »heidnischen Vorlieben« des Bischofs gespottet, aber am Ende eingelenkt. Die Frauen blieben auf die Ränder des Spiels beschränkt. Auf dem Feld würden Damen auftreten, aber von Burschen dargestellt. Hoditz bestimmte die Sängerin Else Springer als Botschafterin auf die Seite des Königs und Brigitta an seine eigene. Else hatte die Anordnungen an Max weiterzugeben, Brigitta an Blümel. Blümel und Max hatten die Figuren zu leiten.

So bildeten zweiunddreißig einfach gekleidete Knaben – die größten durften Türme sein, die schmalsten Läufer und die lebendigsten Pferde, alle mit einem auf den Rücken gemalten Zeichen für ihre Figur – auf durch gespannte Schnüre markierten Feldern die sich verändernden Konstellationen des Spiels ab.

Ärgerlich beobachtete Max, wie seine schöne Brigitta in einem langen dunkelroten Kleid mit schwarzem Gürtel ihr neugieriges Gesicht immer wieder zum Grafen reckte, der ihr und den Burschen auf ihrer Hälfte die Richtung vorgab. Als wolle sie ihn mit aller Macht dazu bringen, ihnen mehr Ausflüge zu erlauben. Aber auch Else Springer schien keinen Blick vom alten preußischen König zu lassen, der das Feld ohne Pause ungerührt betrachtete. Musste er sich gerade besonders konzentrieren? Gefiel ihm, dass da nur Knaben auf dem Platz waren? Suchte er einen Ganymed unter den Burschen, der ihn das nächste Mal in den Serail begleiten sollte? Oder wollte er sich nur nicht in die Karten schauen lassen? Wie gut konnte er wirklich spielen? Dachte er, er könne so tun, als ob? Vielleicht hatte er Angst, sich vor seiner kleinen Delegation, die ihn nach Neustadt begleitet hatte und jetzt neben Else auf seinem Holzgestell saß, zu blamieren.

*

Immerhin war da der umgänglich-gesprächige Friedrich Wilhelm, Preußens rotwangig-voluminöser, dem Leben zugeneigter Erbprinz, der bei Volk und Mannschaft schon jetzt beliebter war als der zähe Friedrich, der aber dort, wo sein königlicher Onkel auftrat, den Mund zu halten versuchte, um es sich nicht weiter mit dem zu verderben, der ihn verachtete, doch seit der Entscheidung für ihn als Thronfolger mitziehen musste.

Friedrich bevorzugte die beiden Braunschweiger Prinzen Friedrich August und Leopold, Söhne seiner Schwester Philippine. Sie ließen sich nicht durch »Dessauer Hornistentöchter« wie Wilhelmine Encke, die kluge und Einflussreichste der Geliebten des Kronprinzen, korrumpieren.

An Friedrich August gefiel dem König, dass er »die bedeutendsten Männer seiner Zeit mit rücksichtslosem Freimuth und beißendem Witze beurtheilte. Von Gestalt war er nichts weniger als schön gebaut, seinen Rücken verunzierte ein ansehnlicher Höcker, den er frei zur Schau trug und über den er selbst spöttelte.« Seit dem Ende des Siebenjährigen Kriegs begleitete er, bucklig und gallig, seinen geistesverwandten Onkel zu allen Manövern.

Friedrich Augusts jüngster Bruder Leopold war das direkte Gegenstück des zwölf Jahre Älteren. Von Abt Jerusalem und anderen hervorragenden Geistern erzogen, würde sich der gottgefällige Philanthrop, damals erst kurz vor seinem achtzehnten Altersjahr, bald für jeden einsetzen, der es nötig hatte, und sich als einer der wenigen volksfreundlichen fürstlichen Aufklärer erweisen, denen man dies nicht nur nachsagte. »So«, musste sich Friedrich wohl bei dem einen Brandenburger Neffen denken, »bin ich« und »so wäre ich gerne« bei dem anderen. Etwas weniger bedeutend, aber nicht unwichtig nahm sich neben den Prinzen Robert Scipio General Lentulus aus, dessen Anwesenheit für diese Tage ebenfalls verbürgt ist. Friedrich mochte den von einer sagenhaften Herkunft aus dem alten Rom umwehten Mann. Die Familie der Lentuli war seit über hundert Jahren in Bern beheimatet und hieß nach einem alten Geschichtsbuch schlicht »Linser«, aber man sagte ihr nach, sie komme wirklich aus Italien. Um sich der Unterstützung von Volk und Senat Roms zu versichern, führte sie jedenfalls noch immer den Zusatz S. P. Q. R., Lentulus' Vater hörte auf den schlichten Namen Cäsar und Sohn Robert Scipio empfing alles, was an Welt auf ihn zukam, mit neugierigen, aber abgeklärten Augen in seinem großen, geduldigen, etwas fleischigen Gesicht, dessen uralte Bildung niemand anzweifeln konnte. Lentulus war ein Reiter-General mit ausgezeichnetem Ruf, aber am meisten hatte Friedrich sein Verhalten nach einer Niederlage beeindruckt: Noch auf österreichischer Seite hatte der Berner nach der verlorenen Schlacht um Prag wütend sein Schwert zerbrochen, statt den Kapitulationsvertrag zu unterschreiben. Er sei gekommen, um zu kämpfen, nicht um zu kapitulieren. Daraufhin hatte ihm Friedrich ein Angebot gemacht. Lentulus hatte abgelehnt, aber mit den Jahren war er ins preußische Heer gewechselt.

*

Auf der Seite des Grafen sah Max, wie Doktor Tralles unaufhörlich auf den ihn müde abwehrenden Hoditz einzureden schien. Noch vor dem Spiel hatte er ihn selbstverliebt wispern gehört, ob er »zwischen den Kriegsparteien vermitteln oder eine bevorzugen solle«? Er sei ja mit dem bewunderten Friedrich schon persönlich zusammengekommen! Und zwar anlässlich der medizinischen Errettung des jüngsten Bruders des Königs, des Prinzen Ferdinand, der unter einer »höchst schmerzhaften Pleuresie«, einer Brustfellentzündung gelitten und seinen Arzt dem König mit den Worten »Voilà Sire, le Sauveur de ma vie« vorgestellt habe. »Friedrich der Einzige« habe ihn daraufhin, wie es nun seine Art sei, mit »Sie sind also der Doctor« sehr direkt und allgemein angesprochen, sich aber dann, medizinisch ausgezeichnet informiert, bestens mit ihm unterhalten! Seither sei der König aus seinem, Tralles' Leben nicht mehr wegzudenken!

Doch je näher der König Tralles in Rosswald kam, desto weiter bewegte sich der Moschus- und Literaturexperte von ihm weg. Es schien beinahe, als habe Tralles Bedenken, dem Bewunderten nochmals zu begegnen, um vielleicht feststellen zu müssen, dass dieser sich gar nicht mehr an ihn erinnerte. So war er wohl froh, auf der anderen Seite zu stehen.

Etwas abseits von Tralles, aber nicht weit von ihm, stand eine unauffällige Person, ein eher mittelgroßer Mann, immer etwas nachsichtig, aber auch vorsichtig lächelnd: Graf Hoym, der erst in den vergangenen Monaten, mit gerade mal dreißig Jahren, von Friedrich zum Regierungsdirektor für ganz Schlesien ernannt worden war und nun Abstand zum König wahrte. Nicht zu viel, aber er hatte sein vorläufiges Ziel erreicht, und es gab keinen Grund, die neue Stellung durch zu große Nähe zum Förderer aufs Spiel zu setzen. Von Beginn an stapfte Hoym mit gemächlichen Pausen ums Feld, für den schwierigen Boden mit derben Schuhen gut gerüstet, sich unters Volk mischend, das leise palavernd herumstand.

Hoym war ein fleißiger junger Mann: früh Waise geworden, der Vater war im Ersten Schlesischen Krieg gestorben, seine Mutter kurz darauf. Von der mächtigen Familie von Podewils adoptiert, war aus Hoym ein zögerlicher Soldat geworden, dann ein glänzender Verwalter. Er wurde Friedrich vorgeführt und gefiel. Am Ende übernahm er den Posten des verstorbenen Regierungsdirektors. »In dieser einflußreichen Stellung«, schreibt Heinrich Fechner in der *Allgemeinen Deutschen Biographie* schmeichelnd ironisch, »entwickelte Hoym alle Vorzüge seines geschmeidigen und gewinnenden Naturells, indem er einerseits, sich in die Denkweise seiner Souveräne einlebend, ihre Befehle und Wünsche gewandt vollstreckte, andererseits die verschiedenen Klassen der Bevölkerung durch seine persönliche Liebenswürdigkeit und durch eifrige Fürsorge für das Wohlbefinden derselben für sich und die preußische Verwaltung einzunehmen suchte.«

Der junge Hoym war oft bei Hoditz zu Gast. Mal mit, mal ohne seine Gattin und deren reiche Mutter, Freiin von Dyhrn, die jetzt neben ihn trat. Sie war, wegen ihres großen schlesischen Grundbesitzes, eine der reichsten Frauen Deutschlands, und, seit zwei Jahren Witwe, in Hoditz vernarrt – der ihr Vermögen, aus Furcht um seine Freiheit, aber abzuwehren bemüht war. Durch ihre große goldene Scherenbrille beobachtete die Freiin aufmerksam den Acker mit den lebendigen Burschen. Sie fühlte sich wohl an diesem überraschend freundlichen Freitag Anfang September. Die Wolken waren verschwunden. Alle, auch die feineren Herren, die sich um die beiden Spieler gruppierten, gaben sich den Anschein, interessiert zu sein. Max wusste nicht zu entscheiden, bei wem es wirklich der Fall war und wie viele nur pflichtgemäß staunten, weil sie wussten, dass Schach überall beliebt war.

*

Heute gilt Schach als beschränkt spektakulär, als anspruchsvoller Sport für Eingeweihte. Im 18. Jahrhundert ist das anders: Es ist Mode, Gesellschaftsspektakel. Mit seiner Notwendigkeit konzentrierter, vorausschauender Überlegung wirkt es wie die meditative Praxis einer Verstandesreligion, passt genau in eine glaubensskeptische, aber neugierige, vom Enthusiasmus des Analysierens bewegte, aber noch in alten Ritualen befangene Zeit. Und mit der Aufwertung des Denkens gewinnt auch das Zuschauen beim Denken an Faszination. Hat das aus Indien und Persien kommende Spiel über die arabische Welt zuerst in Spanien, dann in Italien Begeisterung ausgelöst, wird im beginnenden 18. Jahrhundert Paris zum Zentrum des Spiels. Dort findet es seine Orte und Bewunderer, weil es sich mit einer anderen, bekannteren Mode der Zeit kurzschließen lässt: Der seit dem 17. Jahrhundert über Venedig aus den arabischen Ländern importierte Kaffee schafft es auch in Frankreich schnell zum aparten Aufputschgetränk, das in der Öffentlichkeit genossen werden will. Das 1681 unter dem Namen »Café de la Place du Palais-Royal« eröffnete und 1714 umbenannte »Café de la Régence« ist eines der ersten der Stadt. Es wird rasch einer der beliebtesten Treffpunkte der französischen Aufklärungsphilosophie und wichtigster Anziehungspunkt für Schachfans. Denis Diderot, der Philosoph und Enzyklopädist, der mit seinem Prosa-

Dialog *Rameaus Neffe* das Buch zum »Régence« und zur zwiespältigen Stellung des Intellektuellen zwischen Zynismus und hoffnungsfreudiger Aufklärung schreiben wird, ist mehr Zuschauer. Aber wie viele andere beobachtet er gerne, wie einer seiner Freunde, der Genfer Emigrant und Skandalautor Jean-Jacques Rousseau – der in seinem Roman *Émile* statt Zwangserziehung ein möglichst naturgemäßes Aufwachsen propagiert –, eifrig darum bemüht ist, professionelle Spieler wie Altmeister Henri Légal oder Jungstar Philidor zu schlagen. Rousseau wird es nie schaffen, gegen einen der beiden zu gewinnen, aber er verliert nie ganz die Hoffnung darauf und seine Leidenschaft im Spiel sorgt für Aufmerksamkeit: Menschentrauben bilden sich um die Tische.

*

Er heißt eigentlich François-André Danican Philidor, aber der Name ist für einen jungen, aufstrebenden Mann, der als zwölfjähriges Wunderkind Ludwig XV. seine erste eigene musikalische Komposition vorstellen durfte, zu lang. Weil auch Philidor, der schnell als weltbester Schachspieler seiner Zeit gilt, noch an die damals weit verbreitete Legende glaubt, dass Sultan Harun ar-Raschid das Spiel aus Bagdad zu Kaiser Karl dem Großen nach Europa gebracht habe, reist er, gerade mal zweiundzwanzig Jahre alt, nach Aachen, um in passender Umgebung sein epochemachendes Buch *L'Analyze du Jeu des Echecs* zu schreiben.

Natürlich erfährt Friedrich der Große, wie von jeder neuen »französischen« Mode, auch vom Schach. Er spielt es nicht häufig, aber für viele seiner Freunde ist es schon am Kronprinzenhof von Rheinsberg ein beliebter Zeitvertreib. Als der französische Star Philidor 1750 nach Berlin und Potsdam kommt, weil alle Welt auf die deutsche Übersetzung seines Buches wartet, wird er Friedrich vorgestellt, der drei hochrangige preußische Militärs aus seiner nächsten Umgebung dazu bestellt, sich mit dem jungen Franzosen zu messen: James von Keith, Generalfeldmarschall und Gouverneur von Berlin, General Georg Friedrich von Manstein und Friedrichs regelmäßigsten Sanssouci-Mitbewohner Generalleutnant Friedrich Rudolf von Rothenburg, in dessen Potsdamer »Hotel« die Spiele stattfinden, wie der Komponist und Musiktheoretiker Friedrich Wilhelm Marpurg in seinem Buch *Legende einiger Musikheiligen* vertrauenswürdig erzählt. So viel Aufsehen erregt das Faktum, dass es in der *Berlinischen Privilegierten Zeitung* (später *Vossische Zeitung*) vom 9. April 1750 in der Rubrik »Gelehrte Sachen« ausführlich berichtet wird. Marpurg erzählt, dass es, wie bei Philidor oft, ein Blindspiel war. Mit verbundenen Augen besiegte er alle drei Gegner in parallelen Partien.

Aus der beabsichtigten ersten deutschen Übersetzung seines Buches wurde jedoch nichts, mutmaßlich, weil der vielumschwärmte Philidor das Mädchen eines preußischen Offiziers zu sehr beeindruckte. Das Pariser Schachgenie hatte über Nacht zu verschwinden.

Friedrich selbst war damals vorsichtig genug, keine Niederlage im Spiel zu riskieren. Auch Schachpartien mit Voltaire, die aus touristischen Gründen in Rheinsberg heute nachgestellt werden, haben vermutlich nie stattgefunden. Vielleicht, weil Voltaire als besonders temperamentvoller Spieler galt, der bei Niederlagen gerne Figuren nach seinem Gegner warf. Friedrich wird 1785, kurz vor seinem Tod, auch dem Berliner Besuch des »türkischen« Schachautomaten von Wolfgang von Kempelen aus dem Weg gehen – einer mechanischen Maschine, die dem Erfinder aus Preßburg / Bratislava viel Aufsehen einbringt. Im »Bauch« der männlichen Puppe mit Turban, die hinter einem Schachbrett auf einer Kiste sitzt und das Spiel des Gegners durch Nicken und Kopfschütteln kommentiert, befindet sich möglicherweise von Kempelens genau instruierte Tochter. Doch das Geheimnis ist, anders als bei von Kempelens Nachfolger Johann Nepomuk Mälzel, der je nach Auftrittsort erstklassige Spieler eingesetzt haben soll, nicht gelöst. Tatsächlich jedoch klingen »gute Spieler« am überzeugendsten, denn die anderen Kommunikationsmöglichkeiten zwischen von Kempelen und der Schachmaschine (Magnetismus, Spiritualismus und Ähnliches) wirken noch unglaubwürdiger als die Geschichte vom »belebten Automaten«. Im Übrigen wird Philidor den »Schachtürken« 1783 in Paris als einer der wenigen besiegen.

Dass Friedrichs Generäle schon mehr als dreißig Jahre zuvor in Potsdam mit Philidor spielten, überrascht nicht. Schach galt vielen als das dem Krieg nächste Spiel, das zeigt sich nicht nur in den üblichen Metaphern von militärischen »Schachzügen«, die Friedrich selbst verwendete, sondern auch in S. F. Günther Wahls *Der Geist und die Geschichte des Schach-Spiels*, 1798 in Halle gedruckt. Wahl bezieht sich darin nicht nur auf Friedrich, der gesagt habe, »die Puppen (…) werden Soldaten, welche sich nach unsern Willen in thätige Bewegung setzen, und die nach taktischen Regeln entworfene Stellung derselben bei ihren Operationen gleichen den Schlachtordnungen unserer Armeen«. Wahl selbst wird noch deutlicher: »Dass der Spieler des Schachspiels sich vermöge der Ähnlichkeit des Verfahrens auf eine ganz kriegerische Art beschäftiget findet, und dieses schöne Kriegsspiel also dem jungen Krieger als die beste Übung zu empfehlen ist (…).«

Friedrich hat sich beim Schach in Rheinsberg am ehesten mit Fouqué gemessen. Als weiteren Spielpartner des Königs erwähnt Marpurg aber auch den jüdischen Mathematiker und Mediziner Aaron Salomon Gumpertz, der schon in den 1740er Jahren »Secretair« der Potsdamer Hofintellektuellen Maupertuis und d'Argens wurde und in diesem Zusammenhang auch Friedrich kennenlernte. 1750 promovierte Gumpertz als erster Jude in Preußen an der Frankfurter Viadrina mit einer medizinischen Schrift über die Temperamente.

Albert von Hoditz hingegen wird überall als guter Spieler geschildert. Vermutlich hat er Schach spätestens an der Ritterakademie in Liegnitz gelernt, galt es doch als eine der ritterlichen »Fertigkeiten« wie Reiten, Jagen, Beizen, Schwimmen, Musizieren und Tanzen. In der vermutlich ursprünglich vom unehelichen Hoditz-Sohn F. Czapke arrangierten Kompilation von Felix Jaschke heißt es: »Schachspiel und Damenzügen war eine große Unterhaltung fürn Herrn Grafen Hoditz, er spielte aber niemalen mehr, als zwey bis dreÿ Parthien, Schach aber mit keinen andern als mit Militairisten, sehr selten verlor der Herr Graf eine Parthie, indessen durch die ganze Zeit des Spiels machte er Neckereÿen, und Anspielungen, auf die Kriege zwischen

Oestreich und Preußen, er sagte, da steht der große Friedrich, der die Oestreicher geschlagen, da steht der General Laudon (...).« Auch hier scheint es, als habe Hoditz beides beherrscht: die alte Variante als reines »Königsspiel« und die neue, reformierte, in Spanien »a la dama« genannt. Aber vielleicht meint Czapke hier auch das ebenfalls traditionelle Dame-Spiel, also wieder etwas anderes.

Der Friedensgraf und Antimilitarist Hoditz liebt es jedenfalls, Militärs, die sich beim Schach auf ihrem Terrain wähnen, zu narren. Aber nicht nur sie sind seine Opfer.

*

Auch Max hat ihn schon zu spüren bekommen. Auf einmal weiß er wieder, warum Hoditz sich seine Brigitta für das Spiel gegen Friedrich an die Seite geholt hat. Er will es aber gerade nicht wissen. Lieber träumt sich Max auf die hundertjährige Linde, auf die er noch geklettert ist, als der König vor zwölf Jahren das erste Mal nach Rosswald kam. Hier sieht er die Schachlandschaft auf dem Acker durch Blätter und Äste von oben, sieht die Köpfe der Figuren sich kaum merklich bewegen, fühlt sich wie der ungelenke Besucher des Eichhörnchens, das ihn damals, oben auf dem Baum, erschrocken angesehen hat und in die Wipfel über ihm geflohen ist.

Jetzt sitzt er wieder dort oben und versucht, Brigitta zu sehen. Aber seine Frau steht viel zu weit weg, um ihr in die Augen zu schauen. Mit Sicherheit tut sich darin etwas. Denn sie selbst ist einmal auf dem Spiel gestanden, Max hat sie *gewonnen*, das kann sie nicht vergessen haben.

*

Hoditz hatte Max, der über einer Abrechnung aus dem Holzverkauf saß, mit unbeteiligter Miene angeschaut. Mit flacher Stimme hatte er leise etwas gesagt. Max hatte es erst im Nachhall verstanden und war sofort wütend geworden. Aber er war ruhig geblieben.

Er hatte sich erinnert: Schon als Brigitta noch ein Mädchen war, hatte der Graf sie lange betrachtet. Sie hatte ihn damals verehrt, weil er eine Schauspielerin aus ihr machen wollte. Aber obwohl sie nichts zu verlieren hatte, war sie irgendwann aus seiner Umgebung verschwunden, leise, ohne Aufsehen.

Ob Brigitta Max schon damals geliebt hatte? Ob sie ihn heute liebte, nachdem sie seine Frau geworden war? Er wusste es nicht. Er selbst hatte sich, als er sie das erste Mal sah, in sie verguckt, und als der Graf losließ, war ihr Max wieder so nahegekommen wie bei den ersten gemeinsamen Proben.

Doch dann hatte er den Gutsherrn um Erlaubnis fragen müssen, sie zu heiraten. Und Hoditz hatte sich eines Schlechteren besonnen. »In den Serail führen« hatte er genannt, was ihm, genau genommen, noch immer zustand: die erste Nacht. Auch wenn er sie lange nicht mehr eingefordert und auch jetzt nicht davon gesprochen hatte.

Er braucht das Recht nicht, dachte Max. Die Mädchen hier, die es nicht besser wissen, laufen ihm hinterher, warten nur, dass er sie anschaut.

Leib-eigen. Was für ein Wort! Es besagt das Gegenteil dessen, was es bedeutet.

Max hatte schon damals geahnt, was mit »Serail« gemeint war. Er hatte sich an das mit bunten Bändern dekorierte Zelt erinnert, in dem der Graf manchmal Vorträge hielt. Gemeinsam mit anderen Rosswalder »Eleven«, die auf ihre Schauspielerei vorbereitet werden sollten, hatte Max Geschichten aus Tausendundeiner Nacht gehört. Er hatte sich die fein gewandeten Mädchen vorgestellt, die sich im Palast eines Sultans räkelten, sich dort flüsternd mit sich selbst beschäftigten, nähten oder Essen zubereiteten, ohne Gedanken an morgen – um auf einmal gerufen zu werden und sich in die Geliebte des Sultans zu verwandeln. Max hatte selbst davon geträumt, mit den Mädchen dieser Geschichten die Stunden zu vertändeln. Aber was hatte sich Brigitta vorgestellt, was die anderen »Elevinnen«? Wahrscheinlich hatten auch sie vage, kaum bebilderte Gefühle, waren dem Grafen in seine Erzählungen gefolgt.

Als nach »Serail« lange kein Wort gefallen war, hatte der Graf plötzlich gemeint: »Wir sollten spielen ...« Max war zusammengezuckt, obwohl er erst mal nichts begriffen hatte. Aber dann war ihm eingefallen, dass der Graf vor Jahren beobachtet hatte, wie Müller Max an langen Sommerabenden in der Schäferey die Figuren erklärt, das Spiel beigebracht hatte. Bis hin zu immer komplizierteren Kombinationen.

Müller hatte viel Wert auf Bauern gelegt. Auf Positionen, die sie öffnen und verschließen.

Sie stehen dir im Weg, aber sie stützen, sie verstopfen ein Spiel und ermöglichen es, verhindern und befreien es, für dich wie für deinen Gegner, sie können dir deine Dame zurückholen, auch wenn du für sie bis ans andere Ende des Bretts reisen musst. Wichtig sind sie, weil keiner ihrer Züge rückgängig gemacht werden kann. Die Soldaten können nur vorwärts marschieren. Für sie gibt es kein Zurück. Jeder ihrer Schritte schafft ein Faktum. Es gibt nur Sieg oder Tod.

Die Wichtigkeit der Bauern habe Philidor entdeckt, hatte Müller gesagt und Max, der kein Bauer war und nicht wusste, ob er darauf hoffen sollte, einer zu werden, das Buch gezeigt, das er aus Hamburg mitgebracht hatte und in dem viel von »Systemen« die Rede war.

Dabei, dachte Max, war Müller im eigenen Spiel ein Gegen-Philidor, ein von Plänen erfüllter Hasardeur, der diese Pläne schon beim dritten eigenen Zug vergaß. Aber vielleicht sind alle, die wirklich spielen, Hasardeure und es kommt nur darauf an, wann man wagt und wie viel?

Müller hatte ihm erzählt, wie man Spieler überrascht, die zu wissen glauben, welcher Zug auf welchen folgen muss. »›Unvernünftige‹ Züge verwirren sie, machen sie nervös, unbeherrscht, ja wütend. Sie können nichts mehr berechnen. Nur muss man ihnen gegenüber auch wissen, was die eigenen, ›falschen‹ Züge bedeuten. Sonst ist man schnell wieder in ihrem harten Griff und sie schreiten zur Beseitigung des Provokateurs, indem sie selbst Fallen aufstellen.«

Max verstand. Er sprach wenig, aber er konnte hören, lesen, begreifen. Manchmal schien ihm, als verstehe er Bücher und Figuren besser als Menschen, die er mochte. Er nahm sich vor, ein Hasardeur mit

Überblick zu werden, virtuos und freudig, aber auch einer, der nie die Kontrolle verliert. Meist nahm die Kontrolle überhand. Ich bin, dachte Max, zu vorsichtig.

Der Graf hatte alles geschehen lassen, hatte sich anfangs wohl gefreut, dass dieser Bursche, trotz seiner schroffen Art, seiner groben Hände, seiner für die Schauspielerei oft zu schwerfälligen Bewegungen, »nicht dumm« war. Er hatte sich zurückgelehnt und in die Sonne geblinzelt.

Aber er hatte sich am Ende vielleicht doch über Müllers Frechheit geärgert. Schach zu lehren war des Grafen Vorrecht, und meist waren es nur die besten der »Élèves«, die davon profitieren durften.

Vielleicht hatte Hoditz die Entscheidung im Spiel ja nur versucht, um Max zu provozieren, ihn an seine stumpfen Eltern zu erinnern, die nie an irgendeine Art »Spiel« denken konnten?

Oder war es das Gegenteil: Hatte Hoditz Max eine Chance geben, aber Brigitta nicht von vorneherein aufgeben wollen, um die Situation glaubwürdiger zu gestalten? Wahrscheinlich hätte der Graf sie ohne jeden Kampf haben können, wenn er um ihre Hand angehalten hätte. Aber konnte ein Graf um seine Leibeigene freien? Er hatte es nicht getan und Brigitta hatte Max lieb gewonnen.

*

Im Spiel in der Kapelle hatten sich dann beide derart zurückgehalten, dass kaum Bewegung in den Kampf kam. Als hätten sie sich gemeinsam vorgenommen, ihn zu vergessen. Sie spielten direkt vor dem Altar, an dem schönen alten Holztisch aus der Bibliothek, auf dem das Brett auch sonst immer stand, und waren gut zu sehen. Aber bald konnte keiner der zweihundert Leute, die in der mächtigen Schlosskapelle Platz fanden, glauben, dass die da vorne wussten, worum es ging. Keiner im Dorf hatte den Preis offen genannt. Auch, wo Brigitta sich verbarg, ahnte niemand.

Wollte sie, wie Max sich plötzlich in der Erinnerung peinigte, damals etwa *beide*, hätte das Spiel ihr Herz bei jedem Ausgang zerrissen? War sie eifersüchtig auf die Blicke über den schönen Königinnen?

Oder hatte sie sich darüber geärgert, dass sie nicht selbst um ihr Schicksal spielen durfte?

Bis heute hatte Max mit ihr nie über diesen Tag gesprochen. Er hätte ja auch verlieren können. Warum war er auf das Spiel überhaupt eingegangen? Aber blieb ihm eine andere Wahl?

In Paris oder London wären die Leute gerannt, um ein Spiel um eine Liebesnacht zu sehen. Hier kamen sie, blieben eine Weile, zogen sich aber bald zurück. Gab es doch nichts anderes zu betrachten als diese zwei Männer, die, über ein Brett gebeugt, Figuren bewegten und keinen Ton von sich gaben. Schon nach kurzer Zeit waren die Zuschauer wieder verschwunden, die Spieler allein. Nur Blümel war geblieben und reichte ihnen immer mal wieder ein Glas mit Wasser und eines mit Wein.

Je länger die Auseinandersetzung dauerte, desto mehr schien Max, als werde der Graf sanfter, weicher. Er war der bessere Spieler und gab doch eine Figur nach der anderen her. Hatte er mitten im Spiel auf einmal Bedenken gefasst? Wurde ihm klar, dass die Gefühle der Menschen – und vielleicht sogar seine eigenen – die jahrhundertealten Gesetze hinter sich gelassen hatten?

Max hatte noch nie davon gehört, dass Hoditz ein Mädchen zu sich genommen hätte, das nicht bei ihm sein wollte. Als der Graf nach Sophies Tod traurig war, kamen viele, die gehört hatten, er brauche »Trost«.

Aber genau diesen konnten sie ihm nicht bieten. Hoditz hatte Sophies Witz genossen, ihre Scherze, nicht ihre verblasste Schönheit, sondern ihre Verrücktheit, die sich an ihm immer wieder aufgeladen hatte, weil sie nicht gelangweilt war. Doch je länger sie gemeinsam in Rosswald lebten, desto mehr hatte sie sich verändert. Vielleicht bereute sie die Flucht in das abgelegene Waldschloss, blieb drinnen, weil es draußen für sie zu wenig zu sehen gab? Vielleicht waren schon die ersten enthusiastischen Feste, die sie noch gemeinsam in Rosswald gegeben hatten, ein Feiern gegen ihre wachsende Melancholie.

*

Müller, Max' gesellschaftlich gelenkigerer Lehrmeister im Schach, war selbst schon seit Jahren weg. Er hatte mit Rosa, einem anderen Rosswalder Dorf- und Schauspielermädchen, etwas angefangen und ihr ein Kind gemacht. Auch da hatte der Graf zugesehen. Bis die lauten Eltern des Mädchens auf einmal vorstellig wurden und von ihm verlangten, dass Müller Rosa heirate. Was nach den Regeln der Region bedeutet hätte, dass Müller selbst ein Leibeigener des Grafen geworden wäre.

Der Graf hatte den aufgebrachten Eltern mit ihrem verschüchterten Mädchen den Verweis auf Moral und Sitte nicht verübeln können. Aber er verstand auch, dass Müller, der das Mädchen zu lieben behauptete, trotzdem verschwinden wollte, und hielt den, der sein Besitz hätte werden sollen, nicht auf.

Müller, schon bald in Wien, erzählt in seiner Autobiographie etwas gewunden davon:

Im Jahre 1761 verließ ich Rosswald, weil mir eine Heirat angetragen wurde, welche meinem für die Zukunft entworfenen Ziele nicht angemessen war und wogegen sich zugleich mein Ehrgefühl empörte, da ich mich durch Vollziehung derselben leibeigen und untertänig hätte geben müssen. Eine Gewohnheit, welche damals in Mähren gebräuchlich war und erst in der Folge aufgehoben wurde.

Ob das Mädchen nicht mitwollte, ob die Eltern es nicht ließen, ob Müller Rosa gar nicht fragte, wie es sein in diesem Zusammenhang überraschender Verweis auf das eigene »Ehrgefühl« ahnen lässt, weiß heute niemand mehr.

*

Endlich tat sich etwas auf dem Acker. Vielleicht waren es die anwachsenden Wolken, die beide Spieler beflügelten? Friedrich tanzte Hoditz mit seinen Pferdchen vor der Nase herum. Max kam nicht nach mit der Ausführung der Orders und der Graf machte mit. Beide Herren produzierten sich in wilden, planlos luftigen Rösselsprüngen über Bauern und Läufer, vor und zurück und übereinander, als wären sie Kinder.

Max hatte Friedrich vor seiner frühen Abreise nach dem Fest nicht mehr gesehen, aber seit der Rückkehr vom zweiten Treffen mit dem Kaiser schien der König auf heitere Weise belebt. Hoditz, der auf der Hinfahrt mit in der Kutsche gesessen hatte, aber vorher zurückgekommen war, um das Schachspiel vorzubereiten, hatte behauptet, Friedrich habe sich schon in Neustadt ungeheuer lebendig gezeigt, die ganze Zeit über unkonzentriert, aber gesprächig gute Laune verströmend, trotz des erbärmlichen Regenwetters. Ständig habe der König gescherzt.

Else Springer, die in ihrem angeheirateten Familiennamen eine Reihe von Vorfahren mitführte, die noch im Dienst wechselnder Herrschaften hin und her gejagt waren, um da und dort bei allerlei Feldarbeiten einzuspringen, und Brigitta, deren Vater bei der Anlage des Parks als Tagelöhner mitgeholfen hatte, hatten vor dem Spiel verträumt die müden, aber sorglosen Züge des Monarchen betrachtet. Auch sie meinten, den Grund der ziellosen Bewegungen seines Spiels zu erahnen.

Ein Dutzend Jahre zuvor waren Else und Brigitta noch selbst als Nymphchen in den Teichen und Bächen des Grafen getaucht, hatten von einer Zukunft als ordentlich verheiratete und umschwärmte Sängerin oder Schachkönigin nur träumen können, waren allenfalls den Anleitungen der Regisseure und den Augen interessierter Männer gefolgt. Jetzt blickten sie in ihren schönen, langen Kleidern mittelalterlicher Fürstinnen auf einen wunderbar geschwungenen Zeitstrahl zurück. Ihr ganzes Leben musste ihnen wie ein verwegenes Märchen erscheinen, dessen grobe Linien kein anderer als der Graf ermöglicht hatte. Wie sie sich schaudernd eingestehen mussten, hatte er sie aus dem Dreck gezogen.

Die Pferde-Burschen hingegen, die die von beiden Spielern verantworteten Kapriolen zu vollziehen hatten, waren von der verordneten Bewegungslust verwirrt und mussten versuchen, ihre Ortswechsel in eine Art höheren Plan zu bringen. Pferdchen waren halbschwere Figuren, die unter den wichtigeren zuerst zum Einsatz kamen, erstklassiges Kanonenfutter. Doch dass sie, vor dem programmierten Straucheln, unregelmäßig hüpfen, und, wenn sie wollten, über andere hinwegspringen durften, entschädigte die Burschen für manche Mühe. Je länger sie ihre Kunststücke zeigen konnten, statt, wie arme Bauern, nur winzige Bewegungen von einem Feld zum anderen machen zu dürfen, desto klarer wurde ihnen, dass sie in dieser sonderbaren Schachpartie nicht die schlechtesten Rollen besetzten. Denn abgesehen von den eigenen Sprüngen hatte sich bislang nicht viel getan.

Bei Friedrich konnte sich Max vorstellen, dass ihm das recht war. Er schien die Regeln zu kennen, wirkte aber fahrig und unsicherer als der Graf, der jetzt, nachdem sich das Tempo schon wieder etwas verlangsamt hatte, nach jeder Order gelassen die Wolken beobachtete. Dabei musste Hoditz doch nervös sein, besorgt, wie es dem mächtigen fremden Freund bei ihm erging? Oder war es genau diese Vorsicht, die ihn jetzt so zurückhaltend agieren ließ?

Max kannte den Grafen schon länger als schwer berechenbaren Spieler: Mal war er ein launiger Draufgänger, mal wie verschlafen, dann wieder euphorisch. Oft schien er tief eingenickt, aber irgendwann ereignete sich ein gegnerischer Fehler von Bedeutung, den unaufmerksame Beobachter nicht einmal sahen. Ohne einen Laut von sich zu geben, reckte sich Hoditz in solchen Fällen und gab dem Spiel in zwei Zügen eine neue Wendung. Max hatte ihn mit auf Rosswald einquartierten österreichischen Offizieren erlebt. Da hatte der Graf fröhlich gescherzt und die Herren, noch während sie lachten, sanft erledigt.

Heute thronte er, wie der König, auf einem gut gepolsterten Sessel, der auf einem Holzgestell stand, das mit dünnen Teppichen und weichen, bunten Kissen dekoriert war. Hinter ihm stand, wie bei Friedrich und den anderen hochrangigen Gästen, ein Lakai, der nichts anderes zu tun haben sollte, als einen Schirm hochzuhalten, wenn der erwartete Regen aus dem wolkenverhangenen Himmel einsetzen würde.

Max, der gerade eine gezischte Anordnung des Königs an die weißen Figuren weitergegeben hatte, hatte gehört, dass Friedrich auf dem Schlachtfeld aus Ungeduld nur Draufgängertum möglich war. Heute wirkte seine Unruhe fröhlich. Aber es galt, vorsichtig zu bleiben. Max ahnte Friedrich in seinem Nacken. Er hatte den Kopf etwa auf der Höhe der Stiefel des Königs. Wie einer, der gleich einen Tritt bekommen könnte, wie ein Gladiator in einer römischen Arena, der vor dem noch geschlossenen Löwenkäfig um anerkennenden Spott buhlt. Oder wie ein Botenjunge, der jederzeit zum Teufel geschickt werden kann.

Aber gab es da etwas zu jammern? Max *war* als Botenjunge in diesem Spiel ein Beinahe-Sklave. Und die hochmögende Gesellschaft betrachtete das Geschehen bald mit nur noch vagem Interesse, Lentulus und Friedrich Wilhelm auf der einen, Tralles und Hoym auf der anderen Seite ergingen sich am liebsten in gegenseitigen Lobpreisungen, der Kultur des erwiderten, jeden Widerspruch gelassen erstickenden Lobs.

Nur der zukünftige preußische König konnte es nicht verhindern, dass sein rundes, rotes Gesicht des dicken Genießerkinds sich immer wieder der Springer Else zuwandte, die den freundlich Korpulenten mit den vagen Gesten einer großen Künstlerin abwehrte. Aber sie war froh über solche Störungen, sonst hätte sie nur dieses öde Feld vor sich, auf dem sich wenig tat, und »ihren König«, der sie seltsamerweise anzusehen vermied.

*

Nach und nach positionierte der Graf seine Läufer an den Seiten, um auf Unachtsamkeiten Friedrichs mit Königin und König zu warten. Friedrichs Spielweise sah man an, dass er ein paar bessere Partien mit Aufmerksamkeit verfolgt hatte, andere nicht. Allmählich nahm sich Max die Freiheit, offensichtliche königliche Dummheiten in entfernteren Ecken des Feldes zu korrigieren. Denn der gerne jeden Winkel seines Reiches kontrollierende Friedrich konnte von seinem Platz aus unmöglich das ganze Feld im Blick behalten.

Nach einer Weile hatten Graf wie König einige Figuren verloren. Je ein Pferdchen war verschwunden, je einer der Läufer, die Friedrich, wie die Engländer, penetrant Bischöfe nannte, »die blutige Streitaxt der Kirche«. Hoditz dagegen beförderte die Figur in seiner Phantasie zum Reitelefanten, der, leichtfüßiger als gedacht, über die Savannen Indiens jagte.

Aber vor allem hatten Blümel und Brigitta im Auftrag von Hoditz dem König auf jeder Seite einen Außenbauern zum Schlag angeboten. Der Regent war beide Male darauf eingegangen und hatte dem Grafen, zu Max' Ärger, damit den Raum für eine Attacke durchs Zentrum bereitet. Bauerntausch und Bauernopfer, bewährte Maßnahmen zur Erzeugung offener Linien, würden Hoditz ein freieres Turm-und-Läuferspiel ermöglichen, während die beiden verbliebenen Pferdchen auf dem sich leerenden Feld immer ungelenker wirkten. Wie Türme konnten sie, anders als Läufer, alle Felder erreichen, aber ihre Umwege waren weit.

Immerhin: Hoditz' zweites Streitross lauerte, durch Bauern gut gedeckt, als »ewiger Springer« auf Ausrutscher des Preußenkönigs. Während Friedrichs zweites Pferd auch überlebt hatte, aber am Rande des Feldes ein nutzloses Dasein fristete und im wirklichen Leben wohl nichts anderes zustande gebracht hätte, als ordentlich Hafer zu kauen. Doch beide Pferde-Burschen begannen nun, aus Langeweile zu murren.

Anders gestaltete sich jetzt auch das Leben der Türme. Diese hatten, nach ihren Sicherheitsrochaden mit dem König, kurz die neue Bewegungsfreiheit gespürt, waren dann aber wieder in Vergessenheit geraten, hatten befürchtet, sie müssten auf immer »da« bleiben. Aber ohne dass sie den Grund recht verstanden, ergaben sich nach dem Verschwinden einiger Bauern und der ersten zwei Pferde bald neue, berauschend erweiterte Perspektiven: klare Linien, offene Schluchten. Schon phantasierten die Türme vom schnellen Tyrannenmord über mehrere Felder hinweg.

*

»Wie?« Else flüsterte Max zu, die Order laute, er solle den Grafen jetzt mit der Dame bedrohen, der stärksten Figur des Feldes! Der König wolle sich nun nicht mehr auf Geplänkel einlassen. Er merke, dass

Hoditz »schwach« werde. Friedrich plane, »vorwärts zu marschieren«, und zwar jetzt, das werde Hoditz überraschen. Er, Friedrich, sei nicht begeistert vom Positionsspiel des Herrn Philidor, den er persönlich kennengelernt habe. Bisher habe er so getan, als sei er ein ängstlicher Niemand. Aber tatsächlich halte er es mit den alten, freieren Kombinationen der italienischen Meister. Er werde angreifen!

Warum, fragte sich Max überrascht: aus einer verzweifelten Laune heraus, weil alles egal ist, immer? Aber er drehte sich kurz um und schaute zu ihm hoch: Der König strahlte. Ja, er hat misstrauische Kuhaugen, aber gerade sind sie weit.

Max hatte die Hoffnung auf eine Stellung in der preußischen Armee nie ganz aufgegeben. Er hatte diesem Reiterkönig immer dienen wollen, aber ihn noch nie so lange ansehen können. Der König war klein und im Gesicht ganz knochig geworden.

Müller hatte zu Max damals gemeint, der König sei »ein Mädchen, das der Vater zum Mann geprügelt hat«. Er selbst sei in Potsdam bei einer Schauspieltruppe gewesen, dann sei der Krieg ausgebrochen und die Gruppe aufgelöst worden. »Der König«, hatte Müller gemeint, »kümmert sich nicht um seine Frau. Das erzählt man in Berlin überall.« Er habe sie kaum gesehen. Als sein Vater gestorben sei, habe er sie nicht mehr, wie noch in Rheinsberg, aus familiärer Verpflichtung »lieben und besteigen« müssen. Und sich nebenbei bei Jagden mit Fredersdorff zusammen an Landmädchen schadlos gehalten. Zusammen!

Warum er denn nicht weitermache, zischte Friedrich Max da über Elses Kopf hinweg an: »Mit der Dame! Nach vorne!« So habe er die drei wichtigsten Kriege seines Lebens für sich entschieden. Vorwärts!

*

Auf der Seite des Grafen rief Balthasar Ludwig Tralles sofort: »Das ist gefährlich, Graf, sehr gefährlich! Der König ist ein Krieger!«

Hoditz schüttelte langsam den Kopf. »Lieber Doktor: Schach hat mit Kriegen wenig zu tun, ganz im Gegenteil, es ist wohl der gefährlichste Feind aller Krieger und schon gar nicht eine Schule, in der man den Krieg lernen kann, wie gern behauptet wird. Alles in diesem Spiel ist anders als im Krieg, alles.«

Tralles überlegte und brachte keine Antwort zustande. Angespannt betrachtete er die Landschaft bei eben einsetzendem sanftem Regen. »Jeder, der etwas von Schach versteht, erzählt uns ....« Wieder verlor er die Stimme.

Hoditz wartete: »Aber was man Ihnen da erzählt hat, ist falsch. Schauen Sie sich diese Welt an, betrachten Sie das Feld, an dessen Seite wir stehen, und die Hügel dahinter: Die Erde ist nicht überall einigermaßen flach, wie der Acker vor uns. Es gibt Berge, Täler und Seen in ihr, es gibt Flüsse und Wasser, das vom Himmel kommt, Sümpfe, eisige Steppen, und wenn das so weitergeht, werden wir hier im aufgewühlten, schlammigen Acker versinken, beide Seiten, ob schwarz oder weiß ...«

»Das Spiel, verehrter Graf, natürlich, ist eine Abstraktion, aber ...«

Wieder deutete Hoditz auf den immer dunkler werdenden Himmel: »Schauen Sie sich die Burschen an, die sich schon die Hände über den Kopf halten, bald sitzen sie wieder im Dreck und müssen ›Waffen‹ dagegen suchen! Im Krieg ist das Gelände wichtig, das Wetter, das Kampfgerät, Eigenschaften und Fähigkeiten wie Ausdauer und Schnelligkeit. All das sind Werkzeuge des Kriegs, all das ist im Schach verschwunden, aber all das ist entscheidend, und daher, lieber Doktor Tralles«, so Hoditz, »ist Schach nicht die beste Schule des Krieges. Schach lässt seine Spieler glauben, der Krieg sei berechenbar, lässt sie denken, sie hätten die Kontrolle, und das ist genau das, was sie nicht haben. Schach ist etwas für den Kopf, einer, der nicht mehr gehen kann, kann Schach spielen, Feldherren aber müssen den Menschen, den ganzen Soldaten, das ganze Spiel im Blick behalten. Denken Sie an die drei Generäle, denen unser Friedrich dort drüben Schach als Übung für Kriege empfohlen hat, sie haben den Kampf alle verloren, und zwar gegen einen blinden Gegner. Aber das ist vollkommen einerlei. Diese Niederlagen im Schach haben sie überlebt. Viel wichtiger ist, dass der Krieg trotz Schach, das sie alle spielten, dann doch zu viel für sie war. Alle drei sind lange tot! Rothenburg ist ein

Jahr nach dem Spiel gegen Philidor als Erster gestorben. Nachdem ihm früh durch beide Arme und die Brust geschossen worden war, war er schwer beschädigt und meistens krank. Aber auch Manstein und Keith, großartige Generäle, leben nicht mehr. Der eine ist 1757 bei Prag, der andere im Jahr darauf bei Hochkirch gefallen, noch immer in der ersten Zeit des Siebenjährigen Kriegs. Haben sie sich etwa alle drei die Augen verbunden?« Hoditz überlegte einen Moment: »Das Gute am Schach ist, dass die Aufmerksamkeit für die Gedanken des anderen wächst.«

Tralles blieb nicht schreckensstarr, aber staunend zurück, wie immer, wenn der gewöhnlich einsilbige Hoditz für längere Zeit das Wort ergriff. Aber der Graf war noch nicht zu Ende: »Hätten die drei also, ist die Frage, besser öfter Schach gespielt – oder gar nicht?«

»Anders gefragt«, Tralles wurde schon wieder überraschend lebendig, »werden Herr Graf also gegen den preußischen König gewinnen ...?«

»Das, lieber Tralles, ist etwas anderes«, entgegnete Hoditz, ohne jede Lust, auf die Spitze einzugehen, »denn hier geschieht etwas Ungewöhnliches. Hier kämpft einer, der als der größte Feldherr unserer Zeit gilt, gegen einen, der seit der Akademie in Liegnitz keine Waffe in die Hand genommen hat. Und vielleicht ist es ja so, dass Schach kein Lehrmeister der Kriegsführung ist, aber Krieg der beste Lehrmeister des Schachs – weil es um so vieles komplizierter ist, einen Krieg siegreich zu gestalten, als im Spiel zu gewinnen.«

*

Max sah Hoditz mit Tralles palavern und wurde unruhig. Anfangs hatten beide schnell gespielt, dann keiner. Jetzt schien es, als wolle man auf der Seite des Grafen den Blitzangriff Friedrichs durch Verschleppen ausbremsen, ihn nicht mehr zur Kenntnis nehmen. Max träumte von einem Spiel mit der Sanduhr, mit der Hoditz seine Ausführungen für die Eleven begrenzte. Genau das täte jetzt not. Aber nachträglich war es kaum durchzusetzen.

Ob der Graf sich in entscheidenden Spielen immer zurückzog oder gar nicht erst zu kämpfen begann? Max hatte, neben dem eigenen Spiel in der Kapelle, das der Graf ihm gelassen hatte, einige Auseinandersetzungen verfolgt, in denen Hoditz seine schlangengleiche Spielkunst gezeigt hatte. Auch diesmal schien sein Elan auf einmal verschwunden. Wie gedankenlos saß er nach seinem Vortrag auf seinem Sessel, betrachtete seine Figuren, überlegte sich etwas, machte einen unbedeutenden Zug.

Wollte er Friedrich damit anlocken, sodass der Kriegstreiber am Ende beschämt beobachten müsste, wie ein Friedensgraf ihn besiegt? Wollte er ihn durch gelassenes Warten an sich vorbei auf den Boden ziehen? Aber Partisanenkampf in eigener Umgebung – auch das war ein Risiko.

Und was war mit der Dame, die Friedrich nach vorne geschickt hatte, einem kräftigen, bärtigen Burschen, dem damenunähnlichsten aller Menschen, die die beiden Spieler bewegten? Toni Malek hatte auf Karnevalsfesten schon öfter raumgreifend für Schlägereien gesorgt. Das passte nicht schlecht: Damen waren noch immer die Figuren mit dem weitesten Radius, aber es war nicht einfach, sich ihrer zu bedienen. Ihre Wichtigkeit war zu offensichtlich. Anfangs hemmten Königinnen, weil sie verloren gehen konnten. Man war dazu aufgerufen, die beste Waffe aufzusparen, sie nur als Drohung wirken zu lassen. Ihr Fehlen machte das Spiel übersichtlicher, ihr Verlust konnte eine Befreiung sein. Nur gegen Ende des Spiels war die Wirkung der Alleskönnerin für den Gegner, der keine mehr hatte, verheerend. Einsetzen konnte sie mit gutem Gefühl aber nur der, der schon den Freibauern bereit hatte, mit dem sie wieder zurückgewonnen werden konnte.

Die männlichen Königinnen. Friedrichs wie Hoditz' Dame – der lange, sehnige Blümel-Sohn, der demnächst die Schlossküche übernehmen sollte – hatten sich erfolgreich gegen den Vorschlag des Grafen, weit ausladende Hüte mit Blumendekors als Kennzeichen, gewehrt.

Dann hatten sie Jägerhütchen bekommen, aber man konnte nicht behaupten, dass die beiden bislang viel Aufmerksamkeit genossen. Am Rande des Spielfelds wurden sie von den blau und gelb leuchtenden Majestäten Brigitta und Else ausgestochen. Und auf einmal sah

Max, dass auf Hoditz' Seite ein drittes, deutlich jüngeres Mädchen dazugekommen war, das sich ganz selbstverständlich zu Füßen des Grafen auf seinem Gestell niedergelassen hatte.

Hoditz selbst schien das Mädchen kaum zu beachten, nickte ihr aber zu. Max dachte nur verwirrt: In der ist kein Zweifel, da ist alles außen wie innen. Und er bemerkte, dass er nicht der Einzige war, der das unbekannte Mädchen aufmerksam verfolgte. Selbst Friedrich wechselte zwei-, dreimal die Blickrichtung zwischen dem Schachfeld und der jungen Frau, die sich nicht um die Herren um sie herum zu scheren schien, egal, wo sie saßen, aber, ähnlich wie die Freiin von Dyhrn, die Burschen auf dem Acker mit frechen Blicken verfolgte.

Max sah, dass der kleine, kraushaarige Junge, den er als Freibauer für den Damentausch plante, ihr ein schüchternes Zeichen gab. Kannte er sie? Seine ältere Schwester? Eine Cousine aus dem Nachbardorf? Warum war sie Max nicht bekannt?

Auch Brigitta und Else hatten das Mädchen kurz neugierig in den Blick genommen. War sie am vergangenen Sonntag Friedrichs »Venus« oder »Wollust« gewesen, die Aufforderung zum nie enden wollenden Tanz, für die Brigitta und Else schon zu erwachsen waren? Hatte sie schön ausgesehen, im knapp zugeschnittenen Kleid, mit langen glitzernden Ketten? Warum war sie dann jetzt nicht auf Friedrichs Seite?

*

Plötzlich blies ein kräftiger, warmer Wind über das Feld, große Tropfen fielen, wilde Böen peitschten die schützenden Schirme, entrissen sie ihren Trägern. Sofort rannten die Lakaien dem wertlosen, zerfetzten Zeug, das hochgewirbelt wurde, bis es wieder fiel, mit wehenden Rockschößen hinterher, führten einen schlenkernden, sich gegenseitig in den Weg stolpernden Hexentanz auf, während die ersten feinen Zuschauer schutzsuchend in Richtung Schloss abzuziehen versuchten. Man hatte das Elend schon ahnen können, aber das Spiel trotzdem begonnen. Jetzt schien es, als wolle irgendein schadenfroher Gott die Menschen bestrafen.

Doch die immer stärker werdenden Sturmböen schickten bald auch die Wolken und den Regen wieder weg. Nach kurzer Zeit zeigte sich ein leuchtend blauer, nur noch von einem steten, beißend kalten, vom Altvater-Gebirge herkommenden Wind durchzogener Himmel. Statt den davongeflogenen Schirmen, die wie Verwundete auf unübersehbaren Haufen unter den Tribünen lagen, hatten die Lakaien von dort nun Decken zu reichen. Aber es waren viel weniger Zuschauer jetzt. Alle, die mit Schach nichts anfangen konnten, hatten den Sturm als passende Ausrede genommen, unauffällig zu verschwinden. Auch Friedrich und Hoditz hatten ihre Plätze kurz verlassen, waren aber zurückgekommen.

Und wieder stellte das Wetter um. Noch einmal entwickelte sich eine Art Föhn. Langsam wurde der sich drehende Wind wieder wärmer, dann schwül. Jetzt war dünner Sand in der Luft, der aussah, als käme er von weither; er legte sich langsam über den Park und, wenn man nur einmal den Mund aufmachte, zwischen die Zähne. Doch die Burschen hielten aus, standen da mit wehenden Haaren und Westen, verharrten im trocknenden Schlamm in einem ungewissen Schwebezustand.

Hoditz schaute nur noch dem Wetter zu, musste an Saba denken, die Wüstenkönigin, von der Friedrich wie von sich selbst geschrieben hatte. Saba, dachte Hoditz mit leisem Lachen, wird schön gewesen sein, aber vielleicht war sie keine gute Schachspielerin. Nur dank Elses und Max' Hilfe war der angriffige Friedrich wohl noch im Rennen.

Doch die Partie war inzwischen weit fortgeschritten. Beide Spieler hatten im Sturm viel Personal verloren, ihre bärtigen Damen-Königinnen weggegeben. Als Hoditz verstanden hatte, dass er gewinnen würde, offerierte er Friedrich seine beiden verbliebenen Türme und Bauern. Huldvoll zur Seite blickend, ließ Friedrich sie von dem kleinen, kraushaarigen Schmuddeljungen, der während des schlimmsten Sturms bei Max Schutz gesucht hatte, der Reihe nach umwerfen. Nun stand nur noch der eigene König auf Hoditz' Seite, und der kraushaarige Junge strahlte, als sei er die wichtigste Figur des Spiels. Aber dann wusste er nicht, wie ihm geschah, als er von Max tatsächlich zur

Wiedergewinnung der Königin verwendet wurde. Eine Art Dauerlauf! Aber dann musste er raus! Ohne dass ihn jemand geschlagen hätte!

Der Bursche ahnte nicht, dass es eine Ehre war, für die Dame zu gehen. Nun konnte Friedrich zügig kommen. Max schob seinen Monarchen und die ebenfalls haarige Dame freudig in Richtung der Ecke, auf die sich Hoditz' König schon willfährig zubewegte. Ja, Friedrich würde diesen Sieg jetzt nach Hause tragen und vielleicht sogar dem frechen Mädchen und ihrem noch kleineren Freund zu Füßen legen.

Hoditz stand mit seinem König schon beinahe vollständig eingekesselt in der Ecke.

Aber plötzlich wurde es still um das Brachfeld. Die verbliebenen Zuschauer stutzten. Beide Spieler wurden ruhig. Zur selben Zeit hatten der wahrhaftige Preußenkönig und der unaufmerksame Reichsgraf bemerkt, dass beider Absicht, Friedrichs Sieg, nicht aufging.

Hoditz war am Ende, es blieben ihm nur zwei Züge und beide würden ihn schachmatt setzen. Aber in genau diesem Moment stand er nicht im Schach.

Der älteste aller Fehler! Hätten Friedrich, Else und Max gerade noch rechtzeitig realisiert, dass der preußische König damit seinen sicher geglaubten Sieg verlor, hätten sie den letzten Sprung zurücknehmen können, aber Max hatte ihn ausgeführt, Blümel war sofort herangetreten und hatte, laut und bedauernd »patt« gerufen.

*

Neben dem Aufenthalt im Serail ist das Schachspiel das spektakulärste Ereignis von Hoditz' Fest für den König. Im Gedicht wird es von Friedrich nicht erwähnt. Vermutlich auch, weil er wohl wirklich höchstens ein mittelmäßiger Spieler war. Von der Außenwirkung her war die Wahrnehmung anders. Vom Serail konnte nur gerüchteweise erzählt werden, das Lebendschach hingegen war etwas in der Gegend nie Gesehenes, bei dem offensichtlich auch »einfache« Zuschauer zugelassen waren. Und diejenigen, die nur davon hörten, konnten es, ähnlich wie den nie enden wollenden Tanz der Feste von Rosswald, an denen sie teilweise beteiligt waren, mit mythischen Geschichten, die sie irgendwann gehört hatten, verbinden.

Dass sich, neben dem Tanz, der nie enden soll, ausgerechnet Schach, das so ganz andere »Spiel«, dafür zu eignen scheint, zeigt sich, wie angedeutet, ebenfalls im Zauberwald der Lancelot-Geschichte: Als das Glück des ewigen Tanzes doch nicht währt, als das Problem der Dauer doch auftritt, wünscht sich das Mädchen des Magiers von ihrem Bewunderer eine zweite Unterhaltung. Und er macht überraschenderweise

ein Schachspiel von Gold und Silber, so schön und so kostbar, wie es noch niemand gesehen hatte. Das Brett war aus einem Edelstein gefertigt, der tausend Pfund wert war. Und als er das Schachbrett mit den Figuren bereit hatte, brachte er es zu ihr: Fangt nur an, sagte er, ihr könnt noch so gut spielen, am Ende werdet ihr mattgesetzt sein. Als sie das hörte, zog sie einen Bauern, und ein anderer rückte dagegen, ohne dass ihn eine Hand angerührt hatte. Er rückte im Gegenzug auf ein Feld. Als sie sah, dass die Schachfiguren ohne irgendjemandes Zutun gegen sie spielten, war sie sehr begierig zu spielen und zu sehen, wie es enden werde, denn sie verstand mehr vom Schachspiel als jede andere Frau auf der Welt. Aber sie mochte noch so gut spielen, am Ende wurde sie doch mattgesetzt.

Auch die zweite Unterhaltung ist also kein Ausweg. Was nicht endet, ist nicht auszuhalten. Das unendliche Glück des nie enden wollenden Tanzes und die nie enden wollenden Niederlagen im Schach. Kein Mensch hat eine Chance zu gewinnen. Auch hier kann nur der Traumritter helfen, den kein irdisches Hindernis behelligt: »Ein Ritter von vollendetem höfischem Wesen«, heißt es, werde kommen. »Er wird so viel vom Schachspiel und von anderen Spielen verstehen, dass man in der ganzen Welt niemanden findet, der es ihm gleichtut. Dank seiner Geschicklichkeit wird er dieses Spiel mattsetzen. Alle anderen werden daran scheitern und mattgesetzt werden, nur er nicht, und das Schachbrett wird seine Kraft behalten, solange er lebt. Nach seinem Tode aber wird es sie verlieren und nie mehr von selbst ziehen.«

Was hier erzählt wird, ist eine heldenfreundliche Kafka-Miniatur:

Dieses Spiel, heißt es hier, ist nur für dich gedacht – und wenn du kommst und es zu spielen weißt, wird es für dich da sein und du wirst siegen. Erst, wenn du nicht mehr spielen kannst, verschwindet es.

Im Verhältnis zur Welt ist Lancelot hier eine klassische Erlöserfigur. Wobei dieser Erlöser die Welt nur so lange durch das Spiel erlösen kann, wie er lebt. Über die Sterblichkeit ist er nicht erhaben.

Die Vorstellung eines gewissermaßen im Brett versteckten, unsichtbaren Schach-Gehirns, die hier mitgedacht scheint, gibt es auch in der zweiten »Continuation« von Chrétien de Troyes' *Perceval*. Dort will der gleichnamige Held, erzürnt über seine ständigen Niederlagen, das selbstspielende Schach, das er in einem Schloss entdeckt hat, aus dem Fenster werfen. Bis ihm eine hübsche junge Dame in den Arm fällt: Dieses Spiel sei doch viel zu schön. Sie schickt ihn stattdessen auf Liebesbewährungsproben, in denen er unter anderem einen Hirsch erlegen soll, was ihm gelingt.

Aber wie muss, wie kann man sich das vorstellen: den ersten (und seine ihm nachfolgenden) mittelalterlichen »Schach-Computer« zu »besiegen« oder eben: »das Spiel mattzusetzen«?

*

Nimmt man es im übertragenen, symbolischen Sinn und sieht es als Lebensmuster, ist »das Spiel mattsetzen« ziemlich genau das, was Albert von Hoditz, der Rokoko-Aussteiger in Rosswald, praktiziert: sich, nachdem er schon in seiner militärwissenschaftlichen Dissertation von Krieg nicht viel hält, dem Spiel der Gewalt des damaligen Lebens zu verweigern und stattdessen den unendlichen, in sich variantenreichen Tanz zu versuchen. Was das höfische Leben angeht, wird der Rückzug in den Hoditz'schen Zauberwald von Friedrich sehr gepriesen. Den Rückzug von allen militärischen Auseinandersetzungen diskutiert er hingegen gar nicht. Doch ob nur vom Hof oder auch vom Krieg her gesehen, auf Schach rückübertragen könnte es heißen: Verlass das Spielfeld, verlass den Acker.

Man stelle sich vor: Die beiden Königinnen am Rand, Brigitta und Else, würden ihre Vermittlerfunktion aufgeben, die Arena aus Protest gegen ihre Verbannung an die Seite ganz vergessen? Oder würde »das Spiel mattsetzen« für die beiden Frauen gerade heißen, es nicht aufzugeben, sich einzumischen, selbst zu spielen zu beginnen, weil sie es können?

*

Und ist denn Schach überhaupt ein Männer- und Kriegsspiel? Sich Frauen als gute Schachspielerinnen vorzustellen war, die Beispiele aus *Perceval* und *Lancelot* zeigen es, schon gegen Ende des 12. und im 13. Jahrhundert in der französischen Kultur nichts Außergewöhnliches. Obwohl die Königin oder Dame, wie gesehen, erst in der Zeit Isabellas von Kastilien – dokumentiert in *Scachs d'amor*, »Liebesschach«, einem katalanischen Schachgedicht von 1475 – die überragenden Möglichkeiten zugesprochen bekam, die sie bis heute hat.

Nach diesem frühen Vorkommen geht das Motiv der schillernd beeindruckenden »Schachfrau« eine Weile lang beinahe verloren, aber die Tradition bricht nie ganz ab. Und gerade im 18. Jahrhundert, mit seiner bisher nie gekannten »Schachmode«, häufen sich Schach spielende Frauen auch in der deutschen Literatur. Ob in Gotthold Ephraim Lessings *Nathan der Weise* mit Sittah, der Schwester des Sultans Saladin, oder in der Urfassung von Goethes *Götz von Berlichingen* mit der schlauen Jungfer Adelheid: »Sie hatte ihr Auge aufs Brett geheftet, als wenn sie einem großen Streich nachsänne. Ein feiner lauernder Zug um Mund und Wange! Ich hätt' der elfenbeinerne König sein mögen. Adel und Freundlichkeit herrschten auf ihrer Stirn. (…) Ich hätte mein Vermögen gegeben, die Spitze ihres kleinen Fingers küssen zu dürfen!«

Wilhelm Heinse, durch seinen erotisch-utopischen Briefroman *Ardinghello und die glückseligen Inseln* von 1786 ein geistiger Neffe von Albert von Hoditz, der seinen Titelhelden zusammen mit der gebildeten und geistreichen Fiordimona auf den Kykladen-Inseln Paros und Naxos eine Republik der Freiheit, der Liebe und des Genusses der Schönheiten von Natur und Kunst gründen lässt, nimmt in *Anastasia und das Schachspiel* die orientalische Herkunft des Spiels auf. Wie Goethes Adelheid ist Anastasia, Heinses Schachspielerin, eine Verführerin: Die anfangs schüchtern naive Ägypterin, die der Erzähler in Italien kennenlernt, wird zu einer mit Tricks gut bestückten Spielerin: »Das Spiel mit ihrem Giovanni ist die lebhafteste, sinnreichste und witzigste Unterhaltung. (…) bald führt sie ihn muthwillig zu ihrem König in die Ecke, daß er das Matt finden müßte, wenn er blind wäre; und treibt ihn schlau doch wieder von dannen.«

Heinse markiert Anastasias Art von Schachspiel, die variantenreiche Verführung, als Ausdruck ihrer Individualität. Doch schon das dreihundert Jahre zuvor entstandene *Scachs d'amor*, in dem die drei Autoren Franci de Castellvi, Narcis Vinyoles und Bernat Fenollar unter den stilisierenden Namen von Mars, Venus und Merkur auftreten, erzählt in der Form eines allegorischen Langgedichts eine Liebesgeschichte: Mars wirbt um die Liebe der Venus. Mercurius ist der Schiedsrichter, was in vierundsechzig Strophen (mit jeweils neun Versen), also so vielen, wie das Schachbrett Felder zählt, dargestellt ist.

Für das Verhältnis Hoditz-Friedrich und die mögliche Bedeutung ihrer Begegnung ist nun interessant, dass schon der erste zitierte Brief von Hoditz, der sich im Geheimen Preußischen Staatsarchiv erhalten hat, Friedrich zu »Mars« macht, der beim Vorbeireiten verständlicherweise nicht genügend Zeit gehabt habe. Aber, so teilt Hoditz ihm im gleichen Atemzug mit, für ihn werde der preußische König immer der »Pan meiner Schäferey« sein – Pan, der friedliche Gott der Hirten, der nur zur Mittagszeit nicht gestört werden darf; Pan, der der Herde des Dionysos zugeordnet wird, für seine Wollust bekannt und von Nymphen und Satyrn umgeben.

Schon hier spricht Hoditz also den Gedanken einer Pazifizierung von Mars aus, ordnet Friedrich einem anderen, sinnlicheren Lebensbereich zu. Nun ist Mars erstaunlicherweise auch eine der Hauptfiguren in einem anderen Langgedicht, das, aus der Distanz der Jahrhunderte gesehen, beinahe direkt vor dem Lebendschach zwischen Hoditz und Friedrich dem Großen entstanden ist: *Caïssa* von 1764, ein Frühwerk des damals 16-jährigen englischen Literaten und späteren Schachexperten William Jones. Sechs Jahre vor der Partie von Rosswald entwirft er einen Ursprungsmythos des Spiels, der das Thema von Liebe,

Krieg und Schach auf eine wie in *Scachs d'amor* allegorische Art in Szene setzt. Interessant für uns ist, dass es zum Verständnis der Beziehung zwischen Hoditz und Friedrich dem Großen beiträgt.

*

Schon Geschichte und Ambiente von Jones sind Hoditz gemäß. Wie im *Scachs* verliebt sich Mars in eine kriegerische Dryade, die ihn nicht will. Mars bittet eine sanfte Najade, ihm zu erklären, wie er die Gunst der Widerspenstigen erlangen könnte. Die Najade, ein Wassergeschöpf, wirkt wie ein Idealbild der Mädchen Rosswalds, sie nimmt sich des ratsuchenden Kriegsgotts Mars an und weist ihm den Weg: »Über dem Palast der Königin von Paphos lebt der Liebe Bruder, ein Knab' von anmutiger Positur, von den Göttern Euphron getauft.« In Paphos auf Zypern soll Aphrodite, die Göttin der Liebe, aus dem Meerschaum geboren worden sein. In *Caïssa* versinkt die Najade, eine Art menschennahes Double der Göttin, nach ihrem Hinweis auf die mögliche Liebeshilfe für den Kriegsgott wieder »in ihr feuchtes Heim, aufsuchend die Bleibe ihres blauhaarigen Gefolges«. Mars hingegen geht folgsam zu Euphron, dieser spielt mit und gewährt Mars besondere Hilfe:

Er formte eine Tafel aus himmlischem Guß, mit Feldern eingelegt aus Silber und aus Gold, dann aus beiden Stoffen die kriegerischen Armeen er formte, die hier, in Reih und Glied, die Schlacht erwartend steh'n. Er lehrte die Regeln, welche bestimmen das tiefsinnige Spiel, und nannte es Cassa, nach der Dryaden Nam', darob Albions Söhne, des Lobes voll, es liebten und in ihrer Weisheit Schach benannten.

Dass Jones ausgerechnet die Briten zu Botschaftern und Namensgebern des von Euphron erfundenen Spiels macht, ist unterhaltsamer Patriotismus. Und Mars könnte ob der ungewöhnlichen, ihm empfohlenen Verführtechnik irritiert sein, aber er nimmt die Hilfe ganz selbstverständlich an, zeigt Caïssa das Brett, und sie ist umstandslos begeistert. »Verzückt lauscht' sie den Regeln dieses Spiels und empfand auch Mars nicht mehr so abscheulich wie zuvor. ›Welch' Zauber‹, sprach sie, ›betrog mein hoffärtig' Gemüt? Der Gott war hold und ich war so gemein.‹«

Daraufhin verwandelt sich Mars, der Caïssa als Faun erschienen ist, in eine »liebenswertere Gestalt (…) Seine gewund'nen Hörner, welche aus seinen Schläfen sprossen, flossen herab als Locken von himmlischer Farb', das gefleckte Haar, das sein lieblos' Antlitz verschleiert', erstrahlte im Glanz«.

Hörner zu Locken. Was auch Jones anhand des »Kriegsspiels« Schach erzählt, ist ausgerechnet der mögliche Sieg der sinnlichen Liebe über den Krieg.

*

Zwölf Jahre später begeistert Hoditz Friedrich durch das Fest in Rosswald. Hier, das hat er schon 1758 angekündigt, ist tatsächlich jenes Leben möglich, das Friedrich in Rheinsberg gelebt hat und das er in der opulent-sinnlichen Ausgestaltung von Sanssouci immer noch feiert, obwohl die Potsdamer und Berliner Wirklichkeit und Gesellschaft sich längst verändert haben und damit auch Friedrichs Leben.

Hoditz macht den inzwischen tatsächlich etwas kriegsmüden, an diplomatischen Lösungen interessierteren preußischen König über das Fest zu seinen Ehren noch einmal zu Pan, umgibt ihn mit Nymphen, Tritonen, Satyrn. In einem zweiten Schritt wird Hoditz zu einer Euphron verwandten Gestalt, die Friedrich an ein ungewöhnliches Schachbrett führt. Auch Lebendschach hat meist eine symbolische Funktion. Hier soll der befriedete Mars Friedrich zum Ersatzsieg geführt werden, aber es wird, wie man in Kurzkommentaren des Spiels lesen kann, aus Friedrichs Sicht »nur« ein Patt. Vielleicht, weil es eine dem Leben eher entsprechende Lösung darstellt: Keiner gewinnt. Wie in Johannes Richters schon gelegentlich ins Spiel gebrachtem Roman *Der Wundergraf*. Dort allerdings, weil die weibliche Darstellerin der Damenfigur auf der Seite des Grafen, das Mädchen Maria Czapke, den Grafen darum bittet. Er meint zu ihr während des Spiels, wenn er verliere, werde sie »erlöst«. Das Mädchen aber möchte bei ihm bleiben, nicht die Seite wechseln, Rosswald nicht verlassen.

16

Freiheit für den armen Fritz – oder: »Sie muss coquette sein«. Zum Paradigmenwechsel in der Einschätzung des Privatlebens Friedrichs des Großen. Eine Revue der Meinungen und Quellen

Wann Friedrich zum ersten Mal von dem »Serail« aus Dorfmädchen hörte, den Albert von Hoditz vermutlich erst nach dem Tod von Sophie und wahrscheinlich auch nur temporär für besondere Feste einrichtete, ist unbekannt. Sicher ist, dass der Graf den König dorthin geführt hat. Doch auf welcher Basis erfolgte der schon damals aufsehenerregende Besuch aufseiten Friedrichs? Wie lebte er selbst – erotisch, sexuell, verglichen mit Graf Hoditz, der als Frauenliebhaber und -liebling bekannt war? War der zum alten Fritz mutierte Friedrich nicht geradezu entgegengesetzt orientiert? Was sollte ihm ein Serail mit Mädchen?

*

Während das längst vergangene Privatleben von für die Öffentlichkeit unbedeutenden Leuten heute mit wenigen Ausnahmen völlig unbekannt ist, waren Menschen an den Höfen des 18. Jahrhunderts selten allein. Besonders Kronprinzen und Kronprinzessinnen, aber auch Königinnen und Könige: Immer fanden sie sich inmitten anderer, die sich um sie zu kümmern hatten. Nirgendwo sonst gab es demzufolge mehr Zeugen, mehr Klatsch als an Königs- und Kaiserhöfen. Liebhaberinnen und Favoriten wurden ähnlich häufig zur Legende wie die Herrschenden selbst.

Dies führt allerdings nicht unbedingt zu mehr Wissen, ist es doch bei historischen intimen Verhältnissen mindestens so schwierig, Gerüchte von Tatsachen zu trennen, wie in der Gegenwart. So ist es eigentlich keine Überraschung, dass über Friedrichs Sexualleben, trotz vieler Gerüchte, kaum etwas wirklich bekannt ist. Und dies trotz der Sicherheit, mit der über mehr als zweihundert Jahre eine dominante Erzählung über dieses Liebesleben kolportiert wurde. Und trotz der überraschend verwandten Sicherheit, mit der diese Erzählung in den vergangenen Jahrzehnten von einer Gegenerzählung abgelöst wurde.

*

Die erste Überlieferung besagt vereinfacht, dass Friedrich früh intime Verhältnisse mit nicht namentlich bekannten Frauen »aus dem Volk« gehabt habe, malerische »Eintagsliebschaften mit dörflichen, nach Knoblauch riechenden Nymphen«. Intimes, so Friedrichs Schwester Wilhelmine, soll aber auch mit der »Formera« geschehen sein, jener jungen Frau, mit deren überraschend nackter Existenz auf einem Sofa August der Starke Friedrich Wilhelm I. und seinen 16-jährigen Sohn während ihres einmonatigen Aufenthalts im Dresdner »Lustlager« vom Februar 1728 erfreuen wollte, von der jedoch sonst kaum etwas bekannt ist. Daneben habe sich Friedrich während des turbulenten Dresden-Aufenthalts auch für die legendäre Orzelska begeistert, eine intelligente, gut aussehende und kunstsinnige Tochter Augusts des Starken aus einer Liaison mit einer Weinhändlertochter aus Lyon. Als sie den Gegenbesuch Augusts in Berlin begleitete, sei sie allerdings schon schwanger gewesen und Friedrich traurig darüber.

Schon etwas geerdeter sind die Informationen zur Berliner Kantorstochter Doris Ritter, die Friedrich heimlich traf und die sein Vater – obwohl die von ihm angeordnete Inspektion ein intaktes Jungfernhäutchen ergeben haben soll – wegen des Verdachts auf ein Verhältnis mit dem Kronprinzen auspeitschen und für drei Jahre ins Spandauer »Spinnhaus« stecken ließ – ein Frauengefängnis, das für Prostituierte und Bettlerinnen gedacht war.

Für Frau von Wreech – der Friedrich aus Küstrin zärtliche Briefe ins nur fünf Kilometer nordöstlich gelegene Schloss Tamsel schrieb, das er ihretwegen häufig besuchte und »das Reich Kalypsos« nannte – habe der Kronprinz, dank der disziplinierenden Haltung der mit einem viel älteren Mann verheirateten jungen Dame, hingegen vor allem geschwärmt.

Wahrscheinlich durch den massiven Druck seines rüpelhaft-brutalen und bigotten Vaters, der ihn dazu zwang, Elisabeth Christine von Braunschweig-Bevern zu heiraten – eine Frau, gegen die sich Friedrich von Anfang an wehrte, weil sie »hässlich« und »dumm« sei, zu der er im Übrigen selbst zwei weibliche Alternativen präsentierte, die Friedrich Wilhelm nicht genehmigte, und mit der er anfangs immerhin widerwillig geschlafen habe, wie das *Journal secret* von Christoph Ludwig von Seckendorff bezeugt –, sei er mit der Zeit in eine frauenfeindliche und heroisch einsame Haltung geraten, die sich mit dem Alter verhärtete. Ergänzend habe gewirkt, dass er sich, wie Johann Georg Zimmermann berichtet – der letzte Arzt, den Friedrich zu sich rief –, früh eine ominöse Geschlechtskrankheit zugezogen habe, über deren stümperhafte Behandlung Friedrich impotent geworden sei.

All diese traurigen Vorkommnisse hätten sich aber am Ende politisch gar nicht so übel ausgewirkt, so die in verschiedenen Varianten vorliegende klassische Interpretation mit misogynem Oberton, weil Friedrich sich auf diese Weise nie von intrigant-gefährlichen Geliebten wie einer Marquise de Pompadour habe beeinflussen lassen.

*

Die Gegengeschichte, die seit einiger Zeit dominiert, sieht ganz anders aus. Frauen kommen in ihr kaum vor. Stattdessen wird von intimen Liebschaften mit Pagen erzählt und von imposanten jungen Offizieren, für die er mindestens geschwärmt habe. Schon die Beziehung zu Leutnant Katte – der der anderen Überlieferung nur als Jugendfreund und Vertrauter gilt, der Friedrich 1730 zur Flucht vor dem Vater und dessen Eheplänen verhelfen wollte – wird in dieser zweiten Erzählung zur wahrscheinlich ersten homoerotischen Liebeserfahrung, die nur durch die von Friedrich Wilhelm persönlich angeordnete Todesstrafe für Katte beendet wurde.

*

Die nachhaltige, sich über zweihundert Jahre entfaltende Wirkung der ersten Überlieferung hat damit zu tun, dass Friedrich nicht irgendein König war. Für viele Deutsche war er nicht nur groß, sondern, wie angedeutet, »der Einzige«. Wie kein anderer verkörperte er – als leuchtendes Exempel schwarzer Pädagogik, der seine jüngeren Brüder als König später ähnlichen Zwängen aussetzte wie sein Vater ihn – preußisches Pflichtverständnis und Staatstreue. Damit hatte er, trotz schwierigster Situationen, auch Erfolg auf dem Schlachtfeld, zeigte beträchtliche literarisch-philosophisch-historische, auch an Natur und Pflanzenzucht interessierte Bildung. Er galt als Bauherr mit noch heute sichtbaren Erfolgen und zugleich als trocken-aufklärerischer Reformator seines bislang rückständigen Staats. Sein Ruhm glänzte in der Gründerzeit, überlebte die Weimarer Republik und ließ ihn in der nationalsozialistischen Mythologie zum mindestens zweitgrößten Deutschen werden, was ihm noch lange danach nicht schadete.

Das war viel. Doch ein derart vorbildlicher Mustergermane mit zweifelhaften Kenntnissen in deutscher Rechtschreibung und Grammatik, konnte wohl nicht auch noch homosexuell sein – obwohl schon der von Friedrich einst bewunderte, aber leider auch hinterlistig-wirkmächtige Franzose Voltaire das böse Gerücht gesät hatte, mit dem man sich auf die eine oder andere Weise auseinandersetzen musste.

Hier ist es interessant, an biographischen Klassikern zu beobachten, wie die Sitten im Verlauf des 19. Jahrhunderts strenger wurden, sich in Richtung Verdrängung bewegten. Johann David Erdmann Preuß spricht 1832 noch recht offen von Anschuldigungen Voltaires und möchte den Verdacht auf »Friedrichs Knabenliebe wenigstens unentschieden lassen«, während Reinhold Koser 1893 entrüstet alle Annahmen dieser Art von sich weist. Zu Friedrichs Sonderstellung als deutscher Held, die zu Verschwiegenheit verpflichtete, gesellte sich, das hat die Übersetzungsgeschichte der ersten Epistel an Hoditz gezeigt, gern auch der zuverlässige Buhmann einer starren bürgerlichen Sexualmoral.

Diese Konstellation behält bis ins 20. Jahrhundert hinein ihre Wirksamkeit. Doch als der als Architekt bekanntere Werner Hegemann Friedrich in seinem *Jugendbuch vom großen König* 1930 wirklichkeitsnäher zu konturieren versucht, passt das. Gerade hatte das Bild des Königs schon eine aufregende Ergänzung erfahren: Friedrich hatte von der Witwe Fredersdorff verlangt, die erwähnten Briefe an ihren Mann zu vernichten. Doch offensichtlich hielt sie sich nur teilweise daran. Ein größerer Teil davon wurde gefunden und 1929 publiziert, was die »Auf keinen Fall war Friedrich schwul«-Theorie etwas ins Trudeln brachte. Obwohl der Ton der überlieferten Schreiben eher väterlich ist und vor allem einen Friedrich zeigt, der sehr um die Gesundheit des Kammerdieners, den er mit »Du« anspricht, bekümmert war. Doch ein frecher Page wird etwas zu vertraulich erwähnt und vor allem weiß noch heute keiner, was in den Briefen stand, die die Witwe wohl wirklich verbrannte.

Trotzdem verneinte der Herausgeber Johannes Richter – nicht identisch mit dem Autor des *Wundergrafen* – wieder einmal die Frage der möglichen »Inversion«. Allerdings ausgesprochen gewunden, über Seiten hinweg, mit einer längeren, »lebenskundlichen« und »sexualwissenschaftlichen« Anmerkung versehen. Für Friedrichs »spätere Jünglingsjahre« heißt es über dem Strich, stehe »fest, dass er damals der sinnlichen Weibesliebe verfallen war, also eine ›normale‹ Triebrichtung zeigte. Diese Abenteuer standen durchwegs unter dem von uns aufgeführten Wort: ›Ich habe die Frauen gern, aber meine Neigungen sind sehr unbeständig. Ich will nur Vergnügen haben und auf das Vergnügen folgt die Verachtung.‹«

Während der Haupttext eine Homosexualität Friedrichs aus »Mangel an Beweisen« also eher verneint, gibt die Fußnote immerhin vorsorglich zu bedenken: »Die Richtung des geschlechtlichen Trieblebens eines Menschen (ob sie hetero-, bi- oder homosexuell ist) besagt an sich noch nichts über die *ethische Qualität*, die seelische Höhe seines Liebeslebens.«

Solcherlei verquast moralisierende Überlegungen zeugen vor allem vom einerseits toleranten, andererseits noch sehr verzopften Geist der

Weimarer Republik. Aber man sollte sich nicht zu sehr über diese erheben. Noch 2004 gestand der weder verwandte noch verschwägerte Johannes Kunisch in seiner Standardbiographie Friedrich mit ähnlichen Windungen nur eine Koketterie mit Homosexualität aus Impotenz zu.

*

Derart verschnörkelte Argumentationen sind aufseiten der neuen Grundannahme natürlich nicht mehr zu konstatieren. Seit einiger Zeit hat sich das Blatt endgültig gewendet, mit in den letzten beiden Jahrzehnten zunehmender Geschwindigkeit. Auf einmal sieht die Welt der Friedrich-Historiker anders aus. Als wären neue Quellen entdeckt worden, weist der Kanon publizierter Forschungen nun deutlich in eine andere Richtung. 2015 erschien Tim Blannings umfangreiche Biographie (deutsch 2018), die, mit Berufung auf ihn selbst, für sich in Anspruch nimmt, die Homosexualität Friedrichs ins Zentrum der eigenen Forschungen zu stellen: »Die Atmosphäre seines *cercle intime* war homosozial und homoerotisch, und, was Friedrich selbst betraf, wohl auch homosexuell. Dieser Aspekt seines Lebens sollte nicht als nebensächlich angesehen werden. Wie er selbst klarstellte, war diese kulturelle Selbstinszenierung für seine Identität, seinen Anspruch und seine Leistung von zentraler Bedeutung.« Wo genau Friedrich das klargestellt haben soll, bleibt allerdings kurioserweise offen.

Schon zuvor hatte die Stiftung Preußische Schlösser und Gärten Brandenburgs die Wende markiert. Im Katalog zur großen Ausstellung anlässlich von Friedrichs 300. Geburtstag erschien 2012 der Aufsatz »Don't ask – don't tell – war Friedrich schwul?« Er schien Klartext zu sprechen: »War Friedrich schwul? Daran kann kein vernünftiger Zweifel bestehen.«

Auffälligerweise wurde so ausgerechnet Friedrichs Jubeljahr zum Anlass einer quasi-offiziellen Neubestimmung. In parallel oder kurz darauf erschienenen Biographien, etwa denen von Wolfgang Burgdorf und Peter-Michael Hahn, wurden jene Fakten und Geschichten, die zweihundert Jahre lang für die erste Erzählung sprachen, schon kaum bis gar nicht mehr erwähnt.

Das Problem ist nur, dass das nichts hilft – denn die Argumentation für die neue Richtung bleibt bei genauerer Betrachtung ähnlich durchwachsen wie für die lange dominierende Meinung. Das lässt sich dort erkennen, wo sich die »neuen« Historiker überhaupt die Mühe machen, die »überwundene« Meinung noch einmal abzuwägen. Ein erstaunliches neues »Herumeiern« hat sich breitgemacht.

Blanning etwa schreibt nach der vielversprechenden, oben zitierten Eingangsbemerkung weiter hinten, dass er mit einigen Gewährsleuten (Burgdorf, Hahn, Alings) einig sei, was das Konstatieren der Homosexualität Friedrichs betreffe. Er schließe sich »den zuletzt genannten Meinungen« an, weil sie »am besten mit dem gegenwärtigen Kenntnisstand übereinstimmen, auch wenn es Gewissheit nicht geben kann«.

Ein überzeugender Paradigmenwechsel sieht anders aus. Mit diesem Eingeständnis ist die ganze, recht vollmundige Programmatik Blannings, die Homosexualität des Königs sei der wichtigste Wegweiser zu seiner Persönlichkeit, quasi kassiert. Und selbst die von Blanning schön ausgemalten Szenen mit dem zeitweiligen Favoriten Algarotti kranken daran, dass es einen, so Blanning schon etwas kleinlauter, Brief Friedrichs gibt, der »scheinbar explizit« klarmacht, dass es keine körperliche Beziehung gab. Friedrich freue sich, Algarotti wieder zu sehen – wie Medoro aus Ariosts *Orlando furioso*, als er endlich mit seiner Geliebten Angelica wieder vereint ist –, »mit dem Unterschied«, so Friedrich, »dass allein mein Geist an dieser Freude teilhat, und dass er den deinen nur umwerben will, um sich am Feuer deines sprühenden Geistes zu wärmen«.

Und tatsächlich, auch im vermeintlichen Klartext-Beitrag von Reinhard Alings in *Friederisiko* (der im Juni 2022 für die Website der Stiftung gekürzt aktualisiert wurde) liest man: »Die eigentliche Quellenlage zum Thema bleibt ausgesprochen kritisch. Tatsächliche Augenzeugen oder Beteiligte, selbst vermeintliche, gibt es gar nicht. ›Vertrauliche Briefe‹ oder Notizen, die sich bislang in den Akten fanden, können als Quelle nur unter größten Vorbehalten dienen. Sie beziehen sich in aller Regel auf Gerüchte, aufs Hörensagen sowie den beliebten Hoftratsch (...).« Gleichzeitig deutet Alings, um die eigene Position pro Homosexualität zu stärken, an: »Nicht auszuschließen, dass der eine oder andere delikate Brief behütet in den Akten schlummert und eines Tages das Licht erblicken wird.« Das stimmt, aber in der gekürzten Aktualisierung von 2022 fehlt dieser Satz, der sich vage auf den Briefwechsel zwischen Friedrichs jüngeren Brüdern bezieht. Offensichtlich, muss man wohl schließen, hat sich in den zehn Jahren seither noch nichts Bemerkenswertes gefunden.

*

Diese zwiespältigen Haltungen neueren Datums sind jedoch bis zu einem gewissen Grad verständlich. Die jahrhundertealte umständliche Ablehnung der Homosexualität als mögliche menschliche Perspektive für *den* preußischen König wirkt oft wie ein vorsätzliches Vertuschen, provoziert geradezu die Energie, eine »verlogene Scheinwelt« zu zerstören, Friedrichs Welt zu zeigen, wie sie »wirklich« ist. Es ging, könnte man pointieren, bei der Neubestimmung darum, die Friedrich-Forschung in diesem Bereich endlich in einer modernen Gegenwart ankommen zu lassen, in der Homosexualität als gleichberechtigte Lebensmöglichkeit selbstverständlich sein sollte.

Doch die innerhalb von wenigen Jahren durchgesetzte neue Grundmeinung bleibt auch nach solchen Überlegungen ähnlich unsicher wie die alte. Die patenten Schlüsse, die aus der bleibend zweifelhaften Quellenlage neu gezogen werden, sind wieder voreilige Vereindeutigungen, die durch nichts zufriedenstellend gedeckt sind, was den Autoren selbst, siehe oben, immer wieder klar wird.

In den bekannten Briefen etwa, in denen der König seinen jüngeren Bruder Heinrich auf giftig-anzügliche Weise mit dessen Liebe zu Georg-Wilhelm von der Marwitz (1723–1759), einem ehemaligen Leibpagen Friedrichs, neckt – »Ihrem kleinen Liebling geht es sehr gut, und wenn er schön brav bleibt, sehen Sie ihn bald wieder. Im Moment schmachtet er nach Liebe und dichtet Ihnen zu Ehren Elegien voller heisser Küsse, die er Ihnen bei Ihrer Rückkehr zu geben gedenkt. Ich rate Ihnen, Ihre Kräfte zu schonen, damit Sie genug haben, um Ihrer Liebe Nachdruck zu verleihen« –, ist, was Friedrich angeht, nur »bewiesen«, dass er seinem Bruder gegenüber eine saloppe Umgangsweise mit Liebschaften zwischen Männern pflegte, die nicht für Verklemmtheit spricht. Ähnlich spöttische Direktheit zeigte, in anderem Zusammenhang und was die eigene Person angeht, der verheiratete Kronprinz Friedrich, als er an Ernst Christoph von Manteuffel schrieb, dessen »Schloss Kummerfrey« ein Vorbild für Friedrichs Existenzform »Sanssouci« wurde: »Ich bin ihnen überaus verbunden wegen ihrer Sorge um meine Fortpflanzung, und ich habe das gleiche Schicksal wie die Hirsche, die zurzeit in der Brunft sind; heute in neun Monaten geschieht vielleicht, was sie wünschen.«

Manteuffel war auch mit Friedrich Wilhelm in Kontakt. So ist nicht ganz klar, ob der Sohn über ihn auch seinen Vater beruhigen wollte. Aber ganz ohne »Vorleistung« dürfte sich der unter Fortpflanzungserwartungen stehende Kronprinz die offensiv spaßende Replik nicht erlaubt haben.

Friedrich ließ sich von Gerüchten über seine Sexualität nicht leicht aus der Ruhe bringen. Als der britische Gesandte George Mitchell ihm von *Vie privée du Roi de Prusse*, einer anonymen Spottschrift, erzählt, die, vermutlich von Voltaire verfasst, in London zirkuliert, schreibt er am 28. August 1753 nach außen hin entspannt zurück: »Was dieses verleumderische Büchlein angeht, worüber Sie mir berichten (...), sage ich Ihnen, dass Sie sich damit nicht abgeben sollen, und Sie sollen sich weder offenbaren noch ein Wort darüber verlieren. (...) Außerdem kümmere ich mich nicht darum, was Besessene über meine Person schreiben, solange das Wohl meines Staates nicht darunter leidet.«

*

Was bei den Vertretern beider Erzählvarianten zu Friedrichs Privatleben auffällt, ist die Betonung der widersprüchlichen Sachlage – und gleichzeitig der Versuch, die Widersprüche zum Verschwinden zu bringen. Was am Ende vor allem die Frage aufwirft: Warum muss man überhaupt zu einem Schluss innerhalb der Groborientierungen hetero-/homosexuell kommen? Warum an einzelnen Stellen immer wieder das Verschweigen der anderen Meinung oder wenigstens die vernachlässigende Behandlung der Indizien, die für die Gegenmeinung sprechen?

Was Katte angeht, wird etwa angeführt, dass Friedrich Wilhelm seinen Sohn laut der Gerichtsdokumente gefragt habe, wer wen »verführt« habe. Dass die Frage mindestens dreifach ausgelegt werden kann – entweder verführt zur Flucht, zum Sex oder zu beidem –, ist offensichtlich. Aber meist wird unterschlagen, dass Friedrich Wilhelm hinter dieser Flucht weit mehr vermutete als den Vater-Sohn-Konflikt. Für den amtierenden König war, was sein Sohn mit seinen Vertrauten Katte und Keith plante, politisch eine Desertion. Der englische Gesandte Guy Dickens schrieb nach London: »Der König argwöhnt, dass ganz England, Frankreich, die Königin, seine Gemahlin und seine ganze Umgebung, Grumbkow ausgenommen, sich gegen ihn verschworen haben.« Katte gehöre, so der König, »mit glühenden Zangen gerissen und aufgehängt«, worauf Friedrich Wilhelm nur aus Rücksicht auf Kattes Familie, die er kannte, verzichtete. Das Henkersschwert galt als weniger grausam.

Ein anderes, banales Beispiel: Fast alle Autoren erwähnen den »Betenden Knaben«, den Friedrich 1747 an prominentem, von seiner Bibliothek aus in Halbdistanz sichtbarem Ort vor Sanssouci aufstellen ließ. Doch wer deswegen gleich von einem »homophilen« Ambiente um Friedrich spricht, vergisst offenbar die Feier heiterer heterosexueller Sinnlichkeit auf vielen der Gemälde, die, von Friedrich höchstselbst geschätzt, die Atmosphäre von Sanssouci bestimmen. Eine große deutsche Tageszeitung titelte zum 300. Geburtstag frech »Der schwule Fritz«. Dass die Forschungslage den Titelzeilen-Befund nicht recht hergibt, stört die Öffentlichkeit im Rahmen eines Paradigmenwechsels nur marginal. Friedrich, das ist beschlossen, gehört vom hohen Sockel der sexuellen Unanfechtbarkeit gestoßen.

Im engeren Kreis der historischen Wissenschaft versucht man sich indes an einer neuen Kombination von Merkmalen. Der Mangel an

»Beweisen« für Friedrichs Homosexualität, der auch ihren Fürsprechern immer wieder bewusst ist, wird auf einmal umgemünzt in: Friedrich war zwar homosexuell, aber möglicherweise hat er das nie ausgelebt. So schreibt etwa Alings:

Praktizierte Sexualität dürfte für ihn, je später desto weniger, eine untergeordnete Rolle gespielt haben. Möglicherweise taten seine chronischen Krankheiten, Gebrechen und Schmerzen, unter denen er zeitlebens litt, ein Übriges. War Friedrich schwul? Daran kann kein vernünftiger Zweifel bestehen. Er hätte seine Homosexualität darüber hinaus, das darf man ihm gerne zugestehen, ähnlich wie sein Bruder Heinrich, sicher gern lebenslang ausgelebt, wenn er nicht König und – wichtiger, zu halbwegs freier leidenschaftlicher Sexualität und tiefergehender emotionaler Beziehung überhaupt in der Lage gewesen wäre. Das war er scheinbar nicht. Friedrich lebte seine Homosexualität nicht aus, weil er seine Sexualität nicht auslebte, nicht ausleben konnte.

Auf einmal weiß man nicht mehr, ob Friedrich sich sexuell irgendwie betätigt hat, aber dass er homosexuell war, soll paradoxerweise plötzlich sicher sein? Als sei die postpreußische Königsgeschichtsschreibung noch von ihrer Indizien verschweigenden Vergangenheit infiziert, taumelt sie von einer unbelegbaren Behauptung in die nächste.

Traurig ist vor allem, dass sie mittels starrer Kategorien damit erneut die Vereindeutigung einer Persönlichkeit betreibt, am toten Leib des alten Fritz das strikte Regime seines Vaters noch einmal vollendet. Wieder soll die Sexualität des armen kleinen, verprügelten Königs festgelegt werden, statt dass man ihn in die Freiheit einer ungeklärten und vermutlich unaufklärbaren Sachlage entlässt. Was Sexualität angeht, fehlt Friedrichs Interpreten vielleicht nur ein neues, dereguliertes Menschenbild, wie es sich im 21. Jahrhundert allmählich zu entwickeln scheint – ein schlichter Rahmen, der offen ist für jede Erweiterung: Alles, was niemandem schadet, darf sein. Andere Regeln braucht es nicht.

*

Ansätze zu einer solchen Haltung gab es, exklusiv für die Spitzen der Gesellschaft, sinnfälligerweise ausgerechnet in Friedrichs eigener Zeit. Wie Blanning selbst zugesteht, passt schon die Kategorie »homosexuell« und die damit verbundene kulturelle Abwertung nicht in das Milieu Friedrichs. Der Begriff stammt aus der zweiten Hälfte des 19. Jahrhunderts. Das »frivole« 18., in dem sich unsere Geschichte zuträgt, ist offener. Vor allem das höfische Rokoko, die letzte Phase des Barock, kultivierte verspielte Sexualität aller Art, was sich heute erst allmählich herumspricht.

Eva Ziebura, die eine weitgehend überzeugende Prinz-Heinrich-Biographie geschrieben hat, meinte schon 2012 in einem Gespräch über Friedrich:

Das 18. Jahrhundert kannte ein kategorisches Entweder-oder von Homo- und Heterosexualität nicht. Ich glaube, im Grunde alle Adeligen im 18. Jahrhundert hatten gleichgeschlechtliche Erfahrungen. Das brachte die Erziehung in den Kadettenanstalten so mit sich. Man wurde unter Männern groß. Frauen stellten eine andere, oft fremde Welt dar, und dann waren sie natürlich auch gefährlich: Die Angst vor Syphilis war immens.

Sexuelle Ambivalenz hingegen war nichts »Krankes«, sondern, zumindest für hochgestellte Männer, eine Möglichkeit unter anderen, wie die vielen Beispiele von Prinz Eugen von Savoyen bis Prinz Heinrich zeigen. Als König war Friedrich zur Fortpflanzung per Geburt verpflichtet, aber spätestens nach der offiziellen Einsetzung eines Thronfolgers gab es wenig dynastische Argumente gegen eine vielleicht verschwiegene, aber selbstbestimmte Sexualität. Das Faktum, im Mittelpunkt der Aufmerksamkeit des Volkes zu stehen, dürfte Friedrich hingegen nach wie vor beeinflusst haben.

In Rheinsberg und später in Sanssouci versucht Friedrich, Traumreiche für einen sprühenden Kunst- und Gedankenkult zu schaffen, die seiner Vorstellung von Freiheit entgegenkommen. Aber beide Lebenszentren sind, als der König Rosswald und Hoditz im Siebenjährigen Krieg zum ersten Mal besucht, schon lange nicht mehr aktuell. Die Gefährten von damals sind meist geflohen oder tot. Auch weil

Friedrich den Staat am liebsten alleine kontrollieren würde, fühlt er sich im Gefängnis seiner Pflicht. Zugleich sehnt er sich nach einer neuen Welt.

Rosswald, eine eigene Kombination aus Rheinsberg und Sanssouci, eine festlich-sinnliche Existenzform, die ihn an seine Kronprinzenzeit erinnert, ein Graf, der sich um keine überkommene Moral zu kümmern scheint, all das begeistert ihn. Hier findet er ein Reich der Möglichkeiten. Sein erstes Leben ist nicht ganz verloren.

17

Ich bin noch ganz bezaubert. Der Nachhall von Friedrichs Besuch in Rosswald und die erste Zeit von Hoditz in Sanssouci (1770/71)

Wie sehr Friedrich die Zeit in Rosswald genossen hat, zeigen die Briefe, die er an Albert von Hoditz schreibt, nachdem er wieder in Potsdam angekommen ist. Am 16. September 1770, acht Tage nach dem Abschied, scheint er noch immer im Bann der Ereignisse zu stehen:

Herr Graf von Hoditz, ich bin noch ganz bezaubert von meinem Aufenthalt in Roßwalde, und der Gedanke an das Vergnügen, das ich dort genossen habe, verfolgt mich überall hin. Überall sehe ich meinen freundlichen Gastgeber, der eifrig bemüht ist, mir tausend Beweise seiner Zuneigung zu geben und mir tausend Freuden zu bereiten. Ich kann Ihnen gar nicht sagen, mein lieber Graf, was mir die Erinnerung an diesen Aufenthalt so köstlich macht. Erlauben Sie mir, dass ich Ihnen wenigstens schriftlich versichere, dass ich mich immer mit unendlichem Vergnügen an die Momente erinnern werde, die ich bei Ihnen verbracht habe (...).

Am 21. September, noch ohne Antwort von Hoditz, erzählt Friedrich eifrig vom Erfolg seiner Bemühungen, Hoditz Schwäne zu schicken, um die er ja gebeten habe. Nun sind Schwäne in dieser Zeit immer auch ein Zeichen von Erotik. Das gilt nicht zuletzt für Friedrich und seine Freunde, die er, wenn sie ihm nahestanden wie zeitweise Algarotti, gerne als »Schwan« bezeichnete.

Die erotische Komponente bleibt auch im kurzen handschriftlichen Zusatz zum nächsten offiziellen Brief vom 3. Oktober erhalten, aber der »Gesang« seiner Schwäne erinnert Friedrich an Konkurrentinnen, gegen die er ihnen keine Chance einräumen kann. Er schreibt, dass er

Hoditz die Tiere jetzt geschickt habe, aber deren »harmonischer Gesang« reiche »nicht an den der Nymphen von Roßwalde heran«.

Wie in der danach entstandenen Epistel hat hier keiner Friedrich dazu gedrängt, Rosswalder Mädchen zu erwähnen. Das gilt auch acht Tage später, am 11. Oktober, als Friedrich, in seiner eigenen Handschrift, hofft, dass der harmonische Gesang der Schwäne Hoditz mitteile, wie sehr er sich über den schönen Empfang gefreut habe. Aber weil der Gesang doch nicht recht an den von Kyknos erinnern wolle, hoffe er, dass die Schwäne Hoditz immerhin »gute Daunen liefern werden, um die Kissen und Matratzen zu füllen, die Sie bei Ihren Liebesexpeditionen verwenden oder während Ihrer Krankheiten brauchen«.

Diese offen anzügliche Bemerkung in einem handschriftlichen, das heißt ohne Mittler verfassten Brief, führt die erotische Ausstrahlung des mährischen Serails auf Friedrich noch einmal vor; bezeugt die sexualisierte Welt Rosswalds. Nur Kyknos, dessen unwirklich schöner Trauergesang um Phaeton den mitleidigen Apollo dazu brachte, ihn in einen Schwan zu verwandeln, hätte Hoditz' Mädchen vielleicht übertreffen können.

*

Mit den »Krankheiten« kommt hier jedoch auch ein zweiter Aspekt hinzu: Offensichtlich machen Hoditz allmählich gesundheitliche Schwierigkeiten zu schaffen. Im nächsten Brief vom 29. Dezember schreibt Friedrich:

Ich bin entzückt, durch Ihren Brief vom 6. dieses Monats zu sehen, daß es Ihnen viel besser geht, als ich geglaubt habe. Wie wenig kann ich den Nachrichten trauen, die ich von anderer Seite erhalten habe, da diese mir sagten, es gehe Ihnen schlecht. Ich wünsche mir nur, dass Ihre Gesundheit immer kräftiger wird, und zwar so gut, dass Sie mich am Ende wirklich besuchen können.

Der Brief überschneidet sich allerdings mit einem von Albert von Hoditz, der Friedrich zeigt, »dass Ihr Gesundheitszustand immer noch schwankend ist«. Er wäre gerne, meint Friedrich daraufhin, ein Schüler des Hippokrates und würde helfen, aber es bleibe ihm nichts übrig, als Besserung zu wünschen. Doch nach dem Ende des Briefs muss er sich etwas überlegt und seinen Leibarzt Fuchs aktiviert haben, denn am 3. Februar 1771 freut er sich, dass aufgrund von Fuchs' Ratschlägen bei Hoditz eine Besserung eingetreten sei. Und wahrscheinlich ist es auch die Aussicht auf persönliche ärztliche Behandlung, die Hoditz, nach jahrelangen Bemühungen Friedrichs, zum ersten Mal nach Potsdam bringt.

*

Irgendwann Mitte März macht sich der mährische Graf auf die Reise, die, per Kutsche, ohne nennenswerte Schwierigkeiten verläuft. Sonst ist nichts darüber bekannt. Wie der Graf empfangen worden ist, wissen wir aus einer Quelle, die anzeigt, dass Hoditz' erstes Auftauchen Eindruck machte. So notiert Ernst Ahasverus Freiherr von Lehndorff, Kammerherr von Friedrichs unglücklicher Gattin Elisabeth Maria Christine, zeitweiliger Geliebter von Friedrichs Bruder Prinz Heinrich und verschwiegen-gesprächiger Urahn von Blow-up-Star Veruschka von Lehndorff, in den Nachträgen zu seinem berühmten »geheimen Tagebuch«, das unter dem Titel *Dreißig Jahre am Hofe Friedrichs des Großen (...)* über hundert Jahre nach den Ereignissen erschien, am 1. April 1771:

Ein recht sonderbarer Herr ist hier angekommen. Ein Graf Hoditz aus Oberschlesien. Er ist 68 Jahre alt und lebt als Epikuräer und vertreibt sich die Zeit noch immer mit Feste geben. Alle seine Bauern und Bäuerinnen hat er im Opernsingen und Theaterspielen ausgebildet und zuhause ein neues Arkadien eingerichtet. Seine Besitzungen sind eine Art Zauberland. (....). Der König nahm ihn mit größter Auszeichnung auf und gab ihm im Schlosse Wohnung, wo er drei Wochen blieb. (...) Was jedoch sein Lob voll macht, ist seine große Menschenfreundlichkeit und Güte, verbunden mit einem Humor, wie man ihn heiterer nicht finden kann. Ich habe ihn mit Vergnügen besucht und wir waren so schnell miteinander bekannt geworden, dass er mir gleich sein Medaillon in Stuck zum Geschenk machte.

Lehndorff irrt sich im Alter: Hoditz ist im April 1771 noch vierundsechzig Jahre alt. Aber die Anerkennung des erfahrenen Beobachters ehrt. Wie ist dieser sonderbar ausgeglichene Herr aus Schlesien zu seiner Ruhe gekommen, die ausreicht, um die mit mehr oder minder bekannten Persönlichkeiten verwöhnte Potsdamer Hofklientel zu beeindrucken?

*

Wie genau der Beginn von Hoditz' erstem Aufenthalt in Sanssouci aussah, ob Friedrich ihm seine Huldigungsepistel gleich zur Begrüßung präsentiert hat, ob privat oder auch vor weiterem Publikum, in welchem Zimmer, vor welchem Gemälde, umrahmt von welcher Musik, ist nicht bekannt. Nur der schon zitierte Brief Friedrichs an Voltaire vom 29. März, dem »O singulier Hoditz« beigelegt war, lässt darauf schließen, dass der Vortrag in den ersten Tagen des Besuchs stattgefunden haben dürfte, und Lehndorffs Feier von Hoditz' Persönlichkeit zeigt an, dass der Graf aus Rosswald seine erste Zeit in Potsdam sehr genossen haben muss. Schon beim ersten Rundgang durch das Schloss muss sich Hoditz, umgeben von »galanten Festen« von Watteau und Maler-Kollegen, die Friedrich seit Jahrzehnten begleiten, wohlgefühlt und in seiner Lebensform bestätigt gefühlt haben. Im Gang auf dem Weg zur Bibliothek, den Friedrich Galerie nennt, im Musikzimmer, überall gibt es Anklänge an die Welt, die Hoditz selbst im Geist der Zeit in sein Leben übersetzt hat.

Sanssouci ist viel kleiner als Rosswald. Man kann sich in jedem seiner Gästezimmer, die alle durch eine große Glastür direkten Zugang zur Terrasse haben, wie in einem Gartenhaus fühlen, einer luxuriösen Schäferey. Die Bibliothek ist ein hoher, zierlicher, runder Raum. Auch sie muss Hoditz überrascht haben. In Rosswald standen mindestens drei- oder viermal mehr Bücher aus den unterschiedlichsten Wissensgebieten.

Sanssouci ist vor allem durch seine von Menzel verewigte »Tischgesellschaft« mit den sprühendsten französischen Geistern berühmt, aber diese Zeiten sind im Frühjahr 1771 vorbei. Friedrich hat viele Freunde vergrault oder sie sind verstorben. Auch die persönlichen Vertrauten, von denen immer wieder die Rede ist, wie etwa Fredersdorff, sind oft schon über zehn Jahre tot. Vorleser de Catt, den Hoditz selbst in seinem Testament bedenken wird, wird bis 1780 in Potsdam und in der Gunst Friedrichs bleiben und damit wohl auch einer der regelmäßigsten intellektuellen Sparringpartner Friedrichs.

Aber immer noch gibt es Gäste, allerdings, wie schon zur Hochzeit der Tischgesellschaften, keine »Buchhaltung« jener, die bei Friedrich im Schloss wohnen durften. Sie sind nur durch zufällige Einzel- und Querverweise zu erschließen. Wer waren sie? Wie kann man sich die Unterhaltungen in diesen Jahren vorstellen? Ein Hinweis für die erste Zeit von Hoditz in Potsdam findet sich in Rödenbecks Kalender:

Um diese Zeit war der Graf Hoditz beim König in Potsdam, von wo er den 19. April über Berlin nach Roswalde zurückreiste. Ferner waren in diesem Monat beim König: der Abt Bastiani, der Lord Algernon Perci, ein Sohn des Herzogs von Northumberland, und dessen Führer Dutens Duchillou. Der Letztere erwähnt seiner mit dem Könige gehabten Unterredung in seiner Schrift: »Mémoires d'un voyageur qui se repose« (I. 378), jedoch nicht ausführlich. Er war durch den Baron von Cocceji eingeführt worden (...).

Was steckt hinter den Namen der anderen Gäste? Lord Algernon Percy, aus altem englischem Adel, ist erst einundzwanzig Jahre alt, in Eton ausgebildet, hat er 1767 seine Grand Tour unternommen und wird es, obwohl von klein auf kränklich, bis ins britische Oberhaus bringen. Als er bei einer Wahl in Northumberland antritt, kann er, in Nizza zur Kur, nicht selbst Wahlkampf machen, auch das erledigt sein Vater für ihn: Percy, für dessen Zukunft gesorgt werden muss, wird gewählt.

Verglichen mit Percy hat sein sogenannter Führer mehr Gewicht: Dutens Dechillou, Algernons Tutor, ist zwanzig Jahre älter als sein Schützling und stammt aus einer calvinistischen Familie in Tours. Aus religiösen Gründen ist er nach London übersiedelt. Dort studiert Dutens Mathematik und orientalische Sprachen, lernt Griechisch, Spanisch und Italienisch, auch vom gebildeten Vater der Familie, in der er selbst Hauslehrer ist. Dann wird er Sekretär von James Stuart-Mackenzie, damals Vertreter Englands im Königreich Sardinien. Ausgerechnet Mackenzie aber ist es, der in den 1740er Jahren eine Affäre mit Friedrichs Lieblingstänzerin Barberina hatte, was zu einem respektablen europäischen Skandal führte, weil Friedrich die Auslieferung der schon bei ihm unter Vertrag stehenden Tänzerin, die plötzlich bei ihrem neuen hochadeligen Verehrer bleiben wollte, von der Republik Venedig erpresste. Der Verliebte reiste ihr nach, aber weil sie in Berlin offensichtlich gut aufgenommen wurde, war die Barberina seiner bald überdrüssig und bat Friedrich, Mackenzie des Landes zu verweisen, was Ende Juni geschah.

*

Aber nicht nur Dutens' Verbindungen sind interessant, auch er selbst. Immerhin war er in der zweiten Hälfte der 1760er Jahre Herausgeber der ersten Gesamtausgabe von Leibniz, Hoditz' Hausheiligem, die, lateinisch, in Genf erscheint.

Daneben betätigt sich Dutens selbst als Philosoph und Archäologe, schreibt Bücher über Münzen und Steine aus phönizischer Zeit, verfasst gebildete Reiseführer, und als er später weniger reisen kann, schreibt er ein Buch, dessen Titel beinahe so klingt, als sei es von Albert von Hoditz oder Max von Lamberg, nämlich die von Rödenbeck erwähnten *Memoiren eines Reisenden, der ausruht*. In den drei Bänden, in die das Werk gegliedert ist, findet sich eine schöne, aussagekräftige Stelle, in der Dutens von einem Besuch bei Lordmarschall Keith erzählt, bei dem auch Hoditz anwesend ist.

Wir aßen fast jeden Tag mit dem Lord Mareschall, der damals fünfundachtzig Jahre alt und an Körper und Geist noch so kräftig war wie eh und je. Der König hatte ihm ein Haus geschenkt, das an den Garten von Sanssouci angrenzt, und ging häufig dorthin, um Keith zu sehen (...) Eines Tages, als wir bei Seiner Lordschaft aßen, erhielt er Besuch von einem bedeutenden schlesischen Adligen, dem Grafen Hoditz; der den König bewirtet hatte, als er auf seinem Weg zum Kaiser durch Schlesien reiste. Er hatte ihn auf die außerordentlichste Weise empfangen; ganz im gleichen Stil, wie, wie uns gesagt wird, die Ritter von den Feen der Romane empfangen wurden. Bei einem Spaziergang, den er mit dem König in seinem Park unternahm, sah man Faune und Dryaden aus dem Wald kommen, die ihn mit ihren Tänzen und ihren Späßen amüsierten; und wenn er zu Abend essen wollte, erhob sich ein Tisch, komplett gedeckt, aus der Erde. Nymphen gaben ihm im Wald die Ehre, und Faune warteten bei Tisch. Als er ihn verließ, sagte der König: »Graf Hoditz, ich hoffe, Sie kommen mich in Potsdam besuchen. Ich kann Sie nicht so elegant empfangen, wie Sie mich empfangen haben, aber ich werde mein Bestes tun.«

Hoditz war ein Mann mit weitreichenden Kenntnissen, offen und fröhlich und er sagte dem König immer die angenehmsten Dinge. Er hatte ein beträchtliches Gut in Schlesien, das die Besitzungen des Kaisers und des Königs von Preußen teilte und von beiden unabhängig war. Eines Tages, als der König ihm die Verbesserungen zeigte, die er in Sanssouci vorgenommen hatte, sagte er zu ihm: »Sehen Sie dieses Stück Land: es gehörte zu meinen Gärten; aber um ihre Form regelmäßiger zu machen, habe ich eine gerade Linie gezogen und alles, was außerhalb der Linie ist, meinem Nachbarn gegeben. Ich habe eine Straße gebaut, die zu seinem Haus führt, die ihn nichts gekostet hat und ich werde ihm jetzt auf eigene Kosten eine Mauer bauen.«
»Ah! Sire«, sagte der Graf, »ich sehe, es ist gut, wenn ein Untertan Ihr Nachbar ist.«

Eine feinsinnige Bemerkung. Denn was ist, wenn der Untertan kein Nachbar ist? Interessant aber auch, dass Dutens den Eindruck bekommen hat, Rosswald sei ein unabhängiges Gebiet zwischen beiden Großreichen, was nie stimmte. Doch die Zugehörigkeit zu Österreich trat nach außen offenbar hinter der Unabhängigkeit von Hoditz' Haltung zurück.

Auch die Schilderung, dass Friedrich in Rosswald empfangen worden sei »wie die Ritter von den Feen der Romane«, ist aufschlussreich. Sie bringt Hoditz' auf dem langen Weg vom barocken Absolutismus über die Aufklärung zur Romantik hin nicht genau festzulegende Zwischenstellung wieder in den Blick. Sie passt gut zu den Parallelen zwischen der Friedrich-Hoditz-Geschichte und jenen von Chrétien de Troyes und dem Prosa-Lancelot. Der adelige und kunstliebende »Waldbruder« Hoditz war in der Rückbesinnung auf das Mittelalter offensichtlich eine Spur weiter als die ihn ebenfalls prägende Zeit des Rokoko.

Der »Lord Mareschall« wiederum, bei dem das geschilderte Essen stattfand, ist eine durch Rousseaus *Bekenntnisse* am berühmtesten gewordene Erscheinung: George Keith, der weniger militärische Bruder des 1758 bei Hochkirch gefallenen Schachspielers James, der zur Zeit des erzählten Besuchs erst achtundsiebzig war, wird überall als außergewöhnlich vornehmer, guter und einfallsreicher Mensch geschildert, dessen republikanische Gesinnung Friedrich nicht davon abhielt, ihn in seine Dienste zu nehmen, zuletzt als Statthalter im heute schweizerischen Neuchâtel, das zeitweilig zu Preußen gehörte.

Von einigen als der einzige wirkliche Freund des Königs geschildert, wirkt Keith wie ein natürlicher Verwandter von Albert von Hoditz, der Keith in seiner Potsdamer Zeit öfter besuchte. Die eigenständige Loyalität zum König, die beide zeigten, macht sie in ihrer Haltung je unverwechselbar. Beide gehören zu den seltenen Individuen, die Friedrich über die gesamte Dauer der jeweiligen Bekanntschaft beziehungsweise Freundschaft achtete.

*

Ein ganz anderer Charakter ist Giovanni Battista Bastiani, der an diesem Tag nicht mit Dutens und Hoditz zusammen an der Tafel des Lordmarschalls aß, aber laut Rödenbeck ebenfalls in derselben Zeit beim König zu Gast war. Bastiani verbindet mit Friedrich und Hoditz eine je eigene, drei Jahrzehnte alte Geschichte.

Als Sohn eines einfachen venezianischen Schneiders fand er zuerst den Weg in ein franziskanisches Kloster, wurde Mönch, floh aber bald von dort, gewann in Rom die Aufmerksamkeit des Kardinals Sinzendorf, der ihn mit nach Breslau nahm, wo er, zusammen mit dem nachmaligen Bischof Schaffgotsch, Friedrich kennenlernte. Bastiani erhielt den königlichen Auftrag, den in Breslau in Verruf geratenen Schaffgotsch beim Papst in Rom als Fürstbischof durchzusetzen, was gelang. Der aufstiegsbewusste Schneiderssohn war nicht minder intrigant als der maliziöse Altadelige Schaffgotsch. Der Junge aus dem Volk wurde schnell selbst eine Art Herr, sodass ihn manche gerne bald wieder hinausgeworfen hätten aus ihrem Kreis. Aber es heißt, er war zu klug und so glatt wie ein Kieselstein.

Auch mit Friedrich verscherzte es sich Bastiani immer wieder, aber der König kam nie ganz von ihm los. Er sah den »schönen Abbé«, groß und blond, gerne und wies ihm Güter in Schlesien zu. Hoditz wiederum muss schon Anfang der 1740er Jahre ebenfalls mit Bastiani in Kontakt gekommen sein. Eine der gelegentlichen Erholungsreisen Friedrichs, die ihn zur Gichtkur ins heute polnische Bad Landeck führte, offeriert eine geradezu malerische Geschichte: drei Männer im Wasser. Bastiani und Hoditz begleiteten Friedrich. Beide übernachteten in den Gästezimmern des alten Bades, Friedrich in den fürstlicheren des neuen. Alle drei besuchten auch die türkischen Bäder und ließen sich, mutmaßlich in weißes Badeleinen gekleidet, wie in einem zeitgenössischen Führer von Landeck beschrieben, auf kleinen, eleganten Schiffchen »mit Kaffee und Chokolade« bewirten, um das stundenlange Gesundwerden zu verkürzen.

Eine besondere, zur Bastiani-Legende gehörende Geschichte ist jene von Casanova, der Bastiani während eines Aufenthalts in Breslau besuchte. Drei Tage lang habe er mittags und abends bei ihm gegessen. Eine Frau wohne in der Wohnung unter ihm, die drei Kinder habe, um die er sich kümmere, vielleicht weil sie seine seien. Andererseits sei er auch an einem jungen Abbé interessiert. Bastiani, das ist der schlüpfrige Höhepunkt von Casanovas Breslau-Erzählung, der in der deutschsprachigen Ausgabe der Memoiren »natürlich« fehlt, habe ihm auch die »billets doux« gezeigt, die Friedrich Bastiani vor Jahren geschrieben habe, mit dem Wunsch, seine »Mätresse« zu werden.

Das mag sein, doch die Billets sind nie gefunden worden und

Casanova war schlecht auf Friedrich zu sprechen, weil er wenige Monate zuvor auf eine gehobene Verwendung im Dienst des Königs gehofft hatte, aber nur eine schäbige Stelle als Erzieher für Jungen aus dem schlesischen Landadel angeboten bekam. Friedrich habe ihn, erzählt Casanova, in ein Gespräch über Gärten und Steuern verwickelt. Von beidem hatte Casanova keine Ahnung – was er in seiner Schilderung Friedrich zur Last legt, der ihn nicht danach hätte fragen sollen.

*

So einvernehmlich-festlich wie Hoditz' erster Besuch in Sanssouci begann, so schnell ging er zu Ende. Möglicherweise war er auch in einer Kur bei »Dr. Fröse«, nicht mehr in Sanssouci, denn am 8. April schreibt Friedrich einen Brief, er habe gehört, dass Hoditz nach Hause zurückkehren wolle. Er freue sich darüber, dass er gekommen sei, ihn »zu besuchen« und »einige Wochen bei mir zu verbringen«. Er hoffe, dass Hoditz sich »in der Kürze der Zeit (…) einigermaßen amüsiert« und »Grund habe, zufrieden zu sein«. Vor allem wünsche er, schreibt Friedrich, dass die Reise »vorteilhafte Auswirkungen« auf Hoditz' »Gesundheit« haben werde, sodass sie sich bald in Schlesien wieder sehen könnten.

*

Am 9. April schon erhält Hoditz einen königlichen »passe port«, den Passierschein für die Reise, doch die Flüsse sind durch das noch immer ungünstige Klima nicht überall eisfrei. Am 16. April ist Hoditz noch immer in Berlin. Am 20. endlich kann Friedrich antworten, er freue sich, dass Hoditz trotz »Wind und Wetter« von dort aufgebrochen sei. Aber die Reise bleibt schwierig, am 3. Mai muss Hoditz sie wegen gesundheitlicher Probleme unterbrechen. Danach tauscht er das Boot gegen eine Kutsche.

Im Juni endlich versetzt ein heiterer Brief des nach Rosswald zurückgekehrten Hoditz Friedrich in gute Laune. Offensichtlich hat Hoditz seinem so festlich begonnenen, dann schwieriger gewordenen Aufenthalt in Sanssouci eine schöne Abrundung gegeben:

Herr Graf von Hoditz, nach dem heiteren Stil des Briefes zu urteilen, den Sie mir am 6. dieses Monats mit Merkur geschickt haben, haben Sie sich von den Strapazen Ihrer Potsdamer Pflichten vollständig erholt. Ich freue mich, dass ich einen ordentlichen Anteil an Ihrer Zufriedenheit habe und gratuliere Ihnen zu dieser. Im Übrigen mögen Sie mir noch so sehr vorschwärmen, wie zufrieden Sie mit Ihrem Aufenthalt hier sind; die Jahreszeit war zu ungünstig, um Ihnen Vergnügungen zu bieten, die Ihrer würdig wären, und in Ermangelung dessen musste ich mich mit traurigen Dingen behelfen, um Ihnen Ihre Zeit so wenig schlecht wie möglich zu machen. Ich hoffe, dass es nicht das letzte Mal sein wird, dass ich das Vergnügen habe, Sie hier zu sehen, dann werde ich versuchen, das zu korrigieren, was zu ändern für dieses Mal nicht in meiner Macht stand (...).

Handschriftlich fügt er hinzu: »Wir singen hier: Es lebe der Patriarch von Roßwalde!«

18

»Je vous ai vu / Ich habe Sie gesehen«

Diese Nachricht muss Hoditz gefallen haben. Nach wie vor werden Briefe gewechselt, Friedrich schickt Trauben, die Hoditz gut schmecken, ein andermal Blumen und Sämereien in fünf Kisten, Grüße seiner Schwestern Amalia und Ulrike, Königin von Schweden. Hoditz plant, ein (neues) Denkmal für Friedrich aufzustellen, zu dem der König seine Einwilligung gibt, man versichert sich der gegenseitigen Wertschätzung. Von 1772 gibt es einen Mezzotinto von Czacka, einen Schabdruck, der Hoditz im Profil als eine Art römischen Feldherrn zeigt, mit einem ausgemergelt-heroischen, einem Cäsar würdigen Gesicht. Man sieht sich zwei Mal in Neiße, alles scheint in Ordnung. Doch ein Treffen von 1774, wieder anlässlich der Herbstmanöver in Schlesien, bringt eine erhebliche Veränderung, die sich in Friedrichs danach verfertigter zweiter Epistel auf Hoditz manifestiert. Ton und Aussage sind vollkommen anders als jene der ersten und der offensichtlichen Veränderung von Hoditz' Zustand geschuldet.

2. Epistel. Mauvaise Humeur / Schlechte Laune
An den Grafen Hoditz. Trostschreiben an einen Siebzigjährigen (1774)

Ich habe Sie gesehen, lieber Graf. Von Trauer überwältigt.
Sie wollen das Joch des Alters abschütteln,
Sie wollen wieder so sein, wie Sie waren.
Aber man sehnt sich vergeblich nach Kraft und Gesundheit;
Diese Zeit kehrt nicht zurück, sie vergeht, sie fliegt davon;
Die Eigenliebe stöhnt darüber, der Weise gewinnt Trost daraus.
Beladen mit fünf Jahrzehnten und zwanzig vollen Wintern
Würde selbst Mars erschlagen und

Herkules wäre mit siebzig Jahren nicht mehr Herkules.
Seine Keule würde den Arm seines Nachfolgers zieren.
Nichts ist stabil, die Zeit saugt alles auf und zerstört es;
Aber Sie leben und Sie stehen.
Wie wenige Sterbliche haben Ihr Alter erreicht!
Sie haben das Leben genossen, was braucht es mehr?

Danken Sie lieber dem Himmel für seine Gaben.
Wenn Ihre erschöpften Sinne im Schoß der Freuden
Keine Reize mehr finden; inmitten dieser Feste,
Auf denen Sie Eroberung auf Eroberung häuften.
Denken Sie daran, dass Voltaire und selbst Richelieu
Nicht mehr nach Paphos fahren, um den Göttern zu huldigen.
Der reich bevölkerte Serail, dieser Ort der Wonnen
Wird vor Euren Augen jetzt zu einem Abgrund der Qualen.
Ihr habt die Feuer aufgebraucht, deren Wiederkehr
Eure Liebe immer neu entfacht hat.
Und ja, ein schmachtender Körper, dessen Kraft geschwächt ist,
Liefert Euch dem dunklen Argwohn, ja sogar der Eifersucht aus.
Von diesen grausamen Schlangen ist Euer Herz zerfressen;
Ach, lieber Graf, muss man Euch so verändert sehen?
Wie einen eifersüchtigen Spanier, der von Zorn besessen ist,
Einen stolzen Neapolitaner, grausam und blutrünstig,
Die ihre verratene Liebe rächen wollen.
Ihr dürft nicht in ihre Fußstapfen treten.
Die Jugend hat Rechte und darf Ansprüche stellen;
Aber wer nicht mehr genießt, muss nachgeben können.
Soll die Eifersucht ein Herz verzehren, das
Die Natur zur Liebe geformt hat?
Phyllis ist wankelmütig, Chloe zu flatterhaft:
Worüber beklagt ihr Euch? Was macht das schon, in Eurem Alter?
Wenn die Liebe neue Liebende an sich kettet?
Hütet Euch davor, ihre süßen Umarmungen zu stören;
Ihr wart an der Reihe, andere sollen sich jetzt erfreuen;

Gefühle, die zu früh lebendig sind, verfliegen.
Welcher König könnte durch seine Autorität
Den verfallenden Greis an die neugeborene Schönheit binden?
Weder die Liebe noch der Geschmack gehorchen Kommandos,
Jedes Herz macht nur ein Angebot.
Aber, Graf, seht unser bleichendes Haar,
Unsere vernarbte Stirn und unsere zitternden Glieder;
Wer wird glauben, dass diese abscheulichen Reize
Herzen noch in Unruhe und Schrecken versetzen?
Ja, unsere Wünsche müssen verworfen werden.
Lassen Sie uns den Gott verlassen, der uns schon verlassen hat,
Großmütig wollen wir anderen diese bezaubernden
Freuden überlassen, die ohnehin nicht mehr die unsrigen sind.
Die Natur, reich und verschwenderisch mit ihren Gaben,
Hat uns für alle Jahreszeiten entlastet:
Im Frühling unserer Tage, der glücklichen Zeit der Unschuld,
Liegt die Freude in den Beinen, man läuft, springt und tanzt;
Bald steigt die Lust, in der Jugend
Liegt der Ort der Sinne in der Mitte des Körpers.
Am Mittag unserer Tage steigt das Feuer zu den Köpfen auf,
Gewinn und Ehrgeiz verursachen ihre Stürme;
Und wenn der Winter der Jahre unsere Glut dämpft,
Verzaubert uns die Vernunft und macht uns glücklich.
So, durch ein beständiges, unwiderrufliches Gesetz,
Erreicht die Natur, dass alles veränderlich ist;
Alles, was geboren wird, wächst, nimmt ab und wird zerstört,
Der schönste Tag wird von der Nacht abgelöst.
Der Weise fügt sich diesem Gesetz ohne Murren;
Er genießt die Gaben der Natur im Vorübergehen,
Im Winter kann er keinen Frühling fordern.
Ihr aber, den die Natur mit Geschenken überhäuft hat,
Dankt für ihre schwankende Gunst.
Nur ein vermessener Narr, undankbar, unverbesserlich,
Fordert von ihr laut schreiend sein Glück zu vermehren,

Dass die Wollust allein für ihn attraktiv sei.
Wer kann immer in Wonne schwimmen?
Der Mensch steht jeden Augenblick am Rande des Abgrunds;
Er ist schwach, zerfallen, zu alt,
Er sollte die Amoretten in Ruhe tollen lassen.

Was sehe ich? Ach, welch ein Blick, was sagt mir das?
Dieses lange Gesicht, die melancholische Miene?
Euer niedergeschlagener Geist gibt sich der Verzweiflung hin.
Gebt es offen, ohne Euch zu ereifern, zu:
Die männliche Strenge der Philosophie
Widerstrebt Eurem Geist, drückt ihn nieder, tötet ihn ab.
Statt eines wahren Freundes sucht Ihr einen Schmeichler,
Euren Schmerz zu bestätigen und zu verbittern;
Ich möchte ihn heilen, den Keim ausreißen,
Und Euren Geist ruhiger und fester machen.
Die Zeiten, die vergangen sind, können nicht wiederkehren,
Aber Sie, lieber Graf, können sich noch immer verjüngen.
Gibt es kein anderes Vergnügen als die unreine Quelle,
In der sich die Schweine Epikurs wälzen?
Seht die Anhänger der schmutzigen Lust,
Sind sie nicht endlich müde und angewidert?
Es gibt Vergnügungen für jedes Alter, glaubt mir.
Hört, was ein großer Mann, ein wahrer Weiser, gesagt hat,
Der Retter der Römer, der unsterbliche Cicero.
Seiner Ehren beraubt, friedlich in seinem Haus
Mitten im stürmischen Bürgerkrieg,
Die Tyrannen hassend, den Geist ruhig bewahrend,
Sagt er zu den Römern:
»Die Literatur ist das Glück der Menschen:
Die Jugend verdankt ihr ein strahlendes Leben.
Das Alter ist durch sie weniger düster und schwerfällig;
Der glückliche Narr gewinnt seinen Verstand zurück.
Der Elende sieht in ihr seinen Trost;

Bei uns, bei unseren Nachbarn, in der Verbannung, in der Einsamkeit,
Zu allen Zeiten mildert sie unser Elend.«
Gibt es ein edleres Vergnügen, als das Denken zu lernen?
Alles, was Ihr verliert, hebt das nicht auf.
Der Tempel der schönen Künste offeriert Euch Asyl;
Hier wird das Angenehme mit dem Nützlichen vereint,
Hier könnt Ihr, vor allen Sorgen geschützt,
Die hellen Strahlen der untergehenden Sonne sehen,
Die Nichtigkeit der weltlichen Eitelkeiten betrachten,
Die tiefe Illusion vergangener Freuden,
Trotz verschiedener Schicksalsschläge unerschütterlich bleiben,
Und die Gegenwart genießen, ohne den Tod zu fürchten.
Das einzige und würdigste Gut, nach dem man verlangt,
Ist die Gesundheit des Körpers und die Ruhe der Seele.

»Je vous ai vu / Ich habe Sie gesehen« sind gleich die ersten Worte des Gedichts. Man meint, den Ausdruck des Unglaubens noch zu spüren, und doch ist sich dieses »ich« jetzt sicher: Ich hatte nur davon gehört, jetzt habe ich die Bestätigung, aber ich kann es kaum glauben. Sie haben sich sehr verändert, Sie können mir nichts mehr erzählen. Und später noch einmal: »Was sehe ich? Ach, welch ein Blick, was sagt mir das? / Dieses lange Gesicht, die melancholische Miene?«

Podagra, die zeitweilig bis zur sehr schmerzhaften Beinahe-Bewegungslosigkeit fortschreitende Fußgicht, die schon den Vater plagte und die sich bei Hoditz durch das katastrophal nasse und kalte Klima der vergangenen Jahre nicht verbessert hat, ergänzt durch Blasen- und Nierenstein, scheinen dem Grafen abwechselnd oder gleichzeitig, jedenfalls zunehmend schwer zuzusetzen. Es geht, so Friedrichs Eindruck in seinem zweiten Brief an Voltaire, in dem er Hoditz erwähnt, allerdings vor allem um das Alter, mit dem dieser nicht fertig werde. Die Krankheiten seien nur ein Ausdruck davon. »Ich sah dort Hoditz«, schreibt Friedrich am 19. September nach Paris; »er war früher so heiter, jetzt ist er traurig und melancholisch; er kann die lästigen Gebrechen, die das Alter mit sich bringt, der Natur nicht verziehen.«

Aber die Jugend, so Friedrich im Gedicht, wird nicht wiederkehren. Selbst Herkules, mit dem Friedrich Hoditz im ersten Gedicht scherzhaft identifiziert hat, ist mit siebzig nicht mehr Herkules. Man stirbt nicht gleich, aber man wird nicht mehr Herkules sein.

Dahinter steht ein »naturverbundenes« Identitätskonzept, das Identität nicht statisch sieht, sondern veränderlich interpretiert. Das Alter, dessen »Joch« Hoditz trotzig abschütteln will, macht in dieser Sicht einen vollkommen anderen Menschen aus uns. Hoditz will das nicht akzeptieren, »Sie wollen wieder so sein, wie Sie waren« – also nicht mehr sind.

Bei Hoditz, so Friedrich, spielt Sexualität, der offensichtliche Verlust, sie genießen zu können, eine zu große Rolle für das Lebensglück. »Sie leben«, ruft er ihm zu, »Sie halten sich aufrecht«, »welcher Sterbliche lebt schon so lange?«

Tatsächlich lag die Lebenserwartung bei Neugeborenen, aufgrund hoher Kindersterblichkeit, um 1770 bei neunundzwanzig Jahren. Wer fünfundzwanzig wurde, konnte allerdings mit etwa achtundfünfzig Jahren rechnen. Der bei Entstehung des Gedichts 68-Jährige Hoditz hat also weit mehr Zeit als üblich ausgezeichnet über die Runden gebracht. Trotzdem empfindet er ganz offensichtlich Eifersucht auf seine jüngeren Nachfolger in den Armen der Mädchen.

Gut möglich, dass dies einen ganz besonderen Hintergrund hat. 1774 heiratet in Rosswald ein Joseph Czapke eine Anna Maria Stormke. Auch wenn der Heiratende nicht jener uneheliche Hoditz-Sohn unklaren Vornamens sein muss, von dem in der Literatur öfter die Rede ist – meistens wird er F. Czapke genannt –, von einer Maria Stormke als Hoditz-Geliebter wird öfter gesprochen. Da hätte also ein jugendlicher Konkurrent oder gar der eigene Sohn dem Vater die junge Geliebte abspenstig gemacht? Das würde zu Friedrichs Gedicht passen. Davon unabhängig meint er spöttisch: Eifersucht kennt man doch eher bei Spaniern oder Neapolitanern. Für ein Herz, das die Natur für die Liebe gemacht habe, wie jenes des Grafen, zieme sich das nicht. Wer nicht mehr genießen könne, müsse zurücktreten. Hoditz sei von der Natur mit Geschenken überhäuft worden und habe viele Eroberungen gemacht, aber wenn der gut bevölkerte Serail für die »erschöpften« Sinne zur »Hölle« wird, hat es keinen Sinn mehr, sich darin aufzuhalten. Friedrich erinnert Hoditz: »Denken Sie daran, dass Voltaire und selbst Richelieu / Nicht mehr nach Paphos fahren, um den Göttern zu huldigen.« Das heißt, Voltaire und Richelieu haben jede Hoffnung verloren, ihren jugendlichen Liebeselan wiederzufinden, denn gerade auf Zypern versprach man sich einen lockenden Ausweg aus Hoditz' Problemen. Noch heute wird die Geschichte erzählt, dass man in der Bucht Petra tou Romiou, fünfundzwanzig Kilometer südöstlich von Paphos, bei Vollmond drei Mal um den Felsen der Aphrodite schwimmen soll. Wer danach dem Meer entsteige, sei um dreißig Jahre jünger ...

In Friedrichs Vorstellungswelt könnte man sagen: Die Lebensform »Watteau« ist zu Ende; noch einmal nach Kythera aufzubrechen, zur Insel der Liebe, lohnt sich für uns beide nicht mehr. Auf diese Weise kassiert das zweite Gedicht für Hoditz Friedrichs einstiges Lebensideal endgültig – ausgerechnet anhand der Persönlichkeit dessen, der dieses Lebensideal noch bis vor Kurzem verkörperte und in dem Friedrich seine Rheinsberger Zeit wiederauferstanden sehen konnte. So ist »Je vous ai vu« Eingeständnis wie Feststellung einer fundamentalen Niederlage beider, die Friedrich allerdings für sich schon gewendet hat. Jetzt ist er es, der den einst Bewunderten belehrt. Friedrich hält Hoditz eine Art Standpauke, wahrt jedoch den Respekt. Er wählt eine Mischung aus Affront und Zurückhaltung, erweist Hoditz durch die Referenz auf kulturelle Codes alle Ehre.

Allerdings kann Friedrich mittels Code auch drastisch werden. Hatte er Epikur im ersten Gedicht noch als mehr oder weniger unbewusste Leitfigur des von ihm gefeierten, ewig jungen, sich von der verdorbenen Welt der Höfe fernhaltenden Hoditz angeführt, wird der griechische Philosoph des Genießens jetzt in einer radikalen Wendung zum abschreckenden Beispiel: »Gibt es kein anderes Vergnügen als die unreine Quelle, / In der sich die Schweine Epikurs wälzen?«

Die Anhänger »der schmutzigen Lust«, sind sie »nicht endlich müde und angewidert«?

Hier bezieht sich Friedrich auf einmal auf das tendenziöse christlich-spätmittelalterliche Bild Epikurs, das dessen Lehre sinnenfreudiger Einfachheit und Genügsamkeit, die ohne restriktive Moral auskommt, schlechtmacht. So etwa auf dem berühmten Becher von Boscoreale, auf dem Epikur noch als Skelett nach einem Kuchen greift und das Schwein zu seinen Füßen, ebenfalls als Skelett, noch darauf hofft, etwas abzukriegen.

Doch warum verwendet Friedrich, der sich in vertraulichen Stellungnahmen immer vom Christentum distanziert und es als öden Aberglauben denunziert hat, in seinem Gedicht plötzlich ein Epikur-Gruselbild? Warum bringt er mit der »unreinen Quelle« plötzlich wieder eine misogyne Vorstellung von Weiblichkeit zum Tragen?

Epikur mag der Philosoph der Lebensformen »Rheinsberg« und »Rosswald« sein, eines sinnlichen, gedankenvollen, aber gänzlich unkriegerischen Lebens, das auf Hoditz' eigenständige Existenz zwischen den Fronten, die mit Kriegsgefahr ständig rechnen musste, passt. Aber bei Friedrich, dem preußischen Kriegsherrn, war sie schon lange durch die der Stoiker abgelöst worden, zu deren Weltbild Politik und Krieg gehören, selbst wenn dies ihr dürres philosophisches Hauptziel, die Abwesenheit von Leid, torpediert. Die Realität von Rosswald hat zu einem Wiederaufflackern der alten Träume geführt, die jetzt umso entschiedener wieder verbannt werden.

Die radikale Qualifikation »alt«, die Friedrich für Hoditz und sich in diesem Gedicht bereitstellt, ist, verglichen mit der Feier des Glücks anhaltender Sinnlichkeit in der ersten Epistel, natürlich wenig vorteilhaft. Aber das ist auch nicht Friedrichs Ziel: Er sagt, er wolle kein »Schmeichler« sein, sondern ein »wahrer Freund«. Tatsächlich redet Friedrich Hoditz kraftvoll, aber wohlwollend ins Gewissen, als einer, der auch nur sechs Jahre jünger ist.

Doch das Alter, so Friedrich, erzeugt die bei Hoditz feststellbare Verzweiflung nur, wenn wir die grauen Haare, die schärferen Gesichtszüge *nicht* akzeptieren. Neiden Sie Phyllis und Chloé nicht ihre neuen Liebhaber, sagt Friedrich. »Lassen Sie uns den Gott verlassen, der uns schon verlassen hat.« Für uns gibt es keinen Frühling mehr. Wir sind für alle Jahreszeiten dispensiert. Kinder haben das Leben in den Beinen, bei Jugendlichen ist es in der Mitte des Körpers, im Herzen oder im Geschlecht. Bei den Erwachsenen steigt es in den Kopf und verursacht mit seinen ehrgeizigen Zielen Turbulenzen, im Alter sollte uns die Vernunft führen. Nur »ein vermessenerer Narr« könne verlangen, dass der Körper wieder jung wird, man verjünge sich auf andere Weise. »Gibt es ein edleres Vergnügen, als das Denken zu lernen?«, schreibt Friedrich, und auch »der Tempel der schönen Künste offeriert Euch Asyl«.

Das Fest der multiplen Metamorphosen in Rosswald ist bei Hoditz übergegangen in die katastrophische Vorstellung von Veränderung als Zerfall. Friedrich, als »wahrer Freund«, versucht ihm beizubringen, dass der Zerfall ein Neuanfang ist, und fühlt sich als Lehrmeister dabei gleichzeitig heroisch und spürbar wohl.

Hoditz selbst hat, nach dem Muster von Epikur, wohl eher von zeit- und damit alterslos-flexiblen Orten wie den beweglichen »Metakosmia«, lateinisch »Intermundien«, geträumt, mehr oder weniger leeren Räumen zwischen verschiedenen Welten, in denen unendlich viele Atomzusammenballungen Welten werden und wieder vergehen lassen. In Epikurs Philosophie sind die Metakosmia der Ort für die unsterblichen, nicht dem Alter unterworfenen Götter – die dort ohne Anteil an der Gestaltung und Regierung der Welt selig und sorglos leben und auch ohne dass Menschen sie erreichen oder beeinflussen könnten. Eine sehr freie, quasi-deistische Einstellung, die Friedrich in seiner Jugend eingeleuchtet haben dürfte.

*

Doch die »Würcklichkeit«, von der schon öfter die Rede war, ist anders. Bereits am 8. August 1774, kurz vor dem Treffen mit Friedrich in Neiße, hatte das schon erwähnte letzte Fest von Rosswald stattgefunden, zur Eröffnung der Erinnerungslandschaft des »Threnariums«, mit dem sinnfälligen deutschen Titel »Thränerevier«. Auch Max von Lamberg muss damals dabei gewesen sein. Zum Schluss der deutschen Ausgabe seines *Mémorial* feiert er Rosswald, gibt ihm einen letzten Höhepunkt, den letzten Ausbruch des Vulkans, den es in Rosswald schon 1752, lange vor seinem bekannteren Verwandten in Wörlitz, gab.

Hoditz führte seine Gäste »durch verschiedne Schlangenwege in den Gärten herum«, bis zu einem Ausgang,

wo sich ihnen der Vesuv in seinem fürchterlichen Aussehen vor Augen stellte (...). Darauf fieng der Berg an zu brennen und Flammen zu speyen, zugleich stieß er unterschiedne entzündete Kugeln und die feurige Lava heraus, welche über 24 Stuffen in das Tal herunter stürzte. (...) Alle Bäume und die ganze Gegend schienen in Brand zu geraten (...). Eine große Menge Pyramiden, Feuerräder und Auswürfe zeigten ihre Kunst- und Luftfeuer unter unablässlichem Schalle der Trompeten und Pauken, und fortdauernder Abfeurung der Mörser und Kanonen in die Luft, und alles das wurde noch vervielfacht durch den immerwährenden Flammenstoß des brennenden Vesuvs und das Rauschen der Lava, so dass man hätte meinen sollen, die ganze Gegend müsse durch Feuer zu Grund gehen, bis endlich die Zyklopen durch ihr fröhliches ›vivant grati hospites!‹ diesem Fest ein Ende machten.

Ein großartiges Feuer, noch einmal, aber diesmal, im Tränenrevier, ist es kein Ausdruck der Freude, sondern der vermutlich letzte Ausbruch des erlöschenden Vulkans Rosswald. Die geschätzten Gäste werden leben, Hoditz wird sterben.

*

Die Übersetzung von Friedrichs zweitem Gedicht auf Hoditz, wieder durch Sigmar Mehring, ist wieder stark gekürzt, aber diesmal weniger offensichtlich eingriffig. Der neue Grundton, eine alterspessimistische Sicht der Welt, eckt in der wilhelminischen Gesellschaft nicht an und ist, trotz vieler gestrichener Passagen, bewahrt. Dennoch erkennt man auch bei dieser Übersetzung das Programm der Verharmlosung: Von Epikur und seinen Schweinen ist beispielsweise nicht die

Rede. Die »Mitte des Körpers« ist bei Mehring ausschließlich ein geschlechtsloses »Herz«. Ziel scheint auch diesmal ein konsensfähiges »zeitgenössisches« Gedicht zu sein, ohne jede Andeutung moralischer beziehungsweise sonstiger Überschreitungen.

*

Hoditz musste sich bei der 1774er-Begegnung in Neiße, die den Anlass des zweiten Friedrich-Gedichts bot, aus Gesundheitsgründen frühzeitig verabschieden. Aber es gab noch weitere Probleme. Knapp drei Monate später, am 9. November 1774, schreibt der preußische König einen Brief, der ihn einerseits traurig stimmen muss. Andererseits bedeutet er eine Annäherung an das über Jahre verfolgte Ziel, Hoditz zu sich zu holen.

Ich habe erfahren, mein lieber Graf, dass Sie krank sind und dass Sie Kummer haben, zwei Dinge, die mir gleichermaßen Kummer bereiten. Es wird behauptet, dass Ihre Geschäfte so ruiniert sind, dass Sie gezwungen waren, all Ihre Leute zu entlassen und auf kleinerem Fuß zu leben. Das hat mich auf die Idee gebracht, Sie hier aufzunehmen, wo Sie jedoch völlig Herr Ihrer selbst sein würden, und Sie mit einer Pension von zweitausend Ecu zu unterstützen. Es hängt von Ihnen ab, ob Sie dies annehmen oder ablehnen, je nachdem, ob Sie es für die Umstände, in denen Sie sich befinden, für angemessen halten oder nicht. Zumindest kennen Sie jetzt meinen Wunsch, Ihnen einen Dienst zu erweisen. Ich hoffe, dass Sie mein Angebot annehmen und dass Sie sich von meinem wahren Wunsch, Sie glücklich und zufrieden zu sehen, überzeugen lassen. Leben Sie wohl.

Es scheint, als habe Bastiani, der möglicherweise wie Lamberg zur Eröffnung des »Threnariums« in Rosswald war, dem König von den massiven ökonomischen Problemen des Schlossherrn erzählt. Vermutlich ist eine weitere Ernte verloren gegangen und alte finanzielle Forderungen werden fällig. Möglich ist auch, dass Bischof Hamilton schon an das große Darlehen, das spätestens 1777 zurückgezahlt werden sollte, zu erinnern begann.

Im Französischen lautet der Gruß am Ende von Friedrichs Brief, völlig unüblich für den Schriftwechsel der beiden, schlicht »Adieu«. Das klingt, nach dem generösen Angebot, das er enthält, beinahe unfreundlich. Als spüre Friedrich, dass er sich mit dem Angebot einerseits weit hinauswagt und befürchten muss, dass Hoditz nach wie vor zu stolz sein könnte, es anzunehmen. Dass er selbst es aber andererseits nicht mehr akzeptieren könnte, wenn Hoditz ablehnte, seine Offerte also die letzte Gelegenheit bedeuten könnte, Hoditz zu sehen.

In einem zweiten Brief vom 13. November erläutert Friedrich das Angebot, »das ich Ihnen durch den besagten Abt gemacht habe, sich bei Ihrem Freund [nämlich bei mir, Friedrich] niederzulassen«, um einiges konzilianter und wieder respektvoll. Die von ihm eröffnete Aussicht habe »viel Reiz« für ihn selbst, aber er wolle nichts, als Hoditz' »Tage mit den Freuden und Annehmlichkeiten zu erfüllen, die Sie verdienen«. Erst wenn es die Umstände erlaubten, solle Hoditz kommen. Er werde »völlig Herr darüber sein, meine Wünsche zu erfüllen, wenn Sie es für angebracht halten«.

Die Situation in Rosswald muss wirklich schlimm gewesen sein, denn schon am 27. November kann Friedrich auf einen Brief von Hoditz antworten, dass er sich über die »Annahme« seines Vorschlags eines »Asyls« in Potsdam freue, und er macht ihm ein Kompliment: Obwohl Hoditz »keineswegs unempfindlich gegenüber diesen Schlägen« des Schicksals sei, »lassen Sie sich davon nicht unterkriegen. Ihre Seelengröße unterstützt Sie bei den Rückschlägen, die Sie erleiden. Sie wissen, wie man sich der Zeit und den Umständen beugt.« Das ist genau die realistisch-pessimistische Philosophie, die hinter Friedrichs zweiter Epistel steht und die er selbst in seinem Leben bis zuletzt nur schwer erfüllen kann: Man muss erkennen, wann man verloren hat.

Hoditz fühlt sich offensichtlich dennoch nicht ganz wohl bei der Sache und fragt sich, wie er Friedrich für seine Großzügigkeit danken könne. Das müsse er nicht, antwortet ihm Friedrich am 20. Dezember: »Ein so empfindsames Herz wie das Ihre ist alles, was ich verlange.«

Als all das geklärt ist, geht es 1775 das ganze Jahr über mit Höflichkeiten und Anteilnahme hin und her: Hoditz meldet eine gesundheitliche Besserung, aber die wirtschaftliche Seite verursacht ihm nach wie vor Kummer und Ärger. Friedrich hingegen unterstützt Hoditz nach wie vor, muss schließlich einen eigenen Gichtanfall melden, der sich aber gegen Dezember verzieht. Keiner von beiden spricht noch von der anstehenden großen Veränderung. Hoditz scheint weiter zu zögern. Im Vorfrühling erst kommt es zu einer plötzlichen Entscheidung. In Rosswald scheinen Gläubiger, Bischof und Kaiser auf einmal zusammenzuarbeiten. Eine Kommandotruppe ist unterwegs, um Hoditz festzunehmen.

19

Die Flucht. In Glogau warten Tausende auf einen Kaffenkahn. Von Breslau nach Potsdam auf Oder und Havel. Erzählungen und Überlegungen

Die Wasserschifffahrt, sei es zu militärischen oder Handelszwecken, war ein in Preußen lange kleingeschriebenes Thema. Im Vergleich zu europäischen Seemächten wie England, Frankreich, Spanien, Portugal, den Niederlanden oder Belgien verfügte das kleine Land über einen sehr begrenzten Meerzugang. Der »Große Kurfürst« hatte dennoch versucht, Preußen als Kolonial- und Handelsmacht zu etablieren, mit heute fragwürdigen Zielen: »(...) eine grosse Anzahl Menschen sich dadurch werden ernähren, Unsere See-Equipages und Schiffahrt, imgleichen Unsere Einkommen und Revenüen dadurch profitieren, daneben viele tausend Seelen aus der Fünsterniss des blinden Heidenthumbs verhoffentlich erlöset ... und bekehret werden können.«

Aber die Grenzen des Erfolgs waren schnell sichtbar. Eroberungen und Kosten standen in keinem Verhältnis. Schließlich löste Friedrich I. die Marine 1711 vollständig auf, sein Sohn Friedrich Wilhelm I. hatte kaum Interesse an der kommerziellen Seefahrt und machte Preußen zur reinen Landstreitmacht. Für Friedrich den Großen hingegen leiteten die erfolgreichen ersten beiden Schlesischen Kriege eine stärkere Beschäftigung mit der Binnenschifffahrt ein. Um die erbeuteten Schätze nach Berlin zu transportieren und, im Gegenzug, Güter, die in Schlesien fehlten, dorthin zu schaffen, wie auch um den alten Meerhafen Stettin zu unterstützen, leitete er 1743 eine umfassende Renovierung des seit Anfang des 17. Jahrhunderts existierenden, nach dem Dreißigjährigen Krieg aber schwer verschütteten Finowkanals ein, die 1746 abgeschlossen war. Zur zeichenhaften Eröffnung des sogenannten Zweiten Finowkanals zwischen Zerpenschleuse und Liepe wurden am 16. Juni 1746 über mehrere Schleusen hundert Tonnen Salz von der Havel in die Oder verschifft und hundert Tonnen Hafer von der Oder in die Havel. Danach wurden Holz, Koks und vieles andere transportiert.

Friedrich waren Flüsse lieber als das Meer. Ein weiterer Schritt zur Nutzung der Oder war die auch durch den Siebenjährigen Krieg höchst langwierige Trockenlegung des Oderbruchs in den Jahren zwischen 1747 und 1763. Erst ein Vierteljahrhundert nach der Eröffnung des zweiten Finowkanals und nach der allmählichen Einigung mit Österreich entschloss sich Friedrich schließlich 1772 zum Aufbau der »Preußischen Seehandlung«, einer Bank, über die der Handel mit Übersee wieder in Gang kommen sollte. Auch der blieb zunächst wenig erfolgreich, aber Friedrich war stolz auf den von ihm initiierten Wasserweg an der Oder, sodass er ihn Hoditz mehrfach als Reiseweg empfahl.

*

Tagelang trieben sie dahin. Manchmal war es Albert von Hoditz, als bewege sich der Kahn gar nicht. So gemächlich glitt er über die seltenen Wellen des sanften, auf manchen Strecken kaum befahrenen Flusses. Das konnte dem Liegenden hinter seinen dunklen Vorhängen nur recht sein. Auf der Kutschreise bis Breslau war er durchgeschüttelt worden wie bei einem Viehtransport. Er hatte die elenden Steinschmerzen, die ihn seit einigen Jahren immer häufiger durchwanderten, schon gar nicht mehr von den äußeren Attacken auf seine alten Knochen unterscheiden können.

Die Schmerzen waren davon nicht geringer geworden. Es war eine ununterbrochene Hölle. Waren anfangs noch Monate der Ruhe zwischen den einzelnen Anfällen gelegen, wurden die Pausen in der letzten Zeit immer seltener. Es war ihm, als zwängten sich Nieren- und Harnsteine in immer fühlbareren Größen durch seinen gepeinigten Körper, den er sich vorstellte wie ein altes, in sich zusammengeschnurrtes Bergwerk mit eingestürzten und verschütteten und einigen gerade noch passierbaren Gängen. Und dann hüpfte und torkelte die baufällige Kutsche auch noch über das felsgroße Geröll auf den Wegen und Sträßchen Schlesiens wie ein junger Ziegenbock. Auf einmal hatte Albert von Hoditz den Wunsch nach Gefühllosigkeit verstanden. Sein »feines Empfinden«, seine »Sinnenfreude«, die seine Freunde immer wieder an ihm priesen und auf die er sich, seit er die fünfzig überschritten hatte, gerne auch selbst etwas zugutehielt, konnten ihm gestohlen bleiben. Möglichst wenig fühlen. Das war das Einzige, worauf er jetzt hoffte. Er bedauerte nicht einmal, dass er, bis auf Blümel, den Kahnführer und dessen zwei Gehilfen, die die Segel richten mussten, gerade alleine war. Wahrscheinlich hätte er auch die Fröhlichkeit Marias, die ihn in letzter Zeit überallhin begleitet hatte, nicht ausgehalten.

Sie hatte Czapke geheiratet, den beweglichen Ballettmeister, bei dessen Hakennase Albert immer wieder an sein eigenes Wort erinnert wurde, dass er kein Kind ohne eine solche anerkennen werde. Über die Heirat war er anfangs wütend gewesen, hatte sich dann wochenlang gegrämt. Er konnte das zweite Gedicht, das ihm Friedrich übergeben hatte, gar nicht lesen, so wahr schien es ihm manchmal. Doch seit er traurig geworden war, war ihm Maria in Rosswald kaum von der Seite gewichen. Auch wenn es Tage gegeben hatte, an denen er ihre Fröhlichkeit und Fürsorglichkeit kaum ausgehalten und sie nur noch schlecht behandelt hatte.

Am Tag seiner Flucht war sie nicht im Schloss, es war keine Zeit gewesen, sie zu benachrichtigen. Aber was hätte er jetzt mit ihr anfangen können? Sich weiter mit rüder Direktheit rächen? Oder ihr Hoffnungen machen auf ein glänzendes Leben am preußischen Königshof? Mit ihrem Czapke?

An jenem Nachmittag hatte ihm Max die Nachricht atemlos überbracht: Kaiserliche Truppen seien im Anmarsch und wollten ihn in Haft nehmen. Hoditz war, am Arm Blümels, der wieder einmal zur rechten Zeit neben ihm gestanden hatte, sofort zum Hinterausgang des Schlossparks gehumpelt und in seine Kutsche geklettert, Springer hatte bereitgestanden und sie waren ins nahe Preußen geflüchtet. Offenbar war ihnen niemand gefolgt.

War man froh gewesen, ihn loszuwerden? Hatte man ihm absichtlich etwas Luft gelassen? Oder ihn nur noch nicht erreicht? Albert erinnerte sich an die gespenstisch neblige Fluchtszene. Bitter lachend musste er an seinen Vater denken, der, als er Albert im Schloss vermutete, plötzlich wieder hatte gehen, ja laufen können! Nein, so gut war es Albert selbst nicht ergangen. Sein rechter Fuß hatte gelahmt und wehgetan. Sein rechter Zeh explodierte beinahe. Das Leben war unerträglich. Glücklicherweise hatte er alt werden müssen, um das zu erfahren. Aber jetzt, auf diesem improvisierten, von seinem Wohltäter für die Bedürfnisse einer vierzehntägigen Reise mit drei hüttenartigen Kajütenaufbauten versehenen »Kaffenkahn«, war er weit davon entfernt, sein Schicksal für göttlich zu halten. Es war ihm schon unheimlich, wenn er halbstundenweise keinen Schmerz verspürte.

In Breslau hatte er sich in der Residenz ausruhen können. Hoym, der noch immer nicht einmal vierzig Jahre alte Regierungsdirektor Schlesiens, hatte ihm, nach deutlichen Briefen Friedrichs, unterwürfig, geschäftig und schlau die Ehre erwiesen, als wäre Albert Friedrich II. selbst und Blümel sein Fredersdorff.

Natürlich wurde Hoym von vielen nach wie vor für »schwächlich« gehalten. Er war kein Soldat. Aber Hoditz war es ebenfalls nicht, und Hoym konnte organisieren. Hoditz' Bett in der Residenz war schmal und das Zimmer mit seinen hohen Wänden innerhalb der dicken Mauern des Breslauer Stadtschlosses nicht viel breiter. Aber das Kaminfeuer im benachbarten Wohnraum hatte gebrannt. Albert hatte sich umsorgt gefühlt. Was unsinnigerweise dazu geführt hatte, dass sich ihm ein schlechtes Gewissen aufdrängte. In Rosswald hatten Wut und Not ihn vergessen lassen, dass er die meisten seiner Leute in den vergangenen Jahren miserabel behandelt hatte. Am Ende hatten sie es zu begreifen begonnen. Jetzt spürte er, dass ihm diese Leute, die ihn geliebt oder gehasst, aber jedenfalls zu ihm aufgesehen hatten, fehlten. Er hatte über Jahrzehnte mit ihnen zusammengelebt, aber er zweifelte, ob er den Mut haben würde, ihnen noch einmal unter die Augen zu treten.

Hatten sie, über seine Flucht aufgebracht, das Schloss gestürmt und seine allernächsten Vertrauten bestraft? Es war Albert von Hoditz, als sehe er brennende Leichen an der Fassade des Schlosses baumeln. Aber dann versuchte er, sich damit zu beruhigen, dass ihm nur seine übel wuchernde Phantasie solche Nachrichten schicken konnte. Wirklich schlimm war er nie gewesen. Das Schicksal musste ein Einsehen haben. Rosswald würde leben! Es würde ihnen doch sicher reichen, dass er persönlich am meisten betroffen war.

Wenn das vulkanische Gerumpel in seinem Körper doch endlich zum Ausbruch kommen und die brennende Lava ihn ganz zerfetzen würde! Auch in den ersten Tagen der Flussfahrt war Albert die äußere Ruhe oft wie ein ängstliches Warten auf ein neues Erdbeben vorgekommen, das ihn jederzeit erreichen konnte. Aber keine Explosion erlöste ihn von seinen Schmerzen. Er blickte zur Kajütendecke wie in das für ihn leere All. Irgendetwas dort draußen hatte noch immer anderes mit ihm vor, als ihn auf der Oder verenden zu lassen. Albert suhlte sich in selbstmitleidigem Stolz, obwohl er wusste, dass das lächerlich war.

Ein Klopfen, die Tür! Aber wieder einmal sah Hoditz im Aufschrecken nur Blümels schweigsames, schmales Gesicht, seine kleinen Augen, die ihn ohne Regung fixierten. Auch diesmal war er froh, dass Blümel bei ihm war.

Max hatte ihn in den letzten Jahren beinahe abgelöst, aber er war zu impulsiv, zu wankelmütig, zu jung. Obwohl Max ihn hassen musste, schien er mit seinem Herrn zu leiden, das tat Albert mehr weh als Blümels taubes Weitermachen. Blümel war nicht mehr kräftig, aber immer noch zäh. Er war drei Jahre jünger als Hoditz und hatte immer gesund wie ein Waldschrat gelebt. Lange hatte er um vieles älter ausgesehen, aber schon jetzt war es abzusehen, dass er Albert um viele Jahre überleben würde.

»Was ist denn?!« – »Zwei Fischerkähne. Einer ist uns nahegekommen.« – »Zur Hölle mit ihm!«

Seit gestern war Albert kaum mehr von seinem Lager hochgekommen. Der Kahnführer, mit dem er nur zwei oder drei Mal kurz gesprochen hatte, und Blümel waren seine Verbindung zur Welt. Wenn der

Kahn am Ufer festmachte, versuchte Blümel, die Vorräte zu ergänzen. Manchmal gelang es ihm, frischen Fisch aufs Schiff zu holen, den er auf einem alten Rost briet. Schmecken konnte Hoditz noch! Wieder einmal pries er sich, Blümels Sohn in Rosswald zum Koch gemacht zu haben. Diese ganze Familie wusste, wie Genüsse herzustellen waren. Wobei: Blümel Anton hatte in letzter Zeit derart leckere Braten zubereitet, dass Hoditz ganz vergessen hatte, dass er den Wein dazu nicht mehr vertrug und kein Geld mehr hatte, ihn zu bezahlen. Auch jetzt richtete er sich auf und nahm einen Schluck guten Istrischen, den er für den König auf Pump hatte besorgen müssen, aber am liebsten selbst trank. Wenigstens eine Flasche. Der König musste es ja nicht wissen. Aber wahrscheinlich erwartete er es und ließ es gerne zu. Hoditz hatte sein Wohlwollen nie ausgereizt, das war es vielleicht, warum er sich noch heute viel erlauben konnte. Er hatte den König lange bitten lassen. Er war nicht zu ihm gekrochen, wie die meisten, mit denen Friedrich danach spielen konnte. »Ich bin der König!« Wenn ihm das Lachen nicht dermaßen weh täte, hätte er es jetzt besonders laut versucht.

Gestern hatten sie in Glogau Rast gemacht. Schon beim Eintreffen des Kahns war mächtiger Lärm zu hören gewesen. Dann war es plötzlich still geworden. Hoditz hatte den Atem angehalten. Ganz kurz fühlte er sich wie damals, als der Hauptharst der preußischen Truppen im Frühling 1758 an Rosswald vorbeigezogen war und er selbst wie erstarrt im ersten Stock am Fenster gestanden hatte. Aber jetzt war *er* die Armee.

Auf einmal hatte Blümel geklopft und die Tür kurz danach geöffnet, wie immer: »Sie warten.« – »Wer?« – »Tausende.« – »Mach er sich nicht lächerlich!« Doch nachdem Blümel die Tür nach kurzer Zeit so ungerührt wie geräuschlos wieder geschlossen hatte, hatte sich Hoditz hochgehievt, den Vorhang zurückgeschlagen und aus dem Kajütenfenster geguckt.

Tatsächlich standen da sehr viele Menschen, Genaueres konnte Albert nicht ausmachen. Er sah nur die ersten Reihen am Ufer. Aber worauf warteten sie? Sicher nicht auf ihn. Sie rührten sich alle nicht. Hoditz überlegte, ob er sich auf Deck schleppen sollte. Sicher sahen sie die viel mächtigere und doch grazile Fregatte schon, die den Hafen der Stadt nur unwesentlich nach seinem eigenen Kahn erreichen würde.

Albert war neugierig, doch die Aussicht auf das größere, schönere Schiff mit den wichtigeren Leuten, denen die Menschen am Ufer zujubelten, während er übersehen würde, deprimierte ihn. Er entschied sich, lieber die Augen zu schließen und die Leute ihre Götzen feiern zu lassen. Schlafen! Blümel würde seinem Grafen schon erzählen, was sich ereignet hatte, spätestens in ein paar Stunden. Einfach schlafen! Albert hoffte nur, dass diese Leute vom anderen Schiff heute Nacht nicht zu laut sein würden. Immerhin musste auch sein Kahn bis zum Morgen in Glogau Rast machen. Warum eigentlich? Hoditz hatte keine Ahnung. Vielleicht hatte Friedrich gemutmaßt, sein Schützling brauche etwas Landurlaub, und er hatte Hoym angewiesen, einen zu organisieren? Aber was sollte das, wenn er, der früher tagelang geritten war, nicht mehr gehen konnte? Er hatte Friedrich doch von seinen widrigen Krankheiten geschrieben, und der König, der doch auch an der Gicht litt, hatte ihm seine besserwisserischen Ratschläge in Gedichtform ja schon erteilt. Und sicher hatte er recht.

*

»Durchlauchtigster Herr?!«

»Wie?« Er hatte kaum geschlafen. Vielleicht ein paar Minuten ....

War es schon so weit? Musste er jetzt lernen, was für wunderbar malerische Gestalten mit dieser Fregatte erschienen waren? Widerliche Pfeffersäcke, die sich von knusprigen Mägden feiern ließen, ein Fest, das er nicht verpassen durfte! Er horchte kurz.

Soll er doch reinkommen, Blümel! Warum wartet er!

»Durchlauchtigster Herr?!«

Was für eine blöde Anrede! Hatte Blümel vergessen, dass sie sich seit mehr als dreißig Jahren kannten. Dass zwischen ihnen all der formelhafte Humbug überflüssig war. Wollte er etwa auf seinen miserablen Zustand hinweisen. Blümel, der Idiot! Aber wenn er es wollte, dann konnte er es genauso haben!

»Soll er doch reinkommen! Blümel! Muss ich raus?«

Die Tür öffnete sich. Blümel verbeugte sich. »Herr von Lucius.«

»Lucius! Blümel, will er mich hochnehmen? Weiß er nicht, wer ich …Pack er sich!«

»Gäste, durchlauchtigster Graf, eine Abordnung der Stadt. Herr von Lucius führt sie.«

Plötzlich begriff Hoditz: ein anderes Spiel. Gut, dass er im Bett geblieben war. Hier konnte er Haltung bewahren. Er musste nur klarmachen, dass er aufstehen könnte. Er richtete sich auf. Huldvoll und etwas lauter, damit man ihn draußen sicher hören konnte, wiederholte er: »Herr von Lucius?«

»Untertänigst. Sind der Herr Graf gut gereist?« Ein Mann mit traurigen Augen und wenig Haaren bemühte sich, Hoditz freundlich anzulächeln. Selbst groß und schmal, stellte er ein paar nach und nach in die kleine Kajüte hineintröpfelnde, ins Rundliche gehende Herren vor, die sich aufmerksam umblickten. Hoditz hörte ihre Namen und vergaß sie gleich. Suchten sie etwas? Bei ihm würden sie nichts finden, gar nichts. Er hatte nur den Freibrief des Königs und das bisschen Geld, das ihm Hoym für die Fahrt mitgegeben hatte.

Hatten diese Herren nicht vielleicht ein Geschenk dabei – wenn sie ihn, einen Freund des Königs, schon im Auftrag der Stadt begrüßen wollten?

»Sie reisen allein?«

Eine neckische Frage. »Herr Blümel begleitet mich. Da steht er. Und dann haben wir ja noch den Kahnführer, Herrn … Schlotter und seine Gehilfen …, möchten Sie mit ihnen sprechen?« Jetzt verneinten die Ratsherren, die sich eifrig umgeschaut hatten, energisch. Langsam verstaubten ihre Mienen.

Was sahen sie?

Die Teppiche auf Boden und Wänden, die Friedrich für ihn hatte anbringen lassen, den kleinen Ofen in der Kajüte, den Blümel immer wieder mit Holz fütterte. Auch dafür war Hoditz Friedrich dankbar. Mitte März war es noch immer bitterkalt, auch wenn die Fahrt bis anhin lange nicht so schwierig gewesen war wie vor drei Jahren im April, wo sie immer wieder im gerade erst auftauenden Eis stecken geblieben waren.

»Wir haben Hüte mitgebracht für die Damen.«

Das war er doch wieder, Lucius! Und jetzt war es endlich heraus: Sie hatten vermutet, er reise mit Gefolge! Albert von Hoditz wusste nicht, welche Nachrichten über ihn im Umlauf waren, aber er konnte es sich denken.

»Der Serail ist im Schloss verblieben. Die Damen müssen ruhen.« Das hatte er gut gemacht. Wahrscheinlich träumten die Herren vom ausschweifenden Leben. Fast taten sie ihm leid. Mussten sie ihm nicht ansehen, dass es mit Exzessen nicht mehr weit her war? Er konnte sich schon nicht mehr erinnern, wann er das letzte Mal Matratzen in die Schäferey hatte tragen lassen, um im Sommer mit den Theaterleuten im Park zu schlafen.

Wahrscheinlich dachten die Herren, er liege im Bett, um das Leben zu genießen?

»Nun verraten Sie mir doch: Auf wen warten die Leute?«

Herr von Lucius, der ihm noch am sympathischsten war, weil er sich traute, Worte zu machen, verbeugte sich schüchtern: »Wie meinen?« – »Auf wen warten diese Leute?«

Langsam schien von Lucius zu begreifen, beugte sich ein Stück weiter vor und flüsterte: »Es sind Tausende!«

Das konnte nicht stimmen.

Hoditz wusste, dass er nicht fragen durfte, warum. Irgendeiner musste den Leuten einen Fürsten aus dem Morgenland angepriesen haben. Sie hatten ein Spektakel erwartet.

Kannten sie Friedrichs erstes Gedicht? Hatte Lucius oder einer der Marktschreier es vorgetragen? Hoym? War einer der Ratsherren bei Hoditz' Jägerndorfer Empfang für den Kaiser dabei gewesen? Hatte Friedrich berichtet, dass Salomo ein würdiger Nachfahr seines biblischen Namensbruders war? Hatten sie ein Dutzend Haremsdamen von ihm erwartet, eine schöner und jünger als die andere, und hundert unter üblen Verrenkungen gespenstisch tanzende Zwerge, die mehr kreischten als sangen, ein wildes Spektakel, das die Ratsherren über Generationen weitergeben könnten? Ein feierndes Schiff voller abenteuernder Halbmenschen?

»Mag sein, dass der eine oder andere annahm, der König werde mit Ihnen reisen.« Lucius machte eine bedauernde Geste.

Du missgünstiger Teufel, dachte Hoditz und fühlte sich in seinen Gedanken ertappt. Aber je länger er Lucius ins Gesicht schaute, desto klarer wurde ihm: Der Ratsherr hatte das nicht als Spott verstanden. Er schien Friedrich erwartet zu haben. Nach der gemeinsamen Schachpartie, nach dem gemeinsamen Besuch des Serails: eine neue, weitere Stufe seiner Freundschaft zum großen König. Eine viele Tage währende gemeinsame Schifffahrt auf einem Boot, das so noch nie auf der Oder zu sehen gewesen war.

Langsam jedoch mussten auch die unbedeutenderen Ratsherren verstehen, dass es anders war als von ihnen vorgesehen. Dass der ältere Mann, der sie in einer Mischung aus Aufmerksamkeit und freundlicher Herablassung von seinem Lager aus empfing, keine Attraktion für die Massen mehr war. Es blieb schwer vorzustellen, dass er einmal so gewirkt hatte. Manchmal konnte er nicht zuhören, wenn sie schwatzten, und wenn er sprach, zerfaserte ihm einiges. Albert von Hoditz, der sich all dessen bewusst war, reiste mit der vagen Aussicht auf ein großes Ziel: das Ende seiner Leiden. Dr. Fröse, der Leibarzt des Königs, würde ihm sicher besser helfen können als die Pfuscher daheim. Das war die Mühe wert.

Aber ob er sich auf Friedrich verlassen konnte? Hoditz hatte lange genug gezögert, sich in den goldenen Käfig zu bewegen, vielleicht war er doch nur ein Tierchen, ein kleiner, delikater Käfer, den der große König, die geschickte Spinne, zu seiner Unterhaltung zu sich bat. Vermutlich fehlte es ihm an empfindsamen Herzen, die er einladen konnte, um sie auszusaugen; die ihm eine Welt näherbringen mussten, die er alleine nicht mehr wahrzunehmen verstand. Am Ende, hatte Hoditz von Bastiani gehört, wirft er alle, die er zu sich gerufen hat, weg.

Aber trotzdem musste Hoditz nach Potsdam. Es blieb ihm nichts mehr übrig, als zu hoffen.

*

Die historischen Quellen sagen nichts darüber aus, ob die Tausenden von Schaulustigen Hoditz überhaupt zu Gesicht bekamen, ob und wie er sich, von Blümel gestützt, kurz aufs Kahndeck begab, auf einer von den Schiffsleuten gehobenen Liege vielleicht, die Blümel in Breslau hatte organisieren können, ob der Graf nur hinter seinem Fenster winkte oder ob sich gar nichts tat und wie lange der mit luxuriösen Aufbauten versehene lange Oderkahn die Aufmerksamkeit der Leute zu fesseln vermochte. Aber dass Hoditz' Wasserauftritt in Glogau zu großem Aufsehen führte, ist über die Analyse von Dokumenten verbürgt, die Friedrich Grieger noch Mitte der 1930er Jahre im Breslauer Staatsarchiv fand. Im Zweiten Weltkrieg sind sie verloren gegangen, aber weil Griegers Beschreibung, anders als viele legendenabhängige Zeugnisse des 19. Jahrhunderts, nahe an den ihm vorliegenden und von ihm zitierten Papieren bleibt, ist sie eines der vertrauenswürdigeren Zeugnisse zum Thema.

Grieger hat die diversen Briefe vor sich, die zwischen Hoditz und Hoym, Hoym und Friedrich dem Großen sowie Friedrich dem Großen und Hoditz im Vorfeld der »Wasserreise« gewechselt wurden.

Sie zeigen, dass Hoditz sich nicht recht entscheiden konnte, wie er die Reise auf sich nehmen sollte. Anfang Februar ist er auf seiner Flucht vor einer Abordnung des Kaisers, die sein Lehnsherr Bischof Hamilton oder auch andere Gläubiger angefragt haben könnten, in »Franzdorf, près de Neiße« eingetroffen, bittet um die Vorbereitung eines Quartiers, vermutlich noch in Breslau, aber schon am 8. Februar freut sich Friedrich, dass Hoditz nun wirklich zu ihm nach Potsdam kommen will, und rät ihm zur Schiffsroute. Hoditz neigt, sich vermutlich an die katastrophale Rückreise vor drei Jahren erinnernd, aber offensichtlich erst mal zur Kutsche. Grieger schreibt:

Am 15. März 1776 ergeht des Königs Kabinettsorder an Hoym, »für den dort kürzlich angekommenen Graf von Hoditz«, der »gesonnen ist, seine weitere Anhero Reise zu Lande fortzusetzen«, alle Bequemlichkeiten wie Vorspann, Rasttage, Quartier und warme Zimmer zu besorgen. Im zweiten, ebenfalls nur in einer Kopie erhaltenen Brief Friedrichs II. an Hoditz billigt der König des Grafen Entschluss zur »Landreise«.

Doch nicht lange danach scheint sich Hoditz, aus welchen Gründen auch immer, umentschieden zu haben.

Eine Kabinettsorder vom 31. 3. 1776 spricht Hoym des Königs Beifall über die Maßnahmen für die »Aptierung« eines Schiffes aus und geht soweit ins Einzelne, dem Etatsminister die Sorge »um einen kleinen Ofen mit dem nötigen Brennholtze« auf dem Schiff aufzuerlegen, »damit der Graf nicht frieret«. Am 11. April endlich setzt sich die »Staatsfregatte« des Grafen Hoditz in Bewegung.

Zu welchem Schiffstypus das Hoditz vermittelte Boot gehört, ist nicht zweifelsfrei festzustellen. Grieger schreibt hierzu selbst widersprüchlich, die Staatsfregatte

entpuppt sich übrigens ganz unromantisch als ein dem Schiffer Christoph Schubert vom Bürgerwerder abgekaufter und »aptierter« Oderkahn, aber wenn sie der von Friedrich II. in seinem Briefe vom 15. 3. versprochenen, auch von Lehndorff erwähnten Fregatte nur annähernd geglichen hat, so ist dem Berichte des Geheimrats Lucius aus Glogau durchaus zu glauben, daß in Glogau »viele 1000 Menschen ans Ufer geeilt, weniger um ihn, als das bebaute Schiff zu sehen«.

Wenn man sich die damals bekannten Modelle von Oderkähnen vor Augen führt, die im Schiffsmuseum von Oderberg und in der dazugehörigen Literatur auftauchen, ist die Bauart der »Kaffenkähne«, die auf Oder und Havel eingesetzt wurden, die wahrscheinlichste. Solche Boote waren zwischen fünfzehn und fünfzig Meter lang und boten Platz, um die von Hoditz in einem späteren Brief erwähnten (Hütten-) Aufbauten unterzubringen. Auch waren die Kaffenkähne aufsehenerregend anzusehen. Vor allem wegen der elegant hochaufgeschwungenen Schiffsenden, den sogenannten Kaffen, die den Italienreisenden Hoditz, der auf seinen Schlossgewässern Gondeln kreuzen ließ, an Venedig erinnert haben müssen. Aber es dürfte auch die »Ladung« gewesen sein, also die Passagiere des in eine Art Traumschiff verwandelten Kahns, unter denen sich das erwartungsfrohe Glogauer Publikum auch Frauen aus dem »Serail« des Grafen vorstellen konnte, wie die legendenhafte Literatur um Hoditz zeigt. Dass die Begleiterinnen aus »Tausendundeiner Nacht« dennoch wirklich bei ihm waren, kann, von Griegers Unterlagen her, ausgeschlossen werden. Denn über die »Entourage« des Grafen und ihre Reise nach Potsdam wurden noch im September und November 1776 Briefe gewechselt. Grieger schreibt:

In keinem der amtlichen Berichte werden das »Serail« und die Kapelle des Grafen als auf dem Schiffe befindlich erwähnt. Um sie handelt es sich zweifellos in des Grafen Briefen vom September und November 1776, in denen er des Ministers Hoym Protektion für die »Élèves« [Schüler] erbittet, die in dieser Zeit von Roßwalde zu Wagen nach Breslau kommen und von da durch einen »Batelier« nach Potsdam geschafft werden, auch sie »ayant été reçus solennellement par ordre du Grand Roy, mon Bienfaiteur« [auf Befehl des Großkönigs, meines Gönners, feierlich empfangen].

Stattdessen musste der reisende Hoditz mit den nicht namentlich bekannten Glogauer Damen vorliebnehmen, die sich für Schiff, Serail und Graf vielleicht noch mehr interessierten als ihre Männer oder Väter. Hatten doch auch sie vermutlich von den glanzvollen Theater- und Opernfesten in Rosswald gehört, träumten vielleicht davon, selbst auf der Bühne des Grafen zu stehen, und überlegten wieder einmal, ob sie in der strengen Festungsstadt Glogau nicht das Leben verpassten. Und sollten einige noch gar nichts von Hoditz gewusst haben, scheint er ihnen immerhin einiges erzählt zu haben. Grieger zitiert Lucius, »natürlich« habe Hoditz »auch von verschiedenen Dames eine Schiffs-Visite erhalten, welche die Curiosité angetrieben, die inwendige Beschaffenheit des Schiffes zu durchsuchen«. Bei dieser Gelegenheit sei er, »obgleich im Bett, sehr vergnügt gewesen, und hat, wenn hübsche Fräuleins und andere Mädchen von Distinktion das Schiff besuchet, mit ihnen parliret«.

20

Die zweite Zeit in Sanssouci – ein langer, souveräner Brief voller Sorgen

Die Wasserreise des Grafen Hoditz von Breslau nach Potsdam dauerte dreizehn Tage. Wie sich der Kahn auf dem Treidelweg durch den zweiten Finowkanal, Friedrichs großes Projekt zur Schiffsverbindung mit dem Osten, gemacht hat, wo die Boote von Pferden und Menschen, die ihnen am Ufer vorangingen, gezogen werden mussten, ist nicht bekannt, doch am 22. April 1776 meldet die kurmärkische Kammer dem Grafen Hoym die erfolgreiche Passage Berlins und für den nächsten Tag berichtet Kammerdiener Blümel, »dass seine Exzellenz der gnädige Herr Graf und mein Wohltäter früh 10 Uhr glücklich in Potsdam angelanget und von ihro Mayestät, dem großen König mit besondren Gnaden sind aufgenommen worden, auch bei allerhöchst demselben in Sans Souci logiren«.

Der »mährische Graf« scheint zumindest die Monate von April bis September 1776 in Sanssouci zugebracht zu haben. Am 9. Juni schickt er einen in Breslau aufbewahrten Brief an seinen schon bekannten »Neveu«, den Grafen Chorinsky.

Der Brief ist mehrere Seiten lang und für das Verhältnis der Briefpartner wie für das von Hoditz zu Friedrich, aber auch zur Lage in Sanssouci und Rosswald sehr ergiebig. Hoditz ist, als er schreibt, dabei, auf Friedrich zu warten, der Anfang des Monats zu Manövern in die Neumark, den östlich der Oder gelegenen Teil der Mark Brandenburg gereist ist.

Geschickt nimmt Hoditz das Warten auf den bedeutenden Freund zum Anlass, Chorinsky, dessen giftgefüllten, mit Reklamationen versehenen Brief er gerade gelesen hat, zu antworten. Ausgangspunkt für die Auseinandersetzung zwischen den angeheirateten Verwandten sind Chorinskys »Interessen« – seine Ansprüche auf Rückzahlung von Darlehen.

Hoditz ist ziemlich am Ende, aber er hält Chorinsky, als schlesischer Landeshauptmann immerhin einer der obersten politischen Verwaltungsbeamten der Region, in einem mal ernsthaft-katastrophischen, mal launig klingenden, souverän ironischen Ton auf Distanz. Mit forschen einleitenden Bemerkungen versucht Hoditz sofort, sich den Anschein speditiver Erledigung zu geben: »1. Ich bin nicht im stand eigenhändig zu schreiben. 2. Ich erhalte dero Brief aus *Hoschütz* den 31tn *Maÿ* diesen Augenblick. 3. Ihre Interessen Angelegenheit muß in richtigkeit kömmen!«

Strategisch geschickt stellt sich Hoditz auf die Seite Chorinskys, erwähnt kurz seine Gicht und andere Krankheiten. Doch bald darauf macht er einen gelassen ironischen Schlenker: »Ihre Zuschrift ist mir allezeit sehr angenehm, allein ich bitte gar sehr, die Briefe entweder zu *franquiren* oder zu *Menagiren.* (...) hir lernt man *Oeconomisch* Sein.«

»Menagieren«, haushalten, meint hier, sich im Briefeschreiben zurückzuhalten – will heißen: Frankier' oder beruhige dich. Auch solle Chorinsky sich in Rosswalder Angelegenheiten zukünftig bitte an die Gräfin Dyhrn wenden, die »allein Disponirt dorten in meinen *Oeconomischen* Sachen«. Chorinsky sei im Übrigen, heißt es später, nicht zuletzt selbst schuld an seiner Lage: Hätte er Hoditz' Angebot, als Quasi-Konkursverwalter zu agieren, angenommen, »so wären Sie immer der erste gewesen über Ihre Interessen zu *Disponiren*«.

Hoditz beschwert sich, dass Chorinsky die Jahre vergessen habe, in denen er selbst Hoditz' Hilfe nötig hatte. Chorinsky habe »viele Höflichkeit, und Mundes Hitze, aber Gründlichkeit fehlet; So wahr ich nicht in jenen Jahren, als Sie meiner bedürftig wahren.« Lässig ironisch schlägt der alte Graf dem dreiundzwanzig Jahre jüngeren, inzwischen deutlich besser gestellten Neveu einen Ausweg vor: »Ich bin in der Ferne, ich kann nichts entscheyden. Wann Sie können, und wollen, so gehen Sie der Gräfin von *Dyhrn* mit Rath an die Hand.«

Tatsächlich scheint es in Rosswald übel zuzugehen oder, wie Hoditz schreibt, »*Confus*«. Jeder mache dort, »was er wil«. Er sei »mit

Thränen von Roswald weg« und stellt sich als Opfer der Umstände dar. Die »Leichtsinnigkeit meiner damahligen Wirtschafts Leute, der Undank meiner garstigen zieglinge, die Hitzigkeit und Abneigung des Herrn Creyß Hauptmanns« hätten ihn vertrieben! Und trotzdem möchte der einst strahlende Mann, der wenige Jahre zuvor jedem, der ihm begegnete, ein gutes Gefühl gab, zurück: »Ich wünsche nichts mehr, als daß ich mein Vaterland bald wieder sehen könne, alle meine Absichten gehen dahin, allein, so lang ich nicht mit meinen vorigen Ruhm, und ohne Verfolgung dort stehen kann, so lang muß ich sehn der Noth zu entgehn.« Erst danach könne er »Ruhig, und in Ordnung, wenn es Gottes willen ist, mein Leben allda beschliessen«.

*

Doch vorerst ist es besser für den Grafen, in Potsdam zu bleiben. Es ist die einzige vernünftige Zukunft, die er gerade hat, und alle Befürchtungen der Vereinnahmung, die ihn jahrelang auf Distanz zu Friedrich gehalten haben, scheinen sich nicht zu bewahrheiten. Der König hilft ihm in diesen Jahren so viel wie niemand sonst. Zwar schreibt Hoditz schon zum Auftakt des Briefs von seiner problematischen Lage in Sanssouci: »Ich lebe hir still aber kränklich und Elend, ich mische mich in nichts, ich wiege meine Worte (...) Ich denke aber nicht zu Sündigen, wenn ich meinen Wohlthäter den Verehrungswürdigsten König herzlich liebe. und vor alles was er vor mich thut, auß den innersten des Herzens dankbar bin.«

Mit der Annahme des Angebots, nach Sanssouci zu kommen, ist Hoditz endgültig der Nehmende geworden, Friedrich der Gebende. Die einstige Bewunderung des Königs für Hoditz' freies, unabhängiges Leben, das ihm wie eines vorgekommen sein muss, das er selbst gerne geführt hätte, passt, das hat schon die zweite Epistel gezeigt, nicht mehr, aber der König bleibt ihm treu – eine Haltung, die Respekt verdient und ein überraschend positives Licht auf den übellaunig-selbstbezogenen »alten Fritz« wirft. Hoditz hat gerade nicht viel mehr als einen einzigen Unterstützer, aber es ist der Mächtigste, der in Potsdam denkbar ist. Er kann ihn dem angriffigen Chorinsky als

Schutzschild entgegenhalten: »In zwey Stunden erwarte Ich Ihm auß Preußen zurück; meinen Herz läst Er keinen Wunsch mehr übrig, Er kommt allen meinen Begirden vor, Er *tractirt* mich nicht wie einen *Privaten*, wie einen *Clienten*, sondern, wie einen Freund; vor seiner Abreise hat er mich zweymahl in Person besucht, einmal in meinen Zimmer, und einmal vor meinen Zimmer in Garten.«

Der gewahrte Abstand zwischen den beiden gibt auch einen Einblick in die Sanssouci-Regeln dieser Zeit. Die Aufnahme in eines oder mehrere der fünf Gästezimmer des kleinen, privaten Sommerschlosses über Monate bedeutet nicht den Verzicht auf höfische Umgangsformen. Die persönliche Nähe des Königs, der seinen Alltag, etwa de Catt gegenüber, als nach wie vor von lästigen Pflichtgeschäften besetzt schildert, ist noch immer ein von ihm sparsam eingesetztes Gut, obwohl der kranke Hoditz deutliche Zeichen der Wertschätzung genießt. »Der liebste Großmüthige König, handelt nicht allein wie ein Wohlthäter, sondern wie ein Vater mit mir; Als Er weg ist, hat Er mir hir in *Sans Souci* die freye *Disposition* in Gärten, seinen eigenen *Roll*=Wagen mit zwey Reut Knechten, eine *Equipage* zum Fahren, Koch, Kellerey, und alles mit der Schärfsten *ordre* mich auf das beste zu bedienen hinterlassen.«

Stolz und taktisch versiert führt Hoditz Chorinsky vor, wie er in Potsdam behandelt wird. »Ein Schönes *Meublirtes* Hauß nebst einen Garten« warte schon auf ihn, wenn er länger bleiben müsse. »Ich habe mein eigenes Schiff mit drey Zimmern zum Spatziren fahren (...) Ich bin ein für allemahl bey seiner Taffel wann ich will, mit der Freyheit aufzustehen, und zu Hauß zu gehen, wenn es mir zu lang dauert, Wann ich gesund bin, bin ich der einzige, der Täglich bei seinen *Concert* ist. (...) öfters thut Er mir die Gnade, und last mich in sein innerstes *Cabinet* zu sich kommen.«

In »Vater« spielt die traditionelle Rolle des »Landesvaters« mit, aber sicher auch tatsächliche Geborgenheit des auf einmal rührend schutzbedürftigen alten Mannes. Schön ist die präzise Alltäglichkeit der Ausführungen, dass Hoditz »zu Hauß« gehen könne, wenn es ihm bei Tisch zu lang dauere. Was bei Friedrich, der gerne stundenlang mit zweifelhaften Tischmanieren aß und dabei Vorträge hielt, ein Problem werden konnte. Ob das damals in Aussicht genommene »meublirte Hauß« schon die Kleine Jägerstraße 9 war, in die Hoditz auf den Herbst hin umziehen wird, ist nicht klar. Wichtig sind aber auch der Roll-Wagen und die Equipage: Friedrich sorgt für die Beweglichkeit des Grafen mit eingeschränkter Mobilität. Noch sind die Vertrauten, die Hoditz aus Rosswald kommen lassen wird, nicht da. So führt ihm Friedrich renommierte Gäste zu. Teilweise kennen sie ihn schon. Etwa Thronfolger Friedrich Wilhelm II., der mindestens einmal in Rosswald war. Hoditz gibt Chorinsky einen Eindruck von der Stadt, vom Hofleben, nennt Leute, die er trifft, etwa den Grafen von Hohenzollern, den »braven« de Catt, auch seinen ärztlichen Betreuer Dr. Fröse, den Friedrich bereitstellt. Wenn der Graf Potsdam zu einem Ausflug verlässt, nimmt er oft seinen Oderkahn, der mit seinen Aufbauten für Übernachtungen gut eingerichtet ist. Als schwimmendes Privathotel führt er Hoditz auch zu Einladungen nach Berlin, etwa zu einem Fest, das Friedrich von Braunschweig für ihn organisiert.

»Man kann sich nicht schöners einbilden als Potsdam im Frühjahr und Sommer, wer nur so glücklich ist und Gesundheit halber es genüssen kann«, schreibt Hoditz wehmütig. Nach wie vor wirkt er wach und gescheit, trotz aller Klagen voller Witz. Doch wie schlecht es ihm inzwischen gesundheitlich geht, gerade im Vergleich zum sechs Jahre jüngeren König, zeigt sich noch einmal am Ende seines Schreibens. Als Friedrich angekündigt wird, lässt Hoditz an Chorinsky diktieren:

(…) schließ ich meinen langen Brief, weil ich mich auß den Bette muß höben lassen, um den lieben König beym Absteigen zu empfangen, Er fliegt, Er Reiset nicht, heut kommt Er wie ich höre von Cüstrin *und ist vorgestern weg, daß heist in zwey Tagen etliche 80 deutsche Meilen machen, man muß Gesundheit, und Kräften haben, um solche* Fatiguen *außzustehen. Bey den* Berliner Manœuvres *hat er wieder etliche Tausend verschenkt, und viele* Promotionen *gemacht, In Preußen eben so, und doch soll Er nicht genereux*

heissen. O! Gott, *wie falsch urtheilet oft die Welt, mir gehet es vielleicht auch so.*

Schön ist hier die ehrliche Erschütterung über die sprichwörtliche Zähigkeit des gesundheitlich selbst angegriffenen alten Fritz, aber auch Hoditz' »vielleicht«: Er weiß, dass er beträchtliche Fehler gemacht hat, seinen Untertanen, aber auch seinen Gläubigern gegenüber. Sich aus dem Bett heben lassen zu müssen ist in dieser Zeit das Zeichen der Fußgicht: Das Laufen fällt, je nach Krankheitsintensität, schwer oder ist aufgrund der Schmerzen unmöglich. »Podagra« ist die damals übliche Luxuskrankheit für Menschen, die Alkohol und Fleisch nicht lassen können. Sie beutelt ihre Patienten, bis sie eine beinahe komplette, lächerliche Hilflosigkeit in Kauf nehmen müssen. Dabei wissen schon Thomas Sydenhams berühmte *Abhandlung über die Gicht* von 1681 und viele folgende Werke, wo die Gefahr liegt. Sydenhams Buch ist ein peinlich genauer Selbsterfahrungsbericht, der auch einen Eindruck von Hoditz' Krankheitserlebnis wiedergeben dürfte:

(…) bis schließlich zur Nacht der Schmerz den höchsten Stand erreicht, sich in den verschiedenen Knochen des Tarsus und Metatarsus und deren Bändern fortsetzt und bald den Charakter einer heftigen Spannung annimmt, bald die Empfindung des Zerreißens der Bänder hervorruft, oder dem Bisse eines nagenden Hundes, zeitweilig dem Gefühl des Druckes und der Einschnürung gleicht. Dazu ist der ergriffene Teil so außerordentlich und lebhaft empfindlich, dass Pat. weder das Gewicht der darauf liegenden Bettstücke, noch die durch starke Schritte hervorgerufene Erschütterung des Zimmers ertragen kann.

Eine wenig gefederte Kutschfahrt wird unter solchen Voraussetzungen zur Folter. Friedrich, ebenfalls immer wieder von der Gicht befallen, tut sich, zumindest in diesem Jahr, leichter. Hoditz aber hat die Krankheit erst aufs Boot gelegt und dann offenbar nicht mehr wirklich verlassen. Drei Stunden nach dem langen Brief folgt eine kurze Nachschrift:

Itzt gleich um halb 12 Uhr ist der liebe König angekommen, Ich habe Ihm beym Wagen Empfangen, Gott sey Dank Er ist frisch, und Gesund, Ich werde nebst den General Krockow *heut ganz alleine mit Ihm Speyßen, indem Ich meine Krankheit überwinden muß, um Ihm zu genüssen. (…) Der König ist in 7 Stunden von* Cüstrin *biß hiher gefahren, welch eine Leibes Beschaffenheit muß daß nicht sein, die alles das ertragen kann.*

*

Das »Kambly'sche Haus« steht noch heute, gleich neben dem Potsdamer Nicolaisaal, nahe am Stadtkanal. Hier wird Hoditz seine letzten anderthalb Jahre leben, was für die Fahrten mit dem Oderkahn, zu dem Hoditz wohl mit einem kleineren Boot gebracht werden musste, praktisch gewesen sein dürfte. Besitzer des Hauses war der 1716 in Zürich geborene und von Friedrich im Rahmen seiner europaweiten Fachkräfterekrutierung zum Ausbau von Potsdam ins Land geholte, vielbeschäftigte Schweizer Baumeister Melchior Kambly.

Entstanden aber war die »Kleine Jägerstraße« schon zwischen 1722 und 1733, mit der Anlage der sogenannten Ersten Neustadt, in der sich, so der Wunsch Friedrich Wilhelms I., vornehme Bürger und Beamte niederlassen sollten. Über den Kanal, der zur Trockenlegung des Geländes ausgebaut worden war, kam auch das Baumaterial. Für die Herrschaftlichkeit der Hoditz vermittelten Wohnung spricht, dass einer der ersten Mieter Kamblys in den 1750er Jahren Friedrichs Bruder Prinz Heinrich war. Kambly selbst wohnte zu Hoditz' Zeiten nicht mehr in dem Haus, das seinen Namen trug, sondern auf einem großen Grundstück vor dem Nauener Tor, zwischen dem Heiligen See und dem Jungfernsee.

Immer wieder muss Hoditz Gesellschaften gegeben haben. Das spätere Sängerinnen- und Komponistenpaar Hanke-Stormke, deren Schwestern und Maria Czapke waren wohl der dafür wichtigste Teil der nachgereisten Rosswalder Belegschaft. Ob Friedrich die neue Wohnung je betreten hat, ist unbekannt. Wenn sich die beiden jetzt gelegentlich sahen, dann wohl weiterhin in Sanssouci oder im Potsdamer Stadtschloss. Zwischen Herbst 1776 und April 1777 sind jedenfalls keine Briefe erhalten, was auf persönliche Begegnungen deutet. Doch Hoditz ging es nicht besser. Die letzte bildliche Darstellung stammt aus dieser Zeit. Durch die Datierung »Potsdam, 26. März 1777« ist das Gemälde als zeitgenössisch ausgewiesen. Es zeigt eine, verglichen mit allen anderen Porträts, mitleiderregende Gestalt. Der große, souveräne, gut aussehende Frauenschwarm von einst scheint zerfallen, hat auf einmal angsterfüllte Augen in einem seltsam verquollenen Gesicht. Aber das Gehirn arbeitet nach wie vor.

Ab Mai scheinen auch die Rosswalder Probleme wieder zu drängen. Vermutlich, weil das Darlehen des im Oktober 1776 verstorbenen Bischofs Hamilton endgültig zurückbezahlt werden muss. Der immer schwächere Hoditz mag auch gespürt haben, dass sein Projekt, nach Rosswald zurückzukehren und dort zu sterben, unter Zeitdruck geriet. Er richtet eine Reihe von fordernden und bittenden Schreiben an den König, der daraufhin einiges für Hoditz in Bewegung setzt. So zitiert etwa Grieger aus den in Breslau verloren gegangenen Akten, dass Friedrich am 4. Mai 1777 von Hoym »eine klärere Ausweisung« verlangt habe, »wie Dyhrn dort wirtschaftet, denn der Graf Hoditz hat seit sechs Monaten keinen Groschen kriegt«.

Am 28. Juli bestätigt Friedrich Hoditz, dass er »gestern« seinen Plan für die Regelung der eigenen Angelegenheiten in Rosswald erhalten habe. Er verspricht, er werde Baron Riedesel, Preußens vierunddreißig Jahre jungen Botschafter in Wien, Autor der *Reise durch Sizilien und Großgriechenland*, der ersten Beschreibung Siziliens und Maltas durch einen Deutschen im 18. Jahrhundert, instruieren, damit er Hoditz' Angelegenheit bei Kaunitz vorbringen könne. Aus Neiße schreibt Friedrich dann am 20. August: »Ich freue mich sehr, Ihnen mitteilen zu können, dass Ihre Angelegenheiten gut vorankommen.« Handschriftlich fügt er hinzu: »Wenn Sie auf den Unterhalt Ihres Gartens verzichten, dürften Sie viertausendneunhundert Gulden Nettoeinkommen haben.«

Erstaunlich bei all dem bleibt, wie gelassen Friedrich mit dem bankrotten und ständig nachhakenden Grafen umgeht, wie dauerhaft seine Anstrengungen für ihn sind. Friedrich verhielt sich oft launisch, zugeneigt, dann verletzt, ungeduldig, hochfahrend. Aber Hoditz' einstige glanzvolle Verkörperung der königlichen Phantasie eines gelungenen Lebens als Fest, das seine Erfüllung nicht in Kriegen, sondern im Genießen findet, vergisst er nie.

*

Und es gibt einiges zu regeln. Chorinsky ist nicht der Einzige. In den letzten Jahren hat Hoditz bei fast allen Schulden gemacht, beim Bäcker, beim Fleischer, der Schlossgeistliche soll über ein Jahr keinen Lohn erhalten haben, auch Blümel nicht und viele andere.

Als letzten Rückhalt hatte der Graf sein Schloss, in dessen Ausbau er über drei Millionen Gulden gesteckt haben soll. Er wusste von den Plänen des Bischofs, das Gut Rosswald zur zentralen Einnahmequelle für sein neu geplantes Bistum Troppau zu machen. So drohte Hoditz noch vor seinem Abschied aus Rosswald in einem Brief, in dem er die benötigten jährlichen Gelder auf zwanzig- bis dreißigtausend Gulden bezifferte, wenn der Bischof ihm nicht zehntausend Gulden leihe, er werde mit einer jungen Frau einen offiziellen leiblichen männlichen Nachkommen zeugen – dem das Erblehen nicht zu nehmen wäre.

Solche Beweise von Witz und Rückgrat eines stark gebeutelten Siebzigjährigen gegen die Macht der Hoditz seit Jahrzehnten misstrauisch beäugenden katholischen Kirche ändern nichts daran, dass er sich vielen »Unterthänigen« gegenüber in den letzten, schwierigen Jahren »schlecht« verhielt. Er behielt nicht nur Geld zurück, sondern musste immer höhere Abgaben fordern, griff zum Mittel der Zwangskäufe der Produkte des eigenen Guts, etwa bei Bier und Schnaps aus der schlosseigenen Brauerei und Brennerei. Auch betrieb er einen regelrechten Ausverkauf des »Zauberwalds«, der mit zur Lancelot würdigen Atmosphäre Rosswalds beitrug, sodass einer seiner Gärtner angemerkt haben soll, bald gebe es »nur noch Gebüsch«.

*

Doch warum auch immer: Nach dem 20. August 1777 scheint Rosswald und seine Zukunft im Briefwechsel mit Friedrich kein Thema mehr zu sein. Am 24. Oktober zeigt sich der König zum ersten Mal erfreut, dass Hoditz sich in seiner »retraite«, dem neuen Rückzugsort, wohlbefinde. Handschriftlich fügt Friedrich hinzu: »Guten Mut, mein lieber Graf, heilen Sie sich, und Sie werden Ihre Freude an der Welt haben, solange Sie leben.«

Zur Zufriedenheit von Hoditz dürfte auch die erwähnte Vertrautheit mit Marschall Keith beigetragen haben. Aber auch der hat Gesundheitsprobleme. Anfang Januar 1778 teilt Hoditz Friedrich mit, dass Keith einen Schlaganfall erlitten habe. Friedrich, gerade in Berlin, hofft, dass er »Sie beide« bald »gesund« wiedersehen werde, »um noch lange zwei Personen von so vorzüglichen Verdiensten und derart vornehmer Zuverlässigkeit zu besitzen«.

Doch damit hat es bald ein Ende. Am 1. März scheint noch nichts auf gravierende Veränderungen von Hoditz' Zustand hinzudeuten, aber vier Tage später lässt ein erneuter Brief Friedrichs wenig Gutes ahnen. Bei Hoditz scheint auf einmal pure Verzweiflung zu herrschen, ein plötzlicher Schock über die Verschlechterung seines Zustands. Friedrich reagiert, wie immer, sofort, aber mit Hoditz' emotionaler Überwältigung hat er seine Schwierigkeiten. Sie widerspricht seinem Altersstoizismus des Aushaltens und Ertragens. Zum ersten Mal seit bald vier Jahren, seit seiner zweiten Epistel auf den Grafen, benutzt er wieder das mahnende Wort »Philosoph«:

Herr Graf von Hoditz, der Ausbruch Ihres Herzens in Ihrem heutigen Brief hat mich unendlich gerührt. Aber, mein lieber Graf, geben Sie sich nicht den düsteren Gedanken hin, die Ihre sensible Seele zu bewegen scheinen. Denken Sie daran, dass Sie ein Philosoph sind und dass unser Schicksal nicht von unserer Führung abhängt. Ihre eigene Erfahrung hat Sie mehr als einmal gelehrt, dass alles zu dem kommt, der warten kann. Befolgen Sie diese Maxime und beruhigen Sie sich mit der Versicherung, dass ich Sie liebe und Sie niemals aufgeben werde. In diesem Sinne bete ich zu Gott, dass er Sie, Herr Graf von Hoditz, in seiner heiligen und würdigen Obhut behalte.

Friedrich ist über die ganze Strecke der letzten schwierigen Zeit mit Hoditz hilfreich geblieben, hat, soweit man das heute sehen kann, alles getan, was praktisch möglich war, doch mit dem, was nicht zu ändern ist, so Friedrichs Philosophie, muss jeder allein klarkommen. Friedrich redet Hoditz, könnte man auch sagen, noch einmal würdig ins Gewissen, sich »wie ein Mann« zu verhalten – und ist dabei selbst wieder kalt wie ein Fisch.

Es ist der letzte Brief nach zwanzig Jahren Verbundenheit. Die Lebenskräfte des knapp 72-jährigen Greises sind erschöpft. Am 15. März wird das Testament gemacht. Am 19. März stirbt Hoditz. Lordmarschall Keith, dreizehn Jahre älter, lebt noch bis zum 25. Mai, Voltaire bis zum 30. Mai. 1778 ist für Friedrich ein Jahr der Verluste an Vertrauten, aber er selbst panzert sich noch einmal, wird noch weitere acht Jahre überstehen.

21

Danach.
Die letzte Reise des Albert von Hoditz und ein Testament

Vorerst kümmert er sich um das, was nach dem Tod seines Freundes zu tun ist. Eduard Richter berichtet:

Durch Cabinetsbefehl ordnete der König ferner an, dass seine Leiche geöffnet und einbalsamirt werde, die dann in ein braunes Seidengewand gehüllt und in einen luftdicht verschlossenen Sarg gelegt wurde. Einige seiner Diener brachten in Begleitung von k. Gardisten die Leiche nach Roswald, wo sie 8 Tage in der leren Hofschmiede stand, bis seine Grabstätte fertig geworden, und am 1. Mai 1778 in selbe an der rechten Seite seiner Gattin beigesetzt wurde.

Noch einmal bekommt die Figur des einfachen Reichsgrafen Albert von Hoditz etwas Orientalisches, Märchenhaftes. Noch als Toter verbringt er »des jours filés en soie«, wie es ihm Friedrich am Ende seines ersten Gedichts gewünscht hat: In Seide gehüllt wird Hoditz auf eigenen Wunsch zurück in seine Heimat gebracht, in den äußersten Südosten des Reiches und dann noch knapp über die Grenze. Per Kabinettsbefehl einbalsamiert wie ein König, mit Nitron und Natron konserviert. Auch darum liegen zwischen Tod und Beerdigung stolze sechs Wochen. Wurde das Herz, nach ägyptischem Brauch, trotz Öffnung des Leibes im einbalsamierten Körper belassen? War nun Hoditz Saba geworden, die nur zu Hause glücklich wurde, und Friedrich doch der »Salomo des Nordens«, wie Voltaire ihn genannt hatte?

Die feierliche Inszenierung, die Friedrich für seinen sonderbaren alten Freund bestimmt, verleiht diesem eine letzte Würde. Sie verhilft ihm wohl auch in Friedrichs Augen wieder zur Identität dessen, der er in seinen Augen bleibt, der Philosoph des Lebens, zu dem er selbst noch vor sechs Jahren voller Neugierde reisen konnte.

Auch für den toten Hoditz geht es auf dem Wasser nach Breslau. Gut möglich, dass es derselbe ausgebaute Luxus-Oderkahn ist, der dem Grafen in Glogau das Aufsehen Tausender beschert und ihm zwischen Potsdam und Berlin als schwimmendes Hotel gute Dienste geleistet hat. Aber vermutlich besteht die Reisegesellschaft nicht nur aus einem Boot. Diesmal ist ein größerer Menschentross unterwegs, der tote Herr und die Dienerschaft reisen gemeinsam: In Breslau am »Bürgerwerder« wird der Leib im Sarg »nebst den dabei befindlichen Leuten und Effecten auf drei tüchtige Marstallwagen« geladen, um die letzten hundertdreißig Kilometer hinter sich zu bringen. Ein phantastischer Leichenzug für einen in vielerlei Hinsicht gescheiterten Mann, Sonderling, Charmeur, Lebensreformer, einen Frauen-, Friedens-, Garten- und Kunstliebhaber.

Auch Rosswald macht mit. Kaum anzunehmen, dass der luftdicht verschlossene Sarg in der Hofschmiede noch einmal geöffnet wurde. Ob die ehemaligen Angestellten und Leibeigenen noch einmal um ihren Herrn herumstanden, der sie siebenunddreißig Jahre lang in Atem gehalten und für Aufsehen gesorgt hat, mehr als irgendeiner aus ihrer Welt? Waren sie zu schüchtern, den Toten mit ihren Fragen und Klagen zu belästigen? Manch einer hätte ihn wohl gerne zur Rede gestellt, wo sein Lohn geblieben sei, was es damit auf sich habe, dass auch die unteren Klassen ein der Kunst geweihtes Leben führen können sollten. Andere hätten ihn wohl schlicht gerne noch einmal gesehen. Immerhin hatte er ihnen Blicke in Welten verschafft, von denen sie sonst nie erfahren hätten, eine unglaubliche Zahl an Spektakeln, kleinen Fluchten aus der Erschöpfung ihrer unendlichen Schufterei über Generationen, erste Zeichen einer Verbesserung ihrer Situation.

Am 1. Mai 1778, wenige Tage vor Hoditz' 72. Geburtstag, ist die Beerdigung in der Dorfkirche, die, wie oft in dieser Region, etwas außerhalb des Dorfes liegt. Albert von Hoditz hat sich den Ort selbst ausgesucht. Richter schreibt:

Zu diesem Traueracte hatte Doctor Tralles Hoditz' Freunde und Verehrer geladen, und einstige Zöglinge desselben trugen eine vom Verfasser der Annehmlichkeiten Roswalds gedichtete Ode vor. Auch seine Grabschrift verfasste Tralles (nicht der König), und ließ selbe auf einer gleichen Steintafel, wie die seiner Gattin, oberhalb der Ruhestätte anbringen, des Inhalts: »Hier ruht Albert, des heil. röm. Reiches Graf von Hoditz. Sr. kais. und röm. apost. Majestät Kammer-Präfect, Herr der Herrschaft Rosswald etc., welche er zum Sitze der Musen und Gratien erhoben hat, Vater seiner Unterthanen, ausgezeichnet durch Geist, Wissenschaft und Kunst. (...)«.

Das Testament, in Potsdam entstanden, gedenkt nicht wirklich »auf das wärmste seinen Dienern«, wie Richter schreibt. Es ist eher ein ausgeklügeltes Schriftstück, der letzte Streich des Sterbenden.

»Schwach und krank« hätten sie ihn am 15. März in der Kleinen Jägerstraße angetroffen, melden drei unterschreibende »Advocaten«. Die Bestimmungen beginnen mit einer letzten Anrufung Friedrichs, vor dem der einst Bewunderte sich bildhaft »auf die Knie« senkt, dann benennt er Dr. Fröse und de Catt als seine Erben, die alles erhalten, was im Testament nicht einzeln erwähnt ist. Darüber hinaus geht ein »Ring, den ich vom König habe«, an de Catt; Fröse erhält eine »Tabattiere« vom König und geheimnisvolle »Œuvres botaniques«. Dann bittet Hoditz Friedrich, seinen »armen Unterthanen«, den letzten »getreuen Domestiquen«, ein paar Dinge zu überreichen und ihnen Geld auszuzahlen.

Hauptempfänger sind Franz Stormke, Hoditz'»Rentmeister« – also der gräfliche Finanzchef, der wohl mit im Visier der k. u. k. Behörden stand –, und Anna Maria, die begabte Sängerin, Stormkes erste Tochter aus der Ehe mit Marianna Justin: sechshundert Gulden, dazu eine goldene Uhr samt Etui.

Stormke selbst war, wie die einzelnen Bestimmungen zeigen, der Organisator der Rückreise für die Bediensteten, für deren Spesen er hundert Gulden erhält. Zweihundert sind es zur Ausrichtung des Totenfests in Rosswald, »zu Erkaufung zwey oder dreÿ Fäßer Wein, damit er den Schank aus eigenen Kosten treiben kann, und den Profit nicht andern Leuten in Hals stecken dürfe«. Noch Hoditz' letzte Bestimmungen haben, in ihrem genau durchdachten Detailreichtum, etwas amüsant Überbordendes. Wie manche Buchtitel aus dem Barock möchten sie nie enden: »Der Apolonia Sturmckin, seinem Eheweib, einer gebohrnen Schwarzerin, werden von mir, als ein Eigenthum gegeben 100 Gulden oder 66,60 Reichstaler in der Hofnung, und sichern Zuversicht, daß sie das Capital nicht liederlich verzehren, sondern auf das Beste nutzen, und endlich ihren Kindern mit Vorbehalt des Genußes ihres Mannes so lang er lebt, lassen wird.«

Interessant ist, dass es auch eine Maria-Anna Springer gibt, eine Tochter des Ignatz Springer und der Else Frühman, also von Friedrichs Sängerinnen-Favoritin, der Springer Else. Ist vielleicht diese Tochter das Mädchen jenes Abends im Serail, von dem Friedrich so begeistert war? Wobei: Maria-Anna wird gerade mal auf Platz 15 von sechzehn Erbinnen genannt und soll nicht mehr als dreißig Gulden erhalten. Vielleicht ist sie, denkt Hoditz, noch zu jung? Die berühmte Springer Else selbst geht ganz leer aus. Hat sie zu früh geheiratet? Den falschen? Das könnte auch bei Maria Czapke das Problem gewesen sein, der wohl letzten Geliebten, die mit ihrem Mann, Hoditz' mutmaßlichem Sohn Franz, mit nach Potsdam kam.

Dort lässt der nimmermüde Friedrich einen Hoditz-Marsch komponieren, und noch 1786, kurz vor seinem eigenen Tod, verwandelt er die Kleine Jägerstraße per Kabinettsbefehl in »Hoditzstraße«. Sie blieb es über hundertfünfzig Jahre lang. Erst nach dem Ende des Zweiten Weltkriegs wurde ein Schuhmacher, Arbeiterrat und späterer Reichstagsabgeordneter als neuer Namensträger ausersehen. Heute erinnert in der im »DDR-Barock« der 1950er Jahre erstaunlich gelungen sanierten Wilhelm-Staab-Straße eine Plakette unter anderem an einen »Kämmerer Friedrichs des Großen« – der dies nie war, stattdessen ein wahrhaftiger mährischer Epikureer.

Dank

Ich danke dem Kasseler Historiker Helmut Bernert, dem Literaturwissenschaftler Frieder Sondermann aus Kyoto, dem Kastellan Tomáš Zemba aus Slezské Rudoltice sowie Zdeněk Kravar vom Staatsarchiv Opava, die alle in diesem Buch anzutreffen sind. Ohne sie wäre ich auf viele Legenden und Fakten zum »sonderbaren Grafen Hoditz« und zu seinen Begegnungen mit Friedrich dem Großen nie gestoßen. Bei der Recherche geholfen haben auch Jiří Šíl, Archivar am Staatsarchiv Opava, und Věra Martínková vom Schlesischen Regionalmuseum Opava.

Emanuel Andres, der Sohn des letzten deutschen Besitzers von Rosswald, ist selbst nicht mehr in Mähren geboren, aber er hat sich, vielleicht gerade deswegen, schon Ende der 1960er Jahre nach Slezské Rudoltice aufgemacht, wo viel Zerstörtes zu sehen war. Umso aufschlussreicher und angenehmer war es, ihn fünfzig Jahre später dort zu treffen. Tomáš Zemba empfing Andres wie einen Ehrengast und Heimkehrer. Dagmar Maderovà Peters sorgte dafür, dass wir uns alle gut verstanden.

Den 2016 verstorbenen Historiker Milan Myška, der in seiner Biographie *Hrabě Hodic a jeho svět* lange unbekannte Quellen zu Albert von Hoditz zugänglich gemacht und auf die Rosswald-Fotografien von Edmund Braun hingewiesen hat, konnte ich nicht mehr treffen, aber auch er hat viel zum Buch beigetragen.

Gleiches gilt in anderer Hinsicht für Heike Sicconi, die auch diesmal mit Begeisterung dabei war. Ihr und Julian konnte ich immer wieder vorlesen.

Franziska Günther war dem Projekt von Anfang an zugetan. Stefan Ulrich Meyer hat angeregt, ein Drittel des Manuskripts zu kürzen, was, wie ich inzwischen auch glaube, gut war. Andreas Wirthensohn hat wieder sorgfältig lektoriert. Ebenso genau hat Leonie Stock das Personenregister erstellt und die letzten Korrekturen übertragen.

Als jemand, der eher mit den Geschichten um den »sizilianischen« Hohenstaufen-Kaiser Friedrich II. aufgewachsen ist, stand ich dem preußischen Friedrich anfangs etwas skeptisch gegenüber und merkte, dass das gar nicht so falsch war. Aber dann habe ich realisiert, dass dies auch für all die Kritik an ihm gilt, und eine der schillerndsten deutschen Herrschergestalten einen neugierigen Blick auf die Person noch immer verdient.

Literaturverzeichnis (Auswahl)

Das französische Original der beiden **Gedichte** Friedrichs auf Hoditz ist auf der Seite der digitalen Ausgabe der Werke Friedrichs des Großen der Universität Trier online einsehbar. Gleiches gilt für große Teile des **Briefwechsels** zwischen Albert von Hoditz und Friedrich II. (http://friedrich.uni-trier.de/de/search/?q=Hoditz) und andere Briefwechsel Friedrichs. Die Handschriften dazu liegen im Geheimen Preußischen Staatsarchiv, Berlin-Dahlem. Historische deutsche Übersetzungen wurden von mir für dieses Buch überarbeitet.

Der lange deutsche **Brief** von Albert von Hoditz an Graf Chorinsky vom 13. Juni 1776 aus Sanssouci liegt im Staatsarchiv Opava: Zemský Archiv Opava font Vs V. Hostice i. c. 126 c. h. 17.

Werke von Albert von Hoditz: Seine Doktorarbeit *De jure militari*, der Aufsatz »Les dommages de l'amour«, der Essay *Gedanken über den Adel* und andere Texte sind u. a. in einer 400-seitigen Textsammlung enthalten, die Felix Jaschke 1824 herausgeben hat und die erst 2021 wieder aufgetaucht ist: Nachrichten über den Grafen Albert von Hoditz. Im Schlesischen Landesmuseum Opava, Bibliothek, Manuskripte, Sig.: Rkp1.

Weitere Bestände zu Hoditz gibt es in der Österreichischen Nationalbibliothek, Wien, im Gräflich Harrach'schen Familienarchiv, Wien sowie in den Beständen des erzbischöflichen Archivs von Kroměříž/Kremsier an der Universität Olomouc/Olmütz. Dort auch die nach dem Tod von Hoditz erstellten Inventare des Schlosses, der Gärten und der Bibliothek: ZAO (Depot Olmütz), Lenni dvur Kromeriz, Kart. T 457: Catalogus librorum bibliothecae D. D. Comiti Alberti de Hoditz.

Anonym: Beschreibung der Unterhaltungen und Schauspiele auf dem gewesenen Landsitz des verstorbenen Grafen Hodiz, zu Roswalde in Mähren. In: Litteratur und Theater=Zeitung. Nr. XIV. Berlin 1780

Werner Bein: »Der Mährische Epikuräer« Albert Joseph von Hoditz (1706–1778) als Mäzen der Schönen Künste. In: Festschrift für Hubert Unverricht. Hrsg. v. K. Schlager. Tutzing 1992, S. 35–45

Wilhelmine von Bayreuth: Memoiren einer preußischen Königstochter. Hrsg. u. übers. v. Günter Berger. 3. überarb. Aufl., Berlin 2018

Fritz Dörling, Auktionshaus: Katalog Nr. 43 vom 2./3. Dezember 1932. https://digi.ub.uni-heidelberg.de/diglit/doerling1932_11_02/0003/image,info

Paul Drechsler: Albert von Hoditz. Der Wundergraf von Rosswald. Leobschütz 1895

Friedrich Grieger: Die Oderreise des Grafen Hoditz im Jahre 1776 und Friedrich der Große. Mit zwei unbekannten Briefen des Königs. In: Schlesische Geschichtsblätter. Breslau, 2/1936, S. 33–40

Ders.: Friedrich der Große und sein Freund, der »schlesische Oberlandesbaudirektor« Graf Albert Josef von Hoditz. In: Zeitschrift des Vereins für Geschichte Schlesiens. Breslau, 70 (1936), S. 304–319

Jacques-Antoine-Hippolyte Guibert: Journal d'un voyage en Allemagne fait en 1773, Paris 1803

Anonym (Joh. Christoph Kaffka): Das Fest der Sinne. In: Hogartsche Studien für Unerfahrne, Lüsterne und Kenner. Erstes Bändchen. Cöln 1805, S. 1–24

Maximilian Graf von Lamberg: Mémorial d'un Mondain. Au Cap Corse (eigtl. Frankfurt am Main) 1774

Maximilian Graf von Lamberg: Tagebuch eines Weltmanns. Übers. v. Heinrich L. Wagner. Frankfurt am Main 1775

E. A. H. von Lehndorff: Dreißig Jahre am Hofe Friedrichs des Großen. Aus den Tagebüchern. Nachträge. Band 2. Gotha, 1913, S. 201 f.

Bohumir Lifka: Die Bibliothek des Karel Josef u. und Vojtěch Josef Gr. Hodický von Hodic in Slezcké Rudoltice. In: Strahovska Knihovna. 1974, S. 138–140

Johannes Friedrich Müller: Theater-Erinnerungen eines alten Burgschauspielers (1802). Hrsg. v. Richard Daunicht. Berlin 1958

Ders.: Die Vereinigung des Trauer-Spiels, des Lust-Spiels, der Ton-Kunst und des Tanzes. Auf der Hoch-Reichs-Gräflichen-Hoditzischen Schau-Bühne In einem Vorspiele vorgestellet. Troppau 1760.

Milan Myška: Hrabě Hodic a jeho svět. Ostrava 2011

Buch- und Kunstantiquariat Reiss und Sohn: Aus den Bibliotheken Hoditz, Chorinsky und Tränker. Alchymia manuscripta. https://www.reiss-sohn.de/en/lots/9454-A200-4/

Eduard Richter: Albert Graf von Hoditz. In: ders.: Das Buch vom Osalande. Band V/6. Hrsg. v. Gernot Rotter u. a. Opava/Troppau 2018. Nur digital: https://digi.archives.cz/da/permalink?xid=61BF097A83C511E187A40025649FEBC7

Hans Richter: Der Wundergraf. Ein närrisches Genie – ein genialer Narr. Berlin 1937

George Sand: Consuélo (1843). Paris 2004

Dies.: Die Gräfin von Rudolstadt. Stuttgart 1844

Christian August Semler: Leben Albert Josephs Grafen von Hoditz. o. O. 1804

Frieder Sondermann: Hoditz' Harem oder: die Entführung Friedrichs II. in das Serail? In: Mitteilungen der Arbeitsgruppe für die deutsche Literatur des 18. Jahrhunderts, 5, Tokio 1995, S. 93–132

Standbeeld van den Kon. van Pruissen, opgericht door den Gra. van Hoditz 1765. In: Maandelykse Nederlandsche Mercurius. Oktober 1765/II., S. 158

Dieudonné Thiébault: Mes souvenirs de vingt ans de séjour à Berlin ou Frédéric le Grand. Paris/Leipzig 1827, Bd.1, S. 220–248

Balthasar Ludwig Tralles: Schattenriss der Annehmlichkeiten von Roswalde. Breslau 1776

Johann David Wolf: Threnarium Roswaldense oder Beschreibung des Thränenreviers. Breslau 1779

Iveta Zlá: Das Bild ders Grafen Albert J. Hoditz (1706–1778) in der europäischen Literatur. In: Acta Germanistica. Ostrava 2020, https://dokumenty.osu.cz/ff/journals/studiagermanistica/2020-26/08_SG_26_Zla.pdf

Literatur zu Friedrich dem Großen

Reinhard Alings: Don't ask, don't tell – war Friedrich der Große schwul? In: Friederisiko. Bd. 1, S. 238–247. Aktualisiert: https://www.spsg.de/blog/article/2022/06/29/dont-ask-dont-tell-war-friedrich-der-grosse-schwul/

Anonym (Voltaire): La vie privée du Roi de Prusse. Amsterdam 1784

Rudolf Augstein: Preußens Friedrich und die Deutschen. Nördlingen 1986

Constanze Baum: »Ein Friede aus Deiner Hand wäre mir doppelt lieb …«. Friedrich der Große und Wilhelmine von Bayreuth im Siebenjährigen Krieg. In: Stefanie Stockhorst (Hrsg.): Krieg und Frieden im 18. Jahrhundert. Hannover 2015, S. 451–468

Hans Bentzien: Nur in Rheinsberg bin ich richtig glücklich gewesen. Berlin/Bonn 2001

Wolfgang Burgdorf: Friedrich der Große. Freiburg 2011

Jakob Friedrich von Bielfeld: Lettres familières. La Haye 1763

Tim Blanning: Friedrich der Große. König von Preußen. Übers. v. Andreas Nohl. München 2015

Peter Michael Hahn: Friedrich II von Preußen. Stuttgart 2013

Sven Extembrink: Friedrich der Große, Maria Theresia und das Alte Reich. Berlin 2006

Ursula Pia Jauch: Friedrichs Tafelrunde und Kants Tischgesellschaft. Berlin 2014

Erich Kästner: Friedrich der Große und die deutsche Literatur (1925). Stuttgart 1972

Hans Kania: Die Barberina und die Lichtenau im Lichte der geschichtlichen Wahrheit. Potsdam 1923

H. D. Kittsteiner: Das Komma von Sans, Souci. Ein Forschungsbericht mit Fußnoten. Heidelberg 2001

Bernd Krysmanski: Nur Hogarth zeigt den Alten Fritz wahrheitsgemäß (...). Arthistoricum.net 2019, https://archiv.ub.uni-heidelberg.de/artdok/6399

Johannes Kunisch: Friedrich der Große. Der König und seine Zeit. München 2004

Jean de La Fontaine: Œuvres complètes. Paris 1983

Ulrich Konrad: Mozart-Werkverzeichnis. Kassel 2005

Mathias Österreich: Beschreibung aller Gemälde, Antiquitäten (...) so in deren beyden Schlößern von Sans–Souci, wie auch in dem Schloße zu Potsdam und Charlottenburg. Berlin 1773

Uwe A. Oster: Sein Leben war das traurigste der Welt. Friedrich II. und der Kampf mit seinem Vater. München 2011

Hans Pleschinski (Hrsg.): Voltaire – Friedrich der Große. Briefwechsel. München 2010

Karl Heinrich Siegfried Rödenbeck: Tagebuch oder Geschichtskalender aus Friedrich's des Großen Regentenleben. Berlin 1840, Bd. 1, 2. Abth.

Ullrich Sachse (Hrsg.): Friederisiko. Bd. 1: Die Ausstellung. Bd.2: Die Essays. München 2012

Hans-Peter Schramm (Hrsg.): Johann Georg Zimmermann (1728–1795). Wiesbaden 1998

Paul Seidel: Friedrich der Große als Kronprinz in Rheinsberg und die bildenden Künste. In: Jahrbuch der Preußischen Kunstsammlungen 9 (1888), S. 108–128

Paul Stettiner: Friedrich der Große und Graf Schaffgotisch. Königsberg 1889

Literatur zum zeit-, kultur- und geistesgeschichtlichen Hintergrund

Volker Barth: Inkognito. Geschichte eines Zeremoniells. München 2013

Franz Blei (Hrsg.): Das Lustwäldchen. Galante Gedichte der deutschen Barockzeit. München 1978

Franz Blei (Hrsg.): Geist und Sitten des Rokoko. München 1967

Helmut Börsch-Supan: Antoine Watteau: 1684–1721. Köln 2000

Giacomo Casanova: Histoire de ma vie. Wiesbaden/Paris 1960–1962

Henri De Catt: Die Tagebücher 1758–1760. Hrsg. v. Paul Hartig. München 1986

Ders.: Friedrich der Große. Gespräche mit De Catt. München 1981

Dominik Collet: Die doppelte Katastrophe. Klima und Kultur in der europäischen Hungerkrise 1770–1772. Göttingen 2019

Carl Ditters von Dittersdorf: Lebensbeschreibung. München 1967

Franz Ludwig von Haller: Leben des Herrn Robert Scipio von Lentulus (…). Bern 1787

Walter Haug u. a. (Hrsg.): Lancelot und der Gral I und II. Frankfurt am Main 2003

Walter Haug: »Das Land von dem niemand wiederkehrt.« Mythos, Fiktion und Wahrheit (u. a. im »Lancelot-Prosaroman«). Tübingen 1978

Christina Hofmann-Randall: Das Erlanger Schloss als Witwensitz. 1712–1817. Erlangen 2002

William Jones: Caissa: The Game at chess. A Poem (1763), http://www.chessdryad.com/caissa/caissa.htm

Gerhard Kaske u. a.: 300 Jahre Ritterakademie in Liegnitz (Legnica). Hofheim im Taunus 2009

Alfred Kerr: B. L. Tralles. In: Medizinhistorisches Journal 2 (1967), Heft 3/4, S. 323–330

Eugen Komorzynski: Pamina. Mozarts letzte Liebe. Berlin/Wunsiedel 1957

Kurt Kupsch: Historisches vom Strom. Beiträge zur Geschichte der Oderfahrt. Duisburg 1997

Heinrich L. Manger: Baugeschichte von Potsdam. Reprint Berlin (Ost) 1987
H. F. Massmann: Geschichte des mittelalterlichen (...) Schachspiels. Quedlinburg u. a. 1839
André Masson: Le décor des bibliothèques. Genf/Paris 1972, S. 179 f.
Pierre-Louis de Maupertuis: La venere Fisica. A cura di Federico Focher. Pavia 2003
Ursula Mauthe: Mozarts »Pamina« Anna Gottlieb. Augsburg 1986
Walter Mehring: Die verlorene Bibliothek. Autobiographie einer Kultur. Zürich 2013
La Mettrie: Die Kunst, Wollust zu empfinden. Übers. v. Bernd A. Laska. Nürnberg 1987
Pierre Michon: Je veux me divertir. Paris 2019
Uwe Rada: Die Oder. Lebenslauf eines Flusses. Berlin 2005
Xavier Salomon (Hrsg.): Dansez, embrassez qui vous voudrez: fêtes et plaisirs d'amour au siècle de Madame de Pompadour. Milano 2015.
Johann Georg Scheffner: Ernst und Minette. Ein erotischer Roman (1791). Düsseldorf 2009
Lubomír Slavíček: Ignác Dominik hrabě Chorynský, https://digilib.phil.muni.cz/_flysystem/fedora/pdf/135016.pdf
Isabelle Stauffer: Verführung zur Galanterie. Benehmen, Körperlichkeit und Gefühlsinszenierungen im literarischen Kulturtransfer 1664–1772. Wiesbaden 2018
Ernst Strouhal (Hrsg.): Vom Wesir zur Dame. Über kulturelle Transformation am Beispiel des Schachspiels. Wien 1995
Thomas Sydenham: Abhandlung über die Gicht (1681). Leipzig 1910
Alain Viala: La galanterie. Une mythologie française. Paris 2019
Christoph Martin Vogtherr: Watteau, Pater, Lancret, Lajoüe. Berlin 2011
S. F. Günther Wahl: Der Geist und die Geschichte des Schach-Spiels (1798). Leipzig 1981
Christian Felix Weiße: Ich singe nicht der deutschen Adler Kriege. In: Kleine lyrische Gedichte 2. Wien 1816, S. 23

Clemens Alexander Wimmer: Geschichte der Gartentheorie. Darmstadt 1988

Franziska Windt u. a. (Hrsg.): Antoine Watteau – Kunst, Markt, Gewerbe. München 2021

Constantin von Wurzbach: Maximilian Graf Lamberg. In: Biographisches Lexikon des Kaisertums Österreich (BLKÖ), 14. Teil. Wien 1865, S. 42–46

Eva Ziebura: Prinz Heinrich von Preußen. Berlin 1999

Personenregister

D

E

F